CALLCENTER

W0109386

SEBASTIAN THIEL

CALLCENTER

WER DRANBLEIBT, HAT VERLOREN

SCHWARZKOPF & SCHWARZKOPF

Für alle Callcenteragenten

INHALT

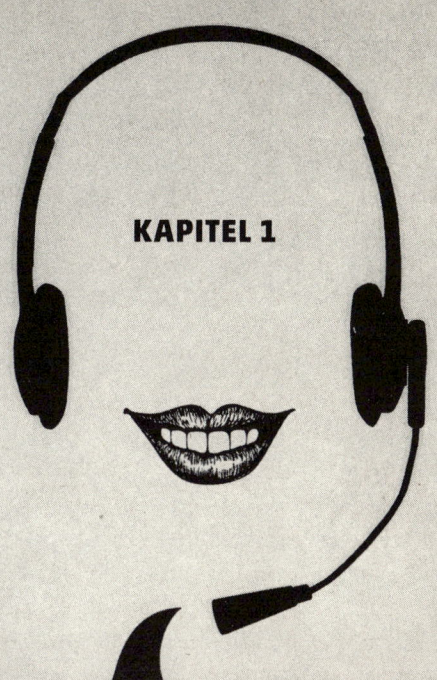

KAPITEL 1

AN DER FRONT

DA wären wir also wieder. Die Sonne ist noch nicht ganz über die Düsseldorfer Dächer gekrochen, als ich meine Zigarette in dem überfüllten Aschenbecher ausdrücke und den Code eingebe, um die Tür zu öffnen. Auf der linken Seite des Flures steht ein kleiner Tisch mit den Hochglanzwerbeprospekten für unsere Kunden. Auf den Bildern sieht man freundliche Männer und Frauen mit feinen Anzügen und dem perfekten Blend-a-med-Lächeln, die sich über jeden Anruf fast schon kindisch zu freuen scheinen. Hinter ihnen glänzt die Fassade eines Wolkenkratzers und auch die Ausstattung ihrer Geschäftsräume ist so schick, dass selbst das Büro von Herrn Ackermann dagegen abstinken würde. Eins vorweg: Die Broschüren lügen. Das Callcenter, in dem ich arbeite, hat mit diesen Magazinen genauso viel zu tun wie Daniela Katzenberger mit Literatur.

Früher war dieser Flachbau hier mal ein Gewächshaus. Die Elektronik wurde zwischen dünne Rigipswände gepresst und die Risse dürften den Puls jedes Statikers in schwindelerregende Höhen treiben. Dazu erinnert die hellgrüne Fassade eher an ein schimmeliges Brot als an ein ernst zu nehmendes Unternehmen. Fehlen nur noch die kleinen Härchen und der weiße Flaum auf dem Unternehmenslogo.

Herbauer Callcenter GmbH – so heißt die Firma, in der ich arbeite. Warum ich nicht sage, dass ich dort angestellt bin? Weil es einfach nicht stimmen würde.

Mein Name ist Andreas Seifeld und mit 28 wollte ich längst mein Studium beendet haben und in einer großen Firma einen Haufen Leute delegieren. Nun, in einer großen Firma arbeite ich, doch leider nicht als Abteilungsleiter, sondern in einem Job, den jedermann hasst. Ich übrigens auch.

Zwischen Warteschleife, Kaltakquiseanrufen und nervenden Kunden stecke ich schon seit ein paar Jahren in einem Callcenter fest. Die Teamleiter behandeln ihre Untergebenen wie moderne Sklaven, die Aufstiegschancen tendieren gegen null und der Kunde ist nichts weiter als eine Nummer. Auseinandersetzungen mit besonders nervigen Kunden gehören zur Tagesordnung und die Fluktuation der Mitarbeiter ist höher als die beim VFL Wolfsburg während der Transferperiode. Seit es dieses wunderbare Gesetz zur Leiharbeit gibt, bestehen die meisten Callcenter aus Mitarbeitern einer Subfirma. Laut Wikipedia handelt es sich bei der Arbeitnehmerüberlassung um »eine Form des drittbezogenen Personaleinsatzes, infolgedessen ein Unternehmer einen Arbeitnehmer einstellt und diesen dann zum Zwecke der Arbeitsleistung einem Dritten überlässt«.

Klingt toll, oder? Doch es heißt nichts anderes, als dass Arbeiter bei einer fremden Firma angestellt sind (die sie übrigens meist nur beim Bewerbungsgespräch zu Gesicht bekommen), bei der Verleihfirma aber die gleiche Arbeit erledigen wie die normalen Angestellten und das für weniger Lohn. Natürlich können diese Fremdmitarbeiter dann auch schneller entfernt werden. Ein Anruf im Personalbüro und schon steht ein neuer Callcenteragent auf der Matte. Es gibt ganze Wirtschaftszweige, die nur auf diesem Prinzip fundieren. Sie nennen sich Personaldienstleister oder Personal-Service-Agenturen und haben nur einen Zweck – dieselbe Arbeit für weniger Geld anzubieten. Mittlerweile gibt es in Deutschland über 10.000 Zeitarbeitsfirmen, die etwa zwei Prozent der arbeitenden

Bevölkerung beschäftigen. Es hat schon seinen Grund, warum etliche Arbeiter diese Firmen als »Sweatshops« bezeichnen – ein abwertender Begriff für Fabriken, der während der industriellen Revolution in England entstand. Die damaligen Manufakturen zeichneten sich durch einen hohen Bedarf an Arbeitskräften aus, die einfachste Arbeiten im Schweiße ihres Angesichts erledigen mussten.

Eigentlich liegt es mir ja fern, direkt einen negativen Unterton in das Thema zu bringen. Doch nach etlichen Jahren als Leiharbeiter in einem Callcenter fällt es mir sehr schwer, dem Arbeitnehmerüberlassungsgesetz (AÜG) noch etwas Positives abzugewinnen. Das Zauberwort, welches meine These untermauert, heißt: Projektverträge.

Bei Einführung des AÜG war die maximale Überlassungsdauer von Leiharbeitnehmern auf drei Monate befristet. Diese wurde später verlängert bzw. ganz aufgehoben. Überlassene Leiharbeitnehmer können somit unbegrenzt lange von demselben Verleiher an denselben Entleiher übergeben werden. Mal bekommt man einen neuen Vertrag für drei Monate, wenn man Glück hat, für ein Jahr. Selten länger. So spart sich das Unternehmen den fest angestellten Mitarbeiter. Ein Albtraum für jeden, der längerfristig planen möchte, und auch etwas blöd, wenn man einen Kredit bei der Bank haben will. Leiharbeiter sind bei den Finanzinstituten in etwa so gern gesehen wie Geschlechtskrankheiten bei einer Prostituierten. Nicht, dass ich etwas gegen sie hätte … also die Damen, nicht die Geschlechtskrankheiten.

Mein Sweatshop, Pardon, die Leiharbeitsfirma, für die ich arbeiten darf, heißt übrigens Persopower. Ebenfalls ein Unternehmen, das zwar annähernd 500 Angestellte hat, bei dem aber nur 30 wirklich in den firmeneigenen Büroräumen sitzen. Alle anderen telefonieren in Callcentern im Rhein-Ruhr-Gebiet. Und ich bin einer davon. Mein Platz ist im Aquarium, so nennen wir das Großraumbüro, in dem die Wände nur aus Glas bestehen. Meiner Meinung nach hat das einzig und allein den Zweck, dass unsere Teamleiter sehen können, auf welcher Seite wir gerade surfen.

Zwischen den Schallschutzwänden fühlt man sich unendlich allein. Nur man selbst, der summende Rechner und das Telefon. Irgendwo in meinem Leben muss ich eine suboptimale Abbiegung genommen haben. Oder direkt auf eine ganz falsche Autobahn gefahren sein. Meine Freundin findet das übrigens auch. Das hat sie mich heute Morgen mal wieder wissen lassen. Auch sie hatte sich das Leben anders vorgestellt, als wir vor vier Jahren zusammengezogen sind. Kurzum – mein Leben verhält sich derzeit zu Erfolg wie Kim Kardashian zu einer ernst zu nehmenden Schauspielkarriere. Noch nichts von einem ihrer Filme gehört? Sehen Sie!

Ich kann nur dann in die matten Gesichter der anderen Leiharbeitnehmer blicken, wenn ich mit dem Bürostuhl einige Meter nach hinten rolle. Oder mir einen Kaffee hole. Und das geschieht recht häufig. Mittlerweile bin ich bei einer Karaffe pro Tag. Ich habe das Gefühl, dass ich so viel Magensäure produziere, dass das Essen gar nicht mehr verdaut werden muss, sondern sich direkt auflöst. Wie an jedem Morgen stelle ich erst meine Tasche ab und fahre meinen Rechner hoch. Obwohl ... in diesem Fall von *meinem* Computer zu reden, wäre mehr als übertrieben. Wir haben keine Arbeitsplätze, wir haben Nummern. Nur die Festangestellten können wirklich einen richtigen Arbeitsplatz ihr Eigen nennen. Der Schar der namenlosen Mitarbeiter zweiter Klasse bleibt nichts anderes übrig, als die Unterlagen und die Headsets aus dem Schrank zu holen (ja – ein Fach ist wirklich nur für uns), einen freien Platz zu suchen und zu hoffen, dass der Computer auch richtig hochfährt. Dann kann man sich mit seiner ID anmelden und beten, dass alle Programme funktionieren und nicht einer, der

»alles über Computer weiß«, wieder versucht hat, »eine Optimierung des Systems durchzuführen«.

Ich habe Glück, kann alle Programme einwandfrei öffnen und der Schreibtisch sieht tatsächlich so aus, als würde man daran acht Stunden verbringen können, ohne Ekelherpes zu bekommen. Auch das ist nicht immer der Fall. Wenn man manche Tischplatten sieht, kann man förmlich spüren, wie die Essensreste des Vorgängers mit Bakterien und Viren eine Vermehrungsorgie der besonderen Art feiern. Schon mal erlebt, dass man auf der Tastatur die Buchstaben A, S und W nicht mehr drücken kann, weil am Freitag jemand Leberwurst und Cola auf die Tastatur gekleckert hat und dieses Gemisch über das Wochenende dann härter als Pattex geworden ist? Nein? Dann haben Sie noch nie in einem Callcenter gearbeitet.

Apropos Pattex – meine Augen fühlen sich an, als würde das Zeug meine Lider zusammenkleben. Also brauche ich erst mal einen Kaffee, diesen Nektar des Lebens, ohne den ich keinen logischen Gedankengang zustande bringe. Ich bin mir sicher, dass der Aktienkurs mancher Kaffeehersteller empfindlich einbrechen würde, sollte ich morgen tot umkippen. Mit schlafwandlerischer Sicherheit finde ich zur kleinen Küche, die mittlerweile so vollgespickt mit Zetteln ist, dass sie mich an das Büro eines egozentrischen Physikers erinnert. An der Wortwahl und der Anzahl der Ausrufezeichen erkennt man sofort die chronologische Reihenfolge der Zettel:

1. Wir möchten Sie freundlich darauf hinweisen, den Kaffee nachzufüllen, wenn Sie die letzte Tasse genommen haben.
2. Bitte füllen Sie den Kaffee nach, wenn er leer ist!
3. Kaffee nachfüllen!!!
4. Kaffee!!!!!

Der letzte ist übrigens von mir.

Während ich an die Theke gelehnt versuche, meinen Kreislauf mit Koffein zum Laufen zu bringen, kommt Hakan, wie immer bester Laune, in die kleine Küche und brüht sich seinen Tee auf.

»Hey, Weißbrot!«, begrüßt er mich mit einem breiten Grinsen. »Na, wie war das Wochenende?«

Dazu muss man sagen: Hakan ist Türke. Diese Multikulti-Assi-Karte spielt er allerdings nur, wenn er Mädels in der Disco aufreißen will. Komischerweise klappt das meistens. Ansonsten ist er spießiger als Edmund Stoiber und nebenbei noch mein bester Freund. Er putzt jeden Freitag seine Fenster, ist pünktlich, fleißig und sollte auf seinem Mazda ein Vogel sein Geschäft erledigen, würde Hakan sofort den Dschihad gegen das Flattervieh ausrufen. Er wäre ein super Deutscher, wäre er nur nicht immer so schrecklich gut gelaunt.

»Habe was mit meiner Freundin gemacht«, antworte ich beiläufig und beobachte, wie er seinen Tee aufbrüht.

Wir haben hier etwa zur gleichen Zeit angefangen. Doch während ihm die Materie leichtfiel und er in seinem Element war, wenn es ums Quatschen ging, wollten sie mich fast wieder rausschmeißen. Das muss man sich mal reinziehen. In einem Callcenter! Fast rausgeflogen, weil man zu dumm ist, Begriffe vom Rechner abzulesen. Doch irgendwie hat Hakan mich da durchgezogen. Verdammt, er könnte so viel mehr aus sich machen.

»Hat es Spaß gemacht?«, will er wissen.

Noch tief in meinen Gedanken, schüttele ich den Kopf. »Was hat Spaß gemacht?«

Jetzt kann er sich ein Lachen nicht verkneifen, tunkt den Teebeutel vor meinen Augen in seine Tasse und macht dabei unanständige Geräusche.

»Ach so. Ja, war super.«

War es nicht. Eigentlich ist *es* sogar in letzter Zeit bei uns ziemlich nonexistent. Harmonie ist, wenn beide abends Migräne haben. Sex in unserer Beziehung ist wie Spenden an Afrika. Hin und wieder sieht man was darüber im Fernsehen, manchmal macht man es und fühlt sich toll, meistens lässt man es dann aber lieber sein. Auch hier läuft gehörig etwas falsch. Früher haben wir uns das Hirn rausgevögelt, eine Tube Bepanthen im Monat war normal. Und was haben wir an diesem Wochenende gemacht? Freitag waren wir früh im Bett und Samstagabend haben wir den Geburtstag ihrer Tante gefeiert. Und wenn ich gefeiert sage, meine ich, dass wir drei Stunden auf unbequemen Stühlen in einer Landgaststätte verbracht haben.

»Das freut mich«, sagt Hakan und schlürft seinen Tee.

»Danke«, sage ich und muss die schrille Stimme von Lauras Tante verdrängen. »Wie war es bei dir?«

Sein breites Grinsen verrät mir alles, was ich wissen muss. »Wir waren im Housekeller. Hab ein nettes Mädel kennengelernt und mitgenommen.«

Wie immer also.

»Irgendwie stehen die Mädels auf diese Assimasche«, sagt er nachdenklich in die dampfende Tasse und lehnt sich neben mich. »Hast du eine Ahnung, woran das liegen könnte?«

Um ehrlich zu sein, nicht die geringste. Aber im Aufstellen von bescheuerten Thesen bin ich Weltklasse.

»Vielleicht, damit sie für einen Abend das Gefühl haben, etwas Böses zu tun, um sich selbst als Badgirl bezeichnen zu können. Dann dürfen sie immerhin sonntags beim Grillen von sich behaupten, am Wochenende etwas erlebt zu haben, und fühlen sich bestätigt, wenn sie in ihrer Playgirl-Bettwäsche schlafen.«

Hakan muss ein Lächeln unterdrücken.

»Andy, du würdest selbst im Paradies noch etwas zu meckern haben, oder?« Seine Mundwinkel rutschen nach unten wie die von Angela Merkel und der Ton seiner Stimme erinnert mich an Ebenezer Scrooge. Dabei imitiert er meinen Tonfall, und das gar nicht mal schlecht. »Die Wolken sind zu weich, überall liegt teures Essen rum und hier sind mir zu viele nackte Topmodels. Da brauche ich ja 'ne halbe Ewigkeit, um mit denen fertig zu werden.« Theatralisch breitet er die Arme aus. »Verstehst du … Ewigkeit.«

Er stupst mich in die Seite. Bin ich mittlerweile wirklich so verbittert? Ich muss zugeben, dass sich mein Weltbild so ein ganz klein wenig ins Hilflos-Sarkastische gewendet hat. Eigentlich hasse ich die Leute im Abendprogramm von RTL II, die rauchend auf ihrer Couch sitzen und über den Staat, das System und die Gemeinheit der Welt an sich schimpfen. Aber es scheint, als wäre ich schleichend einer von ihnen geworden. Vor meinem geistigen Auge sitze ich in einem abgewetzten Sessel, mein Name wird eingeblendet, darunter der kleine Zusatz »ist mit sich und der Welt unzufrieden«. Ich drehe mir eine filterlose Zigarette, die Kamera schwenkt in jede Ecke meiner Wohnung und unterlegt die dreckigsten mit irgendwelchen Hitchcock-Geräuschen. Dabei schimpfe ich, dass ich schon vor Jahren aufgegeben habe, Bewerbungen zu schreiben, dass mir die Frau weggelaufen ist und auch mein geliebter Wellensittich das Zeitliche gesegnet hat. Die Musik wird trauriger – Nahaufnahme, eine Träne kullert über meine Wangen. Dazu der Kommentar aus dem Off: »Andreas Seifeld hat alles verloren. An der Härte des Lebens ist er gescheitert. Eine gebrochene Persönlichkeit, die nichts mehr hat außer dem Alkohol.«

Eigentlich möchte man an dieser Stelle den Fernseher anschreien: »Dann rasier dich doch! Krieg deinen Arsch hoch, geh zum Arbeitsamt, mach ein paar Lehrgänge, tu irgendwas!«

Schließlich tritt einer von den Gute-Laune-Nasen des Senders mit ernster Miene ins Bild: »Doch Harry Schlagmichtot hilft. Jetzt wird Andreas' Leben richtig umgekrempelt.«

Jetzt muss auch ich lächeln. Wenigstens ein kleiner Lichtblick in diesem trostlosen, hellgrünen Block, der jede Emotion aufzusaugen scheint. So weit ist es noch nicht. Doch eins ist klar: Es muss etwas geschehen.

Ich sollte bei meiner Freundin anfangen. Denn ein gutes Familienleben ist das Fundamt für alles. Sagt Buddha ... oder Mao. Auf jeden Fall einer von den Typen, die immer auf den Kalendern zitiert werden.

»Du weißt doch, wir Christen gehen zum Lachen in den Keller«, antworte ich schließlich.

»Aber nur mit einer amtlichen Genehmigung in vierfacher Ausfertigung und drei Wochen Vorlaufzeit.«

Wir prosten uns mit unseren Keramiktassen zu und für einen Moment ist der Arbeitstag tatsächlich etwas erträglicher.

Zumindest bis zu dem Moment, in dem die neuen Kollegen in die Küche treten und sich wie eine Herde Homus erectus benehmen, die zum ersten Mal ein Feuer sehen. Mit offenem Mund stehen sie vor der Industriekaffeemaschine.

Kopfschüttelnd betrachten wir die neue Meute. Beinahe süß, wie sie versuchen, die Knöpfe auf der Maschine zu entziffern, obwohl die Schrift schon seit Jahren abgenutzt ist. Ein junger Mann mit Brille scheint mutig zu sein, obwohl ich den Angstschweiß des ersten Tages bis hierher rieche.

»Entschuldigung, können ...«

»Musst nicht entschuldigen, kannst ja nichts für«, sagt Hakan im breitesten Assi-Türkisch, während er dem Neuankömmling hilft, sich einen Hakan-Spezial zu brauen. Ein fast schon berühmter Scherz dieses diabolischen Genies. Was er nämlich noch besser kann, als Mädels in der Disco zu bequatschen, ist, Leute zu verarschen. Ein Hakan-Spezial ist nichts anderes, als ein dreifacher Espresso mit ein wenig Milch. Kommt gut, bei der ganzen Aufregung am ersten Tag.

»Guckst du hier, musst du drücken, und dann kommt da unten Kaffee raus. Zisch!«

Und jetzt werde ich mal wieder Zeuge eines überaus interessanten Phänomens. Wenn Hakan seine Spielchen abzieht, dann scheint bei einigen Hirnen der Schalter fürs Sprachzentrum auf Ausländermodus umzuschalten.

Jetzt bloß kein Fettnäpfchen! Dabei steigt der Pegel der politischen Korrektheit in ungeahnte Höhen. Der Neue überlegt so lange, dass ich in seinen Augen schon den Bildschirmschoner erkennen kann.

»Haben Sie vielen Dank«, grinst er Hakan schließlich entgegen, als würde er Geld für jeden Zentimeter bekommen, den er seine Mundwinkel noch höher ziehen kann. Er betont jede Silbe sogar lauter. »Ich danke Ihnen vielmals.«

»Kein Problem, Kollega, ist alles gut.«

Nochmals bedankt sich der Neuling unterwürfig, sodass ich mich sogar zu einem »Sei nett, Hakan« hinreißen lasse.

»Alter, was los? Bist du Rassist?«

Uh, das böse Wort. Hakan benutzt es mindestens zweimal die Woche und ist extrem beleidigt, wenn keiner darauf eingeht. Er blickt mich an und muss das Lachen herunterkämpfen. Sofort folgt ein betretenes Schweigen unter den Neuen. Jetzt bloß nichts machen. Einfach in Schockstarre verfallen. Irgendwie sind wir doch alle Erdmännchen.

Leider müssen Hakan und ich mittlerweile so lachen, dass wir unser Spiel nicht weiterspielen können. Wir beide gehen, solange es noch lustig ist, und lassen Grinsebacke mit seiner Koffeinbombe allein.

Jeden Tag kommen hier ein paar Neuankömmlinge rein. Allerdings habe ich längst aufgehört, sie mir alle zu merken. Es sind nichtssagende Gesichter, austauschbare Namen, bereits nach wenigen Tagen vergessene Lebensläufe und Familienstände. Ein kurzes Gespräch, ein Zeitvertreib während der

Raucherpause, dann nimmt man wenige Meter voneinander Platz und wechselt den restlichen Tag über doch kein einziges Wort mehr. Selbst in einer römischen Mine muss es freundlicher zugegangen sein als hier. Vielleicht hatten die damals sogar mehr Spaß bei der Arbeit.

Callcenter sind übrigens die Firmen mit der höchsten Fluktuation von Mitarbeitern. Neben den Zeitungsboten natürlich. Einige sehen das nur als Übergangslösung an und schaffen den Absprung und andere sehen das nur als Übergangslösung an und bleiben hängen. So wie ich. Als ich die Uni abgebrochen habe, weil ich keine Lust mehr auf diese Doppelbelastung hatte, dachte auch ich zuerst nur an ein kurzes Gastspiel. Leider ist daraus ein ständiges Engagement geworden. Traumjobs sehen anders aus. Ich zumindest habe noch von keinem Grundschüler gehört, der ein Bild von sich an einem Schreibtisch und mit Telefonhörer gezeichnet hat und sagt: »Das will ich werden – ein Callcenteragent!«

Hakan und ich verabreden uns für die nächste Raucherpause, während wir an den großen Postern stehen, die die nächste Kundenoffensive ankündigen. Zufriedene Gesichter, vertrautes Händeschütteln, eine ziemlich geile Blondine mit Headset und einem Lächeln, das in jede Ruf-mich-an-Werbung passen würde.

»Wir helfen gern weiter!«

Dieser Slogan ist so falsch, dass es beinahe schon an Betrug grenzt. Sie hätten auch schreiben können: »Niemand hat die Absicht, eine Mauer zu errichten!« Es hätte den gleichen Wahrheitsgehalt. Ob unser Marketingchef mit Walter Ulbricht verwandt ist?

Und die blendend aussehenden Mitarbeiter sind das ganz genaue Gegenteil vom dem, was tatsächlich in einem technischen Callcenter so vor sich hin vegetiert. Das Wort ist zu böse? Abwertend und moralisch inkorrekt? Stimmt. Doch wenn man über die Jahre hinweg mit Menschen zu tun hat, die während des Telefonats einschlafen, deren Essensreste in der Tastatur eine afrikanische Großfamilie über Wochen ernähren könnten oder die sich beim Gespräch die Fußnägel schneiden, dann kann man das ruhig mal behaupten.

Wir sind keine große Firma, die über Werbespots Image-kampagnen schalten kann. Hier gibt es keine zwanzigjährigen Firmenjubiläen, keine goldenen Uhren und bei Eintritt in die Rente keine rauschenden Feste. Hier geht man an einem Abend und kommt am nächsten Morgen einfach nicht mehr wieder. Der Pool der Leiharbeitsfirmen scheint unendlich groß und un-erschöpflich, wie ein reißender Fluss. Einmal von ihm gepackt, ist es fast unmöglich, sich von dem gleichgültigen, aber umso reißenderen Strudel zu lösen. Meist wechselt man von einer Leiharbeitsfirma in die nächste. Dann bleibt der Arbeitsplatz leer. Zumindest für einen Tag. Am nächsten Morgen wird die Fremdfirma einen weiteren Callcenteragenten geschickt haben, der derselben Aufgabe mit dem gleichen Elan begegnen wird und für den es natürlich auch nur eine Zwischenstation ist. Genau wie es bei mir war, als ich vor sechs Jahren hier begann.

Seufzend lasse ich mich auf den abgenutzten Bürostuhl fallen und blicke auf die Uhr. Es nützt alles nichts, das Geld muss ja irgendwie verdient werden. Die gute alte Telefonanlage prangt wie ein grauer Klotz auf dem Schreibtisch. Dieses Telefon ist speziell für Callcenter konzipiert worden. Das graue Display fordert mich auf, meine ID einzugeben. Auch eine Lieblingsbe-schäftigung von mittelständischen Firmen. Alles wird zu Num-mern verarbeitet. Selbst die Büropflanzen habe kleine Chips in den Töpfen stecken, an denen die Subfirma genau ablesen kann, wann das letzte Mal gegossen wurde. Überall gibt es mittlerweile Fremdfirmen, die solche Arbeiten erledigen. Selbst das Gießen der Pflanzen wird outgesourct. Früher haben das die Mitarbeiter beim Kaffee kurz mal erledigt.

Ich hasse dieses Wort. Outsourcing. Leider ist es eines der Lieblingswörter unseres Chefs. Wenn es nach ihm ginge, würde er selbst das Outsourcen outsourcen. Ich bin mir sicher, dass er auch jemanden dafür bezahlt, seine Frau zu vögeln, und dass der ihm nachher einen Bericht abliefern muss.

Nach der ID folgt mein Kennwort, welches ich über die Tasten der Anlage eingebe. Ab jetzt bin ich Teil des Systems. Bereits beim Anmelden scheint mir das rote Licht der Diode entgegen und weist mich penetrant darauf hin, dass zehn Kunden in der Warteschlange hängen und darauf warten, dass ihnen ein topmotivierter Mitarbeiter den Tag versüßt. Wenn nur ein Kunde wartet, leuchtet sie grün, ab drei orange. Ich habe mal gehört, dass die rote Diode bei über dreißig Leuten in der Warteschleife auch blinken kann. Aber ich glaube, das ist nur eine Legende, wie der Yeti oder die Gehaltserhöhungen in unserer Firma.

Vorneweg, hier ist niemand motiviert und wir werden ihnen auch nicht den Tag versüßen. Im Gegenteil. Wir sind die Frontline, die erste Kontaktaufnahme mit dem Kunden. »Der Kunde« sind in diesem Falle Mitarbeiter der BURA Versicherung, die uns mit jedem PC-Problem behelligen können, das auf der Welt existiert. Da die BURA eine der größten Versicherungen weltweit ist, gibt es davon einen ganzen Sack voll. Doch das ist nur ein Teil unserer Arbeit. Die meisten Agents haben mehrere Skills, das heißt sie sind noch für andere Hotlines und Firmen freigeschaltet. Ein Skill ist eine Hotline. Das Display des Telefons zeigt an, für welche Firma wir also gerade arbeiten.

Ts, Agents ... Skills. Als wären wir bei der CIA. Wer hier anruft, hat Probleme mit seinem Rechner, den Programmen oder der Verbindung und möchte nicht irgendwelche Terrorakte melden, sondern so schnell wie möglich aus dem Fluss des automatisierten Kundenservice heraus. Zumindest das haben

wir mit dem amerikanischen Auslandsgeheimdienst gemeinsam – niemand möchte wirklich etwas mit uns zu tun haben.

Wenn das schrille Klingeln den Mitarbeiter anweist, sein
Headset aufzusetzen und freundlich den einen Satz zu sagen,
der sich bald schon ins Gehirn brennt, dann hat der Anwender
geschlagene zwei Minuten damit verbracht, einen nervenauf-
reibenden Dialog mit einem Computer zu führen.

»Haben Sie bereits eine Kundennummer? So antworten Sie
mit ›Ja‹.«

»Haben Sie Hardware- oder Softwareprobleme? Sagen Sie
›Hard‹ oder ›Soft‹.«

In diesen Momenten stelle ich mir vor, wie eine betagte
Empfangsdame zwei Dutzend wartender Menschen vor sich
hat und gezwungen ist, Silben wie »ja«, »nein«, »Hard« ins
Telefon zu säuseln.

Die grauen Pixel des Telefondisplays zeigen die Wörter
»Bura Vers Innen«. Es ist also ein Innendienstmitarbeiter der
BURA Versicherung.

Mein Geist will diese Taste nicht drücken, die das erste Gespräch zu mir durchstellt. Meine Hand muss sich durch eine
unsichtbare Barriere schlagen, der Druck scheint Tonnen zu
wiegen. Schließlich hat mein Verstand gesiegt und ich drücke
die Taste.

»Willkommen im Benutzer-Service-Center, mein Name ist
Andreas Seifeld. Wie kann ich Ihnen helfen?«, lese ich brav
von den Zetteln auf meiner Trennwand ab. Schon wieder Zettel, überall brennen sie sich wie flammende Insignien in meine
Augen.

Die Frau am anderen Ende redet noch mit ihrer Kollegin.
So etwas kann ich ja gar nicht haben. Wenn man schon 10
Minuten in der kostenpflichtigen Warteschleife hängt, soll
man sich wenigstens die Musik anhören. Ich wiederhole mein
Sprüchlein, diesmal etwas energischer. »Willkommen im

Benutzer-Service-Center, mein Name ist Andreas Seifeld. Wie kann ich Ihnen helfen!«

Noch immer höre ich aus einiger Entfernung die Stimme der beiden Schnattertanten. Tja, Pech gehabt.

Ich warte, bis das Display mir anzeigt, dass die 30 Sekunden voll sind, und lege schließlich auf. Unter dieser Zeit zählt ein Anruf nicht als Call und kann somit nicht abgerechnet werden. Das wäre schlecht für meine Statistik, also muss man diese ein wenig fälschen. Hätte ich nach 29 Sekunden aufgelegt, hätte das System so getan, als wäre gar nichts passiert. Also muss ich einen kleinen Trick anwenden. In der Maske des Computers gebe ich irgendeine siebenstellige Kundennummer ein. Sofort erscheint auf dem Monitor, dass sie zu einem Herrn Borschikowski aus Marburg gehört. Außendienstmitarbeiter der BURA Versicherung. Perfekt, den nehme ich. Als Lösung schreibe ich, dass der Kunde sein Kennwort vergessen hat und ich es zurückgesetzt habe. Dann schließe ich den Call.

Niemand wird jemals herausfinden, dass Herr Borschikowski von der Außenzentrale der BURA Versicherung in Wirklichkeit nicht hier angerufen hat. Wichtig ist, dass meine Statistik stimmt. Aus Spaß überfliege ich die Maske und schaue mir Borschikowskis Daten an. Wohlgemerkt, von einem Menschen, den ich noch nie in meinen Leben gesehen habe. Er wird um diese Uhrzeit wahrscheinlich gerade an seinem Arbeitsplatz sitzen und irgendwelche Akten wälzen. Und tatsächlich, durch das System kann ich erkennen, dass er gerade eingeloggt ist. Um genau zu sein, in der zweiten Etage im Raum 23a, was für mich natürlich völlig nichtssagend ist. Aber durch das Programm kann ich mir noch ein paar ganz andere Daten aufrufen. Alter, Anschrift, Einstiegsdatum und natürlich das Passwort. Und ja, wir können es auch in Klarschrift lesen.

»Sommer2012«

Der Klassiker! Jeder Agent, den ich kenne, vergibt den Mitarbeitern dieses Passwort. Und man kann sich ausrechnen, wie hoch die Quote der Mitarbeiter ist, die dieses danach noch ändern. Kein Witz, wenn jemand nachts durch die Räume der BURA Versicherung spazieren würde, könnte er sich mit diesem Passwort an jedem vierten Rechner anmelden. Einfach immer die Jahreszeit und das Jahr versuchen, dicht gefolgt von den anderen Evergreens wie »123456« oder natürlich »ficken«. Man wäre überrascht, wie oft das klappt.

Schnell kann ich einen zweiten Call annehmen, ebenfalls ein Innendienstmitarbeiter der Versicherung.

»Willkommen im Benutzer-Service-Center, mein Name ist Andreas Seifeld. Wie kann ich Ihnen helfen?«

»Mein Kennwort funktioniert nicht mehr und das ist sehr wichtig. Ich habe sehr sensible Daten auf dem Rechner«, dröhnt mir eine Männerstimme entgegen. »Wieso muss ich morgens eigentlich so lange warten, bis jemand abnimmt. Das kann doch nicht sein, da läuft irgendetwas falsch.«

Richtig, da läuft etwas falsch, aber das ist nicht meine Baustelle. Dieser Mann scheint nur darauf gewartet zu haben, dass endlich jemand abnimmt, damit er seinen Frust über sein Leben ein wenig abbauen kann.

»Das liegt daran, dass über das Wochenende oder nachts viele Mitarbeiter ihre Kennwörter vergessen und wir sie zurücksetzen müssen.«

»Sie müssen was?«

»Wenn man sein Kennwort dreimal falsch eingibt, ist es gesperrt«, antworte ich gebetsmühlenartig. »Dann müssen wir Sie wieder freischalten. Wie ist Ihre Kundennummer bitte?«

Wenn ich jedes Mal einen Euro dafür kriegen würde, wenn ich diese Erklärung aufsage, dann würde ich mich selbst outsourcen.

»Born mein Name. Manfred Born.«

Jackpot!

»Ich meine Ihre Kundennummer, Herr Born.«

»Die weiß ich nicht.«

Warum auch. Ist ja nicht so, als ob das wichtig wäre oder er sie fünfmal am Tag als Benutzernamen eingibt.

»Gut, dann suchen wir über den Namen. Können Sie mir Ihre Abteilung nennen?«

»Wieso das denn? Ich will nur ein neues Kennwort, weil das alte kaputt ist.«

Klar, das alte ist kaputt. Muss wohl der Keilriemen defekt sein, vielleicht auch der Anlasser. Am besten schicke ich das Kennwort mal zur Reparaturabteilung, die kriegen das vielleicht mit viel Liebe und ein wenig Lebertran wieder hin.

Immer noch bleibt meine Tonlage ruhig. »Ja, aber bevor ich Ihr Kennwort zurücksetze, muss ich doch erst mal wissen, wer Sie sind.«

Nach einem lauten Seufzer und mit gereiztem Unterton in der Stimme nennt er mir die Informationen, die ich wissen will. Eigentlich hatte ich ihn schon gefunden, aber aus Prinzip lasse ich ihn alle Daten brav aufsagen. Zum Datenabgleich natürlich. Manfred Born, seit drei Jahren bei der BURA, fünfte Etage in der Hauptzentrale in Düsseldorf, Gang 2, Zimmer 524. Er hat sich vor einem halben Jahr drei Wochen lang nicht im System angemeldet. Wohl ein längerer Urlaub oder eine Krankheit. Ansonsten arbeitet er jeden Tag ungefähr von kurz nach acht bis zwanzig nach vier. Also immer ein paar Minuten zu wenig.

»Gut, Herr Born. Welches Kennwort ist denn bei Ihnen abgelaufen? Active Directory, das für das Versicherungssystem oder den Großrechner?«

Einige Sekunden vergehen schweigend, dann setzt er voll nach. »Aber das müssen *Sie* doch wissen.«

»Ich weiß leider nicht, welches Passwort bei Ihnen abgelaufen ist.«

Natürlich weiß ich es. Schon vor einer Minute habe ich mir das passende Programm aufgerufen und gesehen, dass das Passwort für die Anmeldung am Rechner dreimal falsch eingegeben wurde. Ich kann übrigens noch viel mehr sehen. Unter anderem, dass Herr Born nur ein kleiner Sachbearbeiter in der Schadensabteilung ist, der alle paar Wochen hier anruft, wenn die Passwörter ihre sechzig Tage überschritten haben, und beflissen die Aufforderung ignoriert, dieses vorzeitig zu ändern.

Plötzlich muss ich einen Lachkrampf unterdrücken.

»Arschtulpe5«

Sein altes Kennwort lautet »Arschtulpe«! Und anscheinend hat er es sich schon mehrmals vergeben.

»Ich habe hochsensible Daten auf dem Rechner, ich muss da jetzt dran«, grummelt er ins Telefon.

Es sind interessanterweise immer die Mitarbeiter in niedrigeren Positionen, die ein riesiges Fass aufmachen und unglaublich wichtige Daten auf ihren Rechnern haben.

»Das direkt am Anfang«, zischt er.

Nur schwerlich kann ich ernst bleiben. Meine Stimme ist durchzogen von glucksenden Tönen. »Gut, es wurde dreimal falsch eingegeben, deshalb hat Ihr Account sich gesperrt. Ich habe es nun zurückgesetzt. Jetzt müsste die Meldung erscheinen, dass Sie sich ein neues Kennwort vergeben können.«

»Ich habe mein Passwort nicht falsch eingegeben, es funktioniert einfach nicht mehr.«

Hm ... klar.

»Versuchen Sie es bitte erneut.«

»Hier steht, dass es nicht klappt«, brummt er.

Das möchte ich mal sehen. Eine Windows-Fehlermeldung, die »Klappt nicht« lautet.

»Das steht da?«

Oh, anscheinend hat er meinen fragenden Unterton bemerkt.

»Sie können sich doch denken, was da steht. Oder machen Sie das zum ersten Mal?«

Nein, mache ich nicht, Tulpi. Jetzt müsste eigentlich eine weitere Regel der Callcenter-Psychologie greifen, die irgendein Telefonguru irgendwann mal aufgestellt hat. Wenn man mit dem Kunden spricht, sollte man lächeln. Angeblich merkt das der Gesprächspartner.

Ich lächle übrigens nicht.

»Nein, ich bin schon länger hier.« Viel zu lange. »Haben Sie an die Passwortrichtlinien gedacht? Mindestens acht Zeichen, mindestens eine Zahl und nicht dasselbe Passwort, wie Sie es bereits schon einmal vergeben haben. Die letzten zwanzig merkt er sich.«

»Wer merkt sich das?«

Der kleine Mann, der in deinem Rechner sitzt, mein botanischer Freund.

»Der Großrechner, auf dem alle Passwörter und die Historie gespeichert werden.«

Manfred Born stöhnt auf, als hätte ich ihm gerade die Funktionsweise eines Nuklearsprengkopfes erklärt. Wahrscheinlich hat er wieder versucht, sich die »Arschtulpe5« zu vergeben.

»Was?«

Schon am ersten Morgen dieser Arbeitswoche formt sich meine Hand zur Faust. Er macht das doch alle zwei Monate, wieso kann er sich das nicht einfach merken?

In aller Ruhe erkläre ich ihm erneut, wie sein Passwort auszusehen hat. Gandhi wäre stolz auf mich.

»Nehmen Sie einfach irgendeine Blume.« Na ja, vielleicht nicht ganz so stolz. Das konnte ich mir einfach nicht verkneifen. Ein paar Sekunden ist Ruhe. Fuck! Er hat es gemerkt.

»Was meinen Sie damit?«

»Oder irgendwas anderes«, schiebe ich schnell hinterher. »Wie wäre es mit ›Sommer2012‹«, schlage ich schließlich vor.

»Jetzt geht es wieder«, sagt der Mann und legt auf.

Kein Wort des Dankes, keine Verabschiedung. Warum auch, ist ja unser Job. Schnell trage ich ein paar Kürzel in die Maske ein und gucke aus Spaß, welches Passwort er sich jetzt vergeben hat. Natürlich!

»Arschtulpe6«

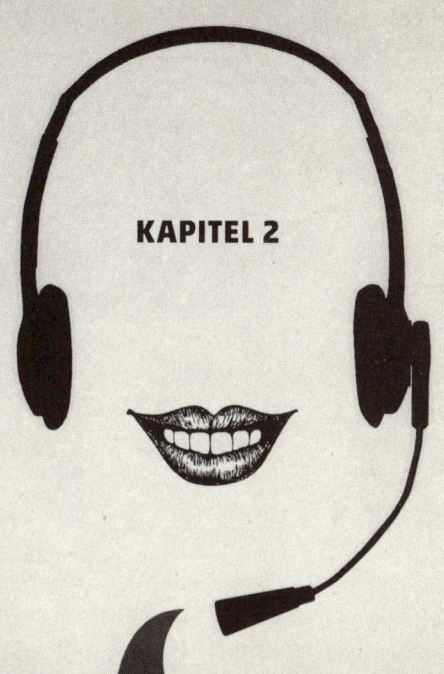

KAPITEL 2

DAS
PFERD

»PRIV ANW«

steht im Display. Diesmal ist es ein Privatanwender. Ein großer Computerhersteller hat für bestimmte Modelle Support bei uns eingekauft. Leider gestalten sich die Gespräche immer etwas schwierig.

Der Tonfall am anderen Ende ist wie dünnes Eis – kalt und doch zerbrechlich. Fast, als wäre es ihm peinlich, dass er Hilfe benötigt.

»Ja, Nitschke mein Name«, sagt die Stimme.

Ich gebe »Nitschke« in die Suchmaske ein und frage nach seinem Vornamen. Das mit der Kundennummer lassen wir am besten direkt mal ganz sein. Bei Kunden älteren Semesters habe ich die Erfahrung gemacht, dass sie zwar wissen, wo ihre Kundennummer abgeheftet ist, es aber mindestens zwei Zigarettenlängen dauert, bis sie die gefunden haben. Gemeinsam überprüfen wir seine Daten. Eine der leidigsten und oft auch enttäuschendsten Phasen des Gesprächs. Hier klärt sich, ob der Mann überhaupt einen gültigen Rahmenvertrag für sein Gerät abgeschlossen hat und somit Support, also unsere Unterstützung, erhält. Wenn nicht, so bin ich angewiesen, ihn freundlich, aber bestimmt darauf hinzuweisen, dass er mit seinem Problem allein fertig werden muss, er wohl beim Abschluss des Vertrages übers Ohr gehauen wurde und dass die Welt ungerecht ist. Natürlich gibt es dafür auch einen Zettel an meiner Wand, nur die Wortwahl darauf ist anders.

Falls das System in all seiner Großzügigkeit dem Kunden Unterstützung gewährt, wird aus seinem Namen eine Nummer und aus dem persönlichen Anruf ein Call.

Das System zeigt mir an, dass ich gerade Herrn KD0012547 am Telefon habe und sein Problem C0001123693 lautet. Er hat Support.

Hans-Herrmann Nitschke aus Berlin. 68 Jahre alt, der Anschluss ist auf seinen Namen angemeldet.

Der Job der Frontliner ist es, den Call so schnell wie möglich zu bearbeiten. Um genau zu sein: innerhalb von sieben Minuten, plus eine Minute Nachbearbeitung. So lautet die Vorgabe.

»Beschreiben Sie das Problem, Herr Nitschke.«

KD0012547 erzählt brüchig und mit vielen Pausen, dass er nicht mehr ins Internet kommt. Seine Stimme ist tief und doch schwingt Unsicherheit in jedem seiner Worte mit. Das Problem besteht seit heute Morgen.

Der Klassiker!

»Haben Sie schon einmal versucht, über das Datenfernübertragungsnetzwerk die Connection zu resetten, um einen Reboot des LANs zu erzwingen? Oder einen Regcleaner über die Registry laufen lassen?«

Diese obligatorischen Sekunden der Ruhe am anderen Ende genieße ich. Es ist ein Präventivschlag, den Kunden mit Fachausdrücken zu torpedieren, eine erzwungene Verteilung von Wissensmacht.

Sein Ton wird noch eine Nuance unsicherer. Ziel erreicht.

»Sie müssen entschuldigen, ich kenne mich nicht so gut damit aus. Aber ich brauche diesen Computer, wissen Sie. Ich brauche ihn wirklich.«

Natürlich braucht er ihn, sonst würde C0001123693 gar nicht existieren. Aber er will natürlich seine Onlinespiele spielen, auf dubiose Download-Angebote hereinfallen und den ganzen Tag vor diversen Websites hängen, deren Inhalte mehr als fragwürdig sind. Würde man alle Pornos aus dem Internet löschen, so würde es nur noch aus einer Seite bestehen, die in großen Lettern »Gebt uns unsere Pornos zurück!« titelt.

Meine Finger tanzen bereits über die Tasten und tragen den Gegenstand unseres Gesprächs in das System ein.

»Aw kommt nicht ins I, VB, Reboot des Routers. Aw meldet sich ggf. erneut.«

Was nichts anderes heißt, als dass KD0012547 nicht mehr ins Internet kommt, ein Verbindungsproblem hat und dass ich mit ihm jetzt seinen Router neu starten werde. Ob dies auch die Lösung herbeiführt, ist schließlich egal. Immerhin ist er aus der Leitung, ich habe meine sieben Minuten nicht gerissen und er ruft vielleicht noch mal an, was unseren Geschäftsführer freuen dürfte.

Tatsächlich werden durch profitgerichtete Verträge mit unseren Kunden groteske Situationen geschaffen. Obwohl man minutenlang in kostenpflichtigen Warteschleifen hängt und sich von seichter Fahrstuhlmusik berieseln lässt, sind die Mitarbeiter angewiesen, nur Teillösungen herbeizuführen, wenn es sich abzeichnet, dass der Call zu lang wird. Schließlich kann man jeden Anruf der Firma in Rechnung stellen. Drei Calls à sieben Minuten werden höher berechnet, als ein Anruf von dreißig Minuten. Obwohl man faktisch weniger gearbeitet hat. Auch, wenn KD0012547 erst beim dritten Versuch endlich wieder auf die Datenautobahn kommt und dann das machen kann, was ich mir nicht wirklich gern vorstellen würde.

»Herr Nitschke, drücken Sie auf Start, Einstellungen, Systemsteuerung«, sage ich und blicke dabei auf einen weiteren Zettel unserer hier leider gottgleichen Kommunikationstrainerin Sibylle Marolt.

Immer den KD mit Namen ansprechen, das schafft persönliche Bindung. Drei Ausrufezeichen künden von der Wichtigkeit dieser alles umfassenden Weisheit. Tatsächlich kommt man sich nach dem fünften Mal so dumm vor, dass man sich selbst nur noch als Parodie wahrnehmen kann.

An seinen viel zu hektischen Mausklicks höre ich, dass er meinem Gedankengang bei Weitem nicht folgen kann. Trotzdem lasse ich ihn weitermachen.

»Es tut mir leid, aber ich finde es nicht.«

»Start, Einstellungen, Systemsteuerung«, wiederhole ich lang gezogen und betone jede Silbe. Dabei öffne ich die Seite von *Spiegel Online* und lese mir den ersten Artikel durch.

Hm, interessant. Die EU plant einen weiteren Rettungsschirm für Griechenland. Diesmal werden aber nur 68 Milliarden Euro benötigt. Ist ja ein richtiges Schnäppchen. Meiner Meinung nach sollte die neue Währung Debakel heißen. Ein Debakel wären dann 100 Fiasko.

Die Nummer am anderen Ende räuspert sich verlegen. Er findet es nicht, wie auch. KD0012547 ist 68. Als er in meinem Alter war, gab es kein Internet, keine Hybridfahrzeuge und CO_2-Werte mussten etwas sein, womit nur der Arzt etwas anfangen konnte.

Die Uhr tickt. »5 Minuten 30 Sekunden« steht auf meinem Display und langsam werde ich nervös. Ich bin nicht einmal annähernd in der Lage, das Problem in der vorgegebenen Zeit zu lösen. Und so viele Ausreißer sollte man sich nicht erlauben. Der Tag beginnt ja großartig. Ich sehe mich jetzt schon wieder im Büro unserer Kommunikationstrainerin, die wegen ihres elfengleichen Schrittes nur Pferd genannt wird. Meine Stimme nimmt einen gereizten Ton an, während ich die Augen verdrehe.

»Herr Nitschke, drücken Sie mit dem Mauszeiger auf Start und gehen Sie dann in die Systemsteuerung.«

Heftiges Atmen am anderen Ende der Leitung kündet vom Hass des Versagens. Ich bin mir sicher, dass er weiß, wie man einen Hasen ausnimmt, eine Schreibmaschine bedient oder die amerikanischen Besatzer ärgert. Aber von administrierten Rechnern hat er nie etwas gehört. Er stammelt, rotiert, Füllwörter beherrschen seine Artikulation. Jetzt müsste selbst der abgestumpfteste Callcenteragent merken, dass etwas nicht stimmt. Ich kenne das Protokoll. Bei schwierigen Fällen nur eine Teillösung herbeiführen, ihn wieder anrufen lassen. Das bringt Geld und schafft Arbeitsplätze, sagt unser braun gebrannter Chef Dengler, der Sonnengott, und grinst dabei immer dämlich wie ein Metzger, dem man gerade den Preis für die Jagdwurst des Jahres überreicht hat. Er ist hier allmächtig, alleiniger Geschäftsführer, ungefähr wie Wladimir Putin in Russland, nur ohne die nervigen Wahlen alle paar Jahre.

Die sieben Minuten sind durch.

»Herr Nitschke, vielleicht sollten Sie einfach mal den Rechner neu starten. Ich könnte mir vorstellen, dass das Problem damit behoben ist.«

Keine persönliche Bindung aufbauen. KD0012547 ist nur eine Nummer, eine gesichtslose Bestätigung der Existenz dieses Arbeitsplatzes. Ich habe hier schon zu viel erlebt, als dass mich noch etwas überraschen könnte. Ausrastende Herren, die ihre gute Erziehung mit dem Wählen der Nummer vergaßen, hysterische Hausfrauen, die beinahe einen Nervenzusammenbruch erlitten, weil die Webseite des Shoppingkanals nicht mehr angezeigt wurde. Mit jedem Tag wuchs das dicke Fell, die Schutzmauer um mich herum. Doch nun scheint sie zu wanken.

Der Mauszeiger schwebt bereits über der Schaltfläche, mit der man den Call im System verankert. Ein digitaler Beweis des Anrufes für alle Ewigkeit. Damit würden seine Daten gespeichert und die Eingabemaske geleert. KD0012547 wäre aus meinem Leben verschwunden. Bereit für die nächste siebenstellige Kundennummer. Wäre Moses Callcenteragent gewesen, dann hätte Gott jetzt eine KD und die Zehn Gebote wären so lange von einer Fachabteilung in die nächste geschubst worden, bis sich das Problem von allein gelöst hätte. Tickettennis nennt man das übrigens. Ein überaus interessantes Spiel, dessen Ziel es ist, das Ticket so lange rumzuschicken, bis einer aufsteht und sagt, dass er dafür zuständig ist. Der hat übrigens dann verloren.

Wenn die Frontliner, also wir, das Problem nicht lösen können, schicken wir es weiter zur 2nd-Line. Hierbei handelt es sich um eine Geheimverschwörung, die den Illuminati Konkurrenz machen könnte. Die Jungs von der 2nd-Line sitzen weit hinten im Gebäude, müssen ihre Büros nicht mit Dutzenden anderen Mitarbeitern teilen und sind ausnahmslos Götter der Informationstechnik. Zumindest verhalten sie sich so. Wir Frontliner sind für sie niedere Arbeiter, die eine Tastatur nicht von einem Pfund Mett unterscheiden können. Wenn wir Frontliner sagen, dass wir gerade sehen, dass das Problem von den Fachabteilungen bearbeitet wird, dann lügen wir. Wir sehen es nicht. Und wenn wir sagen, dass wir der Fachabteilung einen Dringlichkeitsvermerk an das Ticket setzen, dann lügen wir zwar nicht, es interessiert nur keinen. Die 2nd-Line arbeitet nach ihren eigenen Gesetzen und ist sogar so abgeschottet, dass wir sie nicht einmal anrufen dürfen.

Übertroffen wird das Ganze nur noch von der 3rd-Line. Hier werden alle Tickets hingeroutet, die in etwa die Schwierigkeit der noch ungelösten Gleichungen von Yang-Mills haben. Wenn das Ticket einmal im »Schwarzen-Loch-Ticket-Ping-Pong« zwischen 2nd- und 3rd-Line hin- und hersaust, sollte der Kunde am besten gar nicht mehr bei der Hotline nachfragen. Die Chancen, dass man einen Außerirdischen bei sich im Garten trifft, den man zu einer Partie Rommé überreden kann, sind höher, als dass man es verständlich zurückbekommt.

Ich jedoch möchte die Weitergabe des Tickets an die Fachabteilung vermeiden und den Call jetzt abschließen. Nervöses Klicken dringt durch die Leitung, der verzweifelte Versuch eines alten Mannes, der Technik doch noch zu trotzen. Ein letztes Aufbäumen: »Können Sie mir vielleicht nicht doch sagen, wie ich wieder in das Internet komme? Die anderen vier jungen Männer letzten Freitag wollten auch nur, dass ich den Computer neu starte. Wissen Sie, ich möchte dringend wieder mit meinen Freunden sprechen. Das hat die Dame von der Fürsorge mir so eingerichtet. Aber wenn Sie sagen, dass es klappt ... mit dem Runterfahren, dann mache ich das.«

Klar klappt das Runterfahren, es würde ihm nur nichts bringen. Ich könnte meinem Notfallplan folgen. Bei 300 Agents ist es unwahrscheinlich, dass er wieder bei mir ankommt. Das Display zeigt nun acht Minuten an. Ein Wert, der sich noch vertreten lässt. Mein rechter Zeigefinger erhebt sich, bereit, nach unten zu fallen wie das Beil einer Guillotine und den Klick auszuführen, der dieses Gespräch beendet. Die Worte liegen mir auf den Lippen. Ich müsste ihn nur noch einmal den Rechner neu starten lassen.

Doch ich zögere – zu lange.

»Was meinen Sie damit, als Sie sagten, dass die Fürsorge Ihnen den Rechner eingerichtet hat?«

Scheißgewissen. Zweimal höre ich ihn atmen. Es fällt KD0012547 schwer, darüber zu reden. Er ist nun ganz tief in seinen Gedanken und es dauert einige Zeit, bis die Überlegungen zu Worten werden.

»Ich war Hauptmann bei der Bundeswehr, vor vielen Jahren«, sagt er stockend, aber mit einem Anflug von Stolz und Euphorie. »Habe viele Rekruten ausgebildet, doch im Feld leider einen Schlaganfall erlitten.«

Er hält inne. Es fällt mir nicht leicht zu glauben, dass dieser Mann Hunderte von Soldaten kommandiert hat. Vor meinem geistigen Auge brüllt ein Offizier in olivgrüner Uniform eine ganze Kompanie zusammen. Sie haben Angst vor dem Offizier mit den drei Sternen auf der Schulterklappe. Seine Stimme ist unbeugsam, er redet von Ehre und Vaterland. Ein stolzer

Mann, der da vor ihnen steht und die Hände vor der massigen Brust kreuzt. Das kann nicht derselbe Typ sein, der peinlich berührt und unsicher seinen Kampf gegen die Technik ausficht. Er ist nur ein Schatten aus jener Zeit. Ein Gespenst, das noch in seinem Geist verankert ist und hin und wieder durchbricht. In Momenten, in denen er gefragt wird. So wie jetzt. Ob die Flashbacks wirklich so sind wie bei *Der Soldat James Ryan?* Auf einmal habe ich Tom Hanks am Ende der Leitung, der Telefonhörer zittert in seiner Hand, bis er einen Schluck Wasser trinkt und dann gutmütig lächelt.

Ruhig lausche ich seinen Worten und stelle mir in diesem Moment vor, wie er wieder dort ist. Damals, beim Bund. Erinnerungen aus längst vergangenen Tagen.

»Ich musste über ein Jahr ins Krankenhaus«, fährt er fort, »habe alles wieder neu lernen müssen. Das Lesen, das Schreiben, das Zählen. Nach drei Jahren konnte ich wieder als Schlosser arbeiten. Habe es sogar bis kurz vor die Rente geschafft. Doch ein halbes Jahr vorher wieder ein Schlaganfall. Seitdem kommt die Frau von der Fürsorge.«

Mein Blick wandert auf den Tisch, als würde es mir Schmerzen bereiten, den Monitor anzublicken. Manchmal liebe ich es, ein Arschloch zu sein. Jetzt hasse ich es.

Hauptmann beim Bund, Schlaganfall, wieder herangekämpft, und kurz bevor das Leben eigentlich aus Reisen und gutem Wein bestehen sollte, ein weiterer Rückschlag. Manchmal meint es das Schicksal nicht gut mit einem und manchmal schreibt es Geschichten, die zu brutal sind, um sie zu erzählen. Jetzt bin ich derjenige, der sich räuspern muss.

»Und jetzt sprechen Sie mit Ihren Freunden über das Internet?«, hake ich mit aufkommendem Interesse nach.

»Ja, mit diesem Programm, das liegt hier direkt auf dem Bildschirm und da kann man die anderen dann sehen, wissen Sie? Ich komme nicht mehr so oft aus dem Haus.«

Ja, ich weiß. Ich weiß es sogar besser, korrigiere ihn aber nicht. Er meint das Icon, das auf seinem Desktop liegt, und den Videochat, der dann startet.

»Ich habe noch zu einigen Kollegen und Kameraden guten Kontakt. Leider sind nicht mehr viele von uns da. Ich muss nur warten, bis sie in der Liste sind.«

Viele von uns ... wie sich das anhört. Ob ich solche Sätze auch mal sagen werde? »Hey, hin und wieder rede ich noch mit meinen alten Weggefährten aus dem Callcenter. Mann, war das eine geile Zeit!«

Nein, bestimmt werde ich so einen Satz nie sagen. Von jahrelanger Kameradschaft oder über etliche Zeit gewachsener Freundschaft unter Kollegen verbietet sich hier zu reden. Ich werde sie längst vergessen haben, wenn ich alt bin. Ich kann mich ja nicht mal an den Namen des Mannes erinnern, der ein halbes Jahr lang neben mir saß. Früher muss das anders gewesen sein. Gut, dass er mein Kopfschütteln nicht sehen kann. Die Höhepunkte seines Tages bestehen darin, dass »Essen auf Rädern« vorbeikommt und nach langem Warten vor dem Monitor endlich einer seiner Freunde online angezeigt wird. Kein schöner Lebensabend.

Auf einmal wird aus einer Nummer wieder ein Mensch, mit einer Geschichte, einem Lebenslauf und Problemen. Probleme, die ich eigentlich lösen sollte. Aus KD0012547 wird wieder Hans-Herrmann Nitschke. Der stolze Hauptmann, der Schlosser, der Patient, der Kunde.

»Das kriegen wir schon wieder hin«, sage ich nach einigen Sekunden der Ruhe und rücke das Telefon zur Seite, damit niemand auf das Display gucken kann. Hier haben die Wände nicht nur Ohren, sondern manchmal sogar auch Augen.

»Sehen Sie unten links das ›Start‹-Symbol?«

Sieht er nicht. Erst beim dritten Versuch schaffen wir es. Er hatte ein anderes Programm geöffnet, welches es überdeckte.

Doch nun ist es unser gemeinsamer Weg, den wir für die wenigen Minuten gehen. Es ist nicht mehr sein Problem, es ist unser Problem. Kurz entflammt etwas in mir, was ich vor langer Zeit verloren geglaubt habe – ich will ihm wirklich helfen.

Nach einer gefühlten Ewigkeit kann er wieder ins Internet, das Chatprogramm öffnet sich und einer seiner Freunde wird sogar in der Liste angezeigt. Er wird viel zu erzählen haben.

Hans-Herrmann Nitschke bedankt sich überschwänglich; wenn wir nicht räumlich getrennt wären, würde er mich sicher auch umarmen. Es war seit Langem der erste Anruf, der mir nicht völlig egal war, der nicht in der anonymisierten Flut aus Stimmen und Nummern verschwand. Erschöpft, aber glücklich lege ich das Headset beiseite, dann drehe ich das Telefon wieder zu mir.

49 Minuten 54 Sekunden. Großartig. Die ersten Leiharbeiter gehen bereits in ihre Raucherpause und ich habe gerade mal drei Calls erledigt. Sofort ziehe ich den Kopfhörer wieder auf. Ich muss mich beeilen, die Statistik ausgleichen, bevor …

Ihre stapfenden, fast galoppierenden Schritte höre ich auch durch das anschmiegsame Leder an meinen Ohren. Nur noch wenige Meter, dann hat das Pferd mich erreicht. Sie schnaubt vor Wut, ihre Vorderhufe wirbelt sie wild vor sich her. Unsere Kommunikationstrainerin Marolt ist in Bestform, will wieder jemanden vor versammelter Mannschaft runterputzen. Leider werde ich das Gefühl nicht los, dass derjenige ich bin. Unerbittlich kommt sie näher und selbst eine gute Ausrede will mir in diesem Moment nicht einfallen. Dann berührt mich eine Hand an der Schulter und ich blicke in ein aufgedunsenes Gesicht. Dunkle Strähnen umranden die puterroten Wangen. Und sie hat wieder dieses überkorrekte Grinsen drauf. Fehlt nur noch der Schaum an den Lippen.

»Herr Seifeld, kommen Sie bitte mal in mein Büro«, sagt sie, ohne mich direkt anzusehen und viel zu laut. Ihre Worte sind schneidend, eigentlich schon gar nicht mehr an mich gerichtet, sondern an die übrigen Leiharbeiter. An mir wird sie ein Exempel statuieren. Damit auch jeder weiß, dass ein Damoklesschwert über ihren Köpfen schwebt. Das sehende Auge, welches jede Verfehlung bestraft und zur Rechenschaft zieht. Saurons Turm mit der glühenden Pupille aus *Der Herr der Ringe* ist ein Scheiß gegen sie. Die Stasi hätte sich die Finger nach so einem Mitarbeiter geleckt. Und wenn sie dort angefangen hätte, würde die DDR noch existieren. Im nächsten Augenblick dreht sie sich wieder um und stapft davon.

Meine Beine fühlen sich bleiern an, als ich mich erhebe und mit gesenktem Kopf den Gang entlangschleiche.

In ihrem Büro stehen drei Monitore. In Callcentern ist die Anzahl der Bildschirme proportional zur Wichtigkeit des Angestellten. Dass wir Frontliner überhaupt einen bekommen, wundert mich. Eigentlich sollten wir alles auf Papier schreiben und jemandem geben, der es anschließend im System hinterlegt. Man könnte uns dann als Prefrontliner bezeichnen und uns noch weniger bezahlen.

Marolt braucht die Monitore, damit sie genau auswerten kann, wer wie lange mit welchen Kunden telefoniert hat, wie üppig die Pausen waren und wie viele Calls man eröffnet hat. Ein Überwachungsstaat im Mikrokosmos.

Sie bietet mir keinen Platz an. Licht fällt von der Fensterfront herein und glitzert auf der verglasten Tischplatte. Ein freundlicher Raum, in dem die kleine Frau wie ein Fremdkörper wirkt.

»Herr Seifeld«, beginnt sie staatstragend und überkreuzt die Finger. »Wir sind sehr unzufrieden mit Ihren Leistungen. Ein Gespräch, das 50 Minuten lang dauert, können wir einfach nicht tolerieren.«

Wir. Als wäre die Firma das höchste Gut, das zählt. Dass wir morgens keinen Fahneneid aufs Firmenlogo leisten müssen,

wundert mich ohnehin. Dabei habe ich auf meinen Gehalts-
abrechnungen nicht einmal das Logo von Herbauer, sondern
von Persopower. Und das ist hässlich.

Sie macht eine Pause, um die Worte wirken zu lassen.
Keine Frage, wie es dazu kam, keine Erklärung, nur eine
Feststellung.

Sie interessiert sich nicht für Hans-Herrmann Nitschke.
Sie hat seine Geschichte nicht gehört. Für das Pferd ist er
KD0012547 und nichts anderes.

»Diese Ausreißer müssen ein Ende haben«, sagt sie mit
steigender Intensität und lehnt sich nach vorne. »Sie müssen
sich an das Protokoll halten und das sieht nun mal sieben
Minuten vor. Alles andere ist nicht effektiv. Wir müssen an die
Wettbewerbsfähigkeit denken. Die Konkurrenz schläft nicht.«
Mehrmals atmet sie tief. »Wenn Sie wüssten, was hinter den
Kulissen abläuft ...«

Ich gehe nicht weiter auf diesen sibyllinischen Satz ein und
blicke aus dem Fenster. Marolt schießt eine Floskel nach der
anderen heraus, die Worte sind schneller als die Salven eines
Maschinengewehrs. Tun aber mehr weh. Glaube ich.

Ich blicke dem Pferd in die dunklen, undurchdringlichen
Augen. Schwer zu glauben, dass auch hinter ihnen ein Gewissen, Wünsche und ein soziales Leben stecken sollen. Trotzdem
will ich meinen Appell versuchen.

»Ich sehe mein Fehlverhalten absolut ein.«

Das findet sie richtig gut.

»Aber sehen Sie, dieser Mann war behindert. Er brauchte
die Verbindung und es hat einige Zeit gedauert ...«

»Ist mir völlig egal.« Sie wischt meine Worte mit einer
Handbewegung beiseite. »Herr Seifeld, der Druck auf dem
Markt ist unglaublich groß. Wenn wir nicht profitabel sind,
dann wird das Callcenter schneller in den Osten verlegt, als
Sie Ihren Urlaubsantrag unterschrieben haben.«

Ich nicke zur Bestätigung, beobachte die einfallenden Sonnenstrahlen. Urlaub – wenn ich nur noch welchen hätte.

»Wir müssen uns an das Protokoll halten und auch weiterhin zielgerichtet arbeiten. Wir müssen die Kunden schnell zufriedenstellen. Wir müssen uns an die Vorgaben halten«, erklärt sie und klopft mit der Hand wütend auf die Tischplatte. Die letzten Worte wiederholt sie wie ein Mantra, ihre Hand ist zur Faust geformt.

Wollt ihr den totalen Call? Wollt ihr ihn?

Nun ist mein Widerstand gebrochen, ich unternehme keinen weiteren Versuch. Es wäre einfacher, einem Blinden zu erklären, wie das Sehen funktioniert.

Dann darf ich ihr Büro verlassen. Ich verzichte auf meine nächste Zigarette und schleiche mich lieber direkt zu meinem Arbeitsplatz.

Der Neuankömmling mit der Brille wird gerade eingearbeitet. Seine Pupillen sind geweitet, als wäre er auf Koks. Er trommelt mit den Fingern auf seinen Beinen herum, hat den Hakan-Spezial anscheinend schon geleert und nickt eifrig, als wäre er ein Wackeldackel.

Mein Mundwinkel zieht sich nach oben. Dann bemerke ich, wie die Kollegen ihre Stühle drehen. Die Blicke der anderen haften an mir und beobachten ganz genau, ob ich nun meine Sachen zusammensuche oder weitertelefoniere. Einer Probezeit von sage und schreibe sechs Monaten und befristeten Verträgen sei Dank!

Nur wenige sind, nachdem sie im Stall des Pferdes waren, wieder zurückgekehrt. Wir sind die kleinsten Rädchen in der gut geölten Maschinerie des Kundenservice. Diejenigen, die man schnell und einfach ersetzen kann.

Etwas zu theatralisch lasse ich mich auf meinem Platz nieder, fahre mir einmal durch die Haare und ziehe das Headset wieder auf. Sofort verschwinden die neugierigen Blicke.

Die Diode leuchtet immer noch rot und ich bin wieder drin in der Tretmühle, direkt an der Front. Es ist gerade neun Uhr durch. Die erste Stunde war ja mal echt grandios. Heute ist Montag, noch 39 Arbeitsstunden bis zum Wochenende.

»Willkommen im Benutzer-Service-Center, mein Name ist Andreas Seifeld. Wie kann ich Ihnen helfen?«

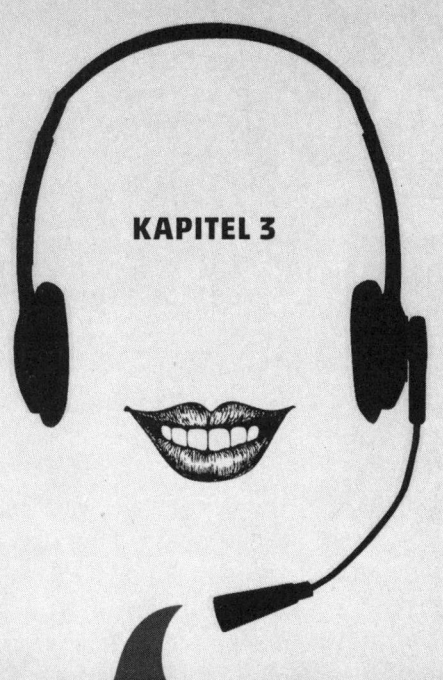

KAPITEL 3

DIE KÜHLSCHRANK-VERSCHWÖRUNG

DONNERSTAGMITTAG.

Nur noch 12 Stunden bis zum Wochen-
ende. Mittlerweile habe ich meine Statistik zumindest
einigermaßen ausgleichen können. Dafür musste ich meine
Zigarettenpausen in den letzten Tagen zwar auf ein Minimum
reduzieren, aber da das Pferd mich diese Woche wohl im
Auge behalten wird, war dies eine notwendige Maßnahme.
Am Freitag gegen 18 Uhr würde sie schließlich die Statistiken
fahren und jeder, der keine gute Quote vorzuweisen hat, kann
am Montagmorgen direkt mit einem lauwarmen Einlauf
rechnen. Das läuft in etwa so ab: Freitags, wenn die meisten
Hotlines geschlossen sind und die Leiharbeiter für zwei Tage
aus ihrer Tristesse ausbrechen können, verzieht sich das Pferd
mit unserem Geschäftsführer Dengler in ihr Büro. Sie schließen
die Tür, machen es sich hinter ihren drei Monitoren gemütlich und betätigen schließlich den einen Mausklick, der über
das Wohl der Leiharbeiter entscheidet. Mit höhepunktgleicher
Finalität drucken sie sich schließlich die Statistiken derjenigen
Mitarbeiter aus, die zu wenige oder zu lange Calls hatten.
Eigentlich fehlt nur noch, dass sie sich dabei einen Wein aufmachen und klassische Musik läuft. Schließlich entscheiden
sie zusammen, welche drakonische Maßnahme dem armen
Schopf am Montag zuteilwird.

Ich bin mir sicher, dass Holger Dengler liebend gern Folter-
methoden aus der Inquisitionszeit angewandt hätte. Daumen-
schrauben bei zu langen Calls, die Eiserne Jungfrau, wenn die

Quote nicht erfüllt ist, Teeren und Federn, falls man Fehler in den Tickets macht, die an die Fachabteilungen weitergeleitet werden müssen. Anders kann ich mir nicht erklären, dass er drei verschiedene Jagdmagazine abonniert hat und sich diese in die Firma liefern lässt. Seine Jägermetaphern haben beinahe schon Kultstatus. Ansprachen enden bei ihm immer damit, dass er uns gute Jagd wünscht, und mit einem brünstigen »Halali«. Wenn man nicht zumindest ein wenig von der Jagd versteht oder sich in die Thematik eingelesen hat, sollte man gar nicht nach einer Gehaltserhöhung oder gar einer Beförderung fragen.

Gut, für die Leiharbeiter hat sich das Thema sowieso erledigt. Ich hörte von anderen Firmen, die ihre Fremdarbeiter nach einer gewissen Zeit übernehmen. Als ich vor einem Jahr das letzte Mal diesbezüglich beim Sonnengott angefragt hatte, war die Antwort, dass derzeit ein totaler Einstellungsstopp besteht. Die wirtschaftlichen Gegebenheiten würden »so schwer auf seinen Schultern lasten wie ein Zwölfender« und »momentan eine Festanstellung zu bekommen wäre genauso schwierig wie der perfekte Blattschuss«. Man könnte froh sein, wenn man gegenwärtig überhaupt einen Job hätte. Gleich danach kamen ein Dutzend neuer Leiharbeiter durch die Tür. Und direkt hinter ihnen die Haustechnik, um die neuen Computer einzurichten. Tja, Einstellungsstopp ist nicht gleich Einstellungstopp.

Als ich mich an der Telefonanlage abgemeldet habe, schwirrt mein Kopf. Seufzend lasse ich mich in die Lehne des Stuhls fallen und atme mehrmals tief durch.

Wo wir gerade bei Inquisition waren, schlimmer konnten sich die Delinquenten auch nicht gefühlt haben, wenn sie gerädert wurden. Wenn es damals die Strafe »12 Stunden Callcenter« gegeben hätte, hätten die Menschen sofort zugegeben, dass sie mit schwarzer Magie hantieren. Von allein schließen sich meine Augen.

Ich stelle mir vor, dass ein Gefangener auf einen Stuhl gefesselt wird. Seine Haare sind verfilzt, die Haut ist mit Dreck übersät. Tagelang hat er der schlimmsten Folter standgehalten. Doch seine beiden Peiniger fahren nun andere Geschütze auf.

»Willst du endlich zugeben, dass du ein Hexer bist?«

»Nein, ich bin ein einfacher Bauer. So glaubt mir doch!«

»Gut, wenn du nicht reden willst ... Siegfried, setz ihm das Headset auf.«

»Nein, bitte! Alles, nur das nicht!«, schreit er verzweifelt.

Der Gefangene windet sich, doch es nützt nichts. Ihm wird der Kopfhörer über die Ohren gezogen und schon erklingt eine fremde Stimme: »Hallo? Ist da der Kundendienst? Ich bin gestern von ›Papierrollen‹ auf dieses neue Format ›Buch‹ umgestiegen. Aber ich weiß nicht, ob das auch sicher ist. Können Sie mir da weiterhelfen?«

»NEIN! Ich sag euch alles, was ihr hören wollt!«

Durch einen Klaps auf meinen Hinterkopf werde ich wieder in die Realität gerissen.

»Na, Hunger?«

Hakan grinst mich breit an und hält eine Tupperdose in den Händen.

»Was ist denn da drin?«, will ich mit einem Kopfnicken wissen. »Einmal Döner mit scharfem Pulver?«

»Kartoffeln und Rinderbraten, du Idiot. Meinst du, nur weil ich Türke bin, muss mir Döner schmecken? Was hast du dabei?«

Etwas kleinlaut greife ich in meine Tasche und öffne meine Dose. »Pizza von gestern.«

Jetzt muss Hakan auflachen. »Na, dann komm mal mit, Spaghetti. Miriam hält uns einen Platz in der Kantine frei.«

Augenblicklich ist all meine Müdigkeit verflogen. Miriam Weller – der Lichtblick in der tristen Welt der Herbauer Callcenter GmbH, die Aphrodite in der Unterwelt, kurzum, die einzige Frau in diesem Laden, die nicht aussieht, als hätte sich der liebe Gott erst kurz vor Torschluss entschieden, ob es ein Mädchen oder Junge wird. Und obendrein ist sie auch noch verdammt cool und die Sekretärin des Chefs. Also wirklich, man höre und staune, bei der Firma angestellt.

Mein Gang ist beinahe federnd, als wir die Kantine erreichen. Und wenn ich Kantine sage, dann meine ich einen weißen Raum mit ein paar Tischen und einem Wasserkocher. Hier wird natürlich kein Essen ausgegeben, sondern nur den Arbeitern ein Raum zur Verfügung gestellt, in dem sie in Ruhe ihre Mahlzeiten einnehmen können. Ausgelegt war der Raum einmal für 50 Mitarbeiter. Das war vor acht Jahren. Und seitdem wurde auch nichts mehr an der Einrichtung getan. Schon beim Betreten schlagen einem etliche Gerüche entgegen, die man im Leben nicht identifizieren kann. In einem Ambiente, das mich eher an die Würstchenbude eines Fußballplatzes erinnert als an einen Ort der Stille, kann man hier alles machen. Nur nicht in Ruhe essen.

Doch heute ist mir das egal. An dem einzigen Zweiertisch mitten im Raum sitzt sie und stochert in ihrem Salat herum. Ich werde zwar nie verstehen, wie Frauen Beilagen als Hauptmahlzeit ansehen können, aber das soll mir jetzt einmal egal sein. Ihre Haare ruhen golden auf ihren Schultern. Der Hosenanzug sitzt perfekt und betont Miriams schlanke Figur. Dazu hat sie ein atemberaubendes Lächeln. Wenn der Tod so ein Gesicht hätte, würden sich die Leute reihenweise die Pulsadern aufschneiden. Warum sie ab und zu ihre Mittagspausen mit uns verbringt, ist mir ein Rätsel. Seit ein paar Monaten dürfen wir ihre Gesellschaft schon genießen und natürlich musste Hakan versuchen, bei ihr zu landen. Obwohl ich ihm eigentlich jeden Fick gönne, sollte ich heute noch jede Stunde ein Stoßgebet gen Himmel schicken, um zu danken, dass er es bei ihr nicht geschafft hat.

»Hey Jungs«, begrüßt sie uns und lächelt.

Die Glückshormone in meinem Körper feiern eine größere Party als Deutschland während der Weltmeisterschaft 2006 und verhalten sich exponentiell zu meinem Testosteronspiegel, als sie mir einen atemberaubenden Wimpernschlag schenkt. Ich blicke in wache Augen, die tiefer sind als der Marianengraben, und drohe mit jedem weiteren Herzschlag, in ihnen zu versinken.

Miriam und ich rekeln uns am azurblauen Wasser. Doch selbst dieses kann dem Blau ihrer Augen nicht Konkurrenz machen. Die Sonne legt sich auf ihre makellose Haut und lässt ihre Haare aussehen wie flüssiges Gold. Sie kuschelt sich an mich heran, ich kann die Wärme ihrer Haut spüren …

»Wie geht es deiner Freundin?«

Mit wenigen Silben holt sie mich wieder auf den Boden der Tatsachen zurück und das, noch bevor ich mich hingesetzt habe. Bam. Das hat gesessen. Ich brauche eine Sekunde, um die Gedanken wieder von meinen schmutzigen Fantasien weg und auf die Realität zu lenken.

»Äh, danke. Laura geht es gut. Sie hat derzeit ein paar schwierige Kunden in der Praxis. Alte Männer, die nur am Nörgeln sind.«

»Ich habe riesigen Respekt vor ihrem Beruf«, sagt Miriam und nickt. Dabei entsteht ein kleines Grübchen an ihrem Kinn. Gott, diese Frau würde selbst wundervoll aussehen, wenn sie das Opfer in einem *Saw*-Film spielen würde. Und das *nach* seinen Aufgaben.

»Den ganzen Tag Physiotherapie mit Menschen machen muss toll sein«, setzt sie erneut an. »Du kannst ihnen bei ihren Problemen helfen, bist ganz nah am Körper, massierst sie.«

So, genug von meiner Freundin. Ich sollte das Thema wechseln. Leider scheint mein Verstand bei dem Wort »massieren« hängen geblieben zu sein und gerade auf Autopilot zu fahren.

Wenn das passiert, laufen die Bilder in meinem Kopf asynchron zu den Wörtern, die meine Lippen verlassen.

»Absolut«, stimme ich ihr zu. »Letztens erst war ein älterer Herr bei ihr, der den ganzen Rücken voll offener Stellen hatte. Dazu ein eitriger Hautausschlag, der auch noch nässte, und er hatte ganze 20 Stunden vom Arzt verschrieben bekommen.« Junge, was machst du hier? Soll sie dich mit gelben Wunden in Verbindung bringen? Sei sexy, sei smart! Sag etwas Geistreiches! »Aber was soll man machen, also hat sie ihn massiert. Leider war sein ganzer Rücken voller Melanome. Wahrscheinlich Hautkrebs. Zentimetergroße Muttermale, auf einigen wuchsen schon Haare.« Mein Gehirn schreit mich an, jetzt aufzuhören. Voller Stopp! Doch der kleine Mann in meinem Kopf scheint gerade eine Raucherpause zu machen und seinem Azubi das Sprachzentrum zu überlassen. Irgendwie bin ich im Rausch. »Plötzlich kommt sie an so einen ziemlich großen Pickel und – patsch! – geht das Ding auf und sie hat die ganzen Hände voller Eiter.«

Mit meinen Händen veranschauliche ich das Gesprochene auch noch, schließlich schiebe ich ein Lachen hinterher. Allerdings bin ich der Einzige, der das lustig findet. Von ferne höre ich die Stimme von Peter Lustig in meinem Kopf widerhallen: »Und so, liebe Kinder, läuft man imagetechnisch Amok.«

Miriam stützt sich auf ihr Handgelenk und blickt mich mit weit aufgerissenen Augen an. Auch Hakan hat innegehalten und schüttelt nur noch den Kopf.

»Geil«, sagt Miriam schließlich und ihre Augen beginnen zu funkeln. »Da erlebt sie wenigstens etwas. Ich finde deine Storys immer cool.«

Cool? Wohl eher abstoßend und peinlich.

Anschließend schüttet sie sich noch ein wenig des gelblichen Thousand Island Dressings auf ihren Salat und spießt eine Tomate auf, die sie sich herzhaft in den Mund schiebt.

Das kann doch nicht sein. Diese Frau existiert nicht wirklich. Sexy und cool – so sind doch sonst nur die Frauen aus Pornofilmen. Eigentlich müsste ich jeden Moment aufwachen. Da, gleich passiert es. Der Wecker klingelt, meine Freundin zieht sich die Decke über den Kopf und es ist Montagmorgen.

Doch nichts passiert. Und Miriam lächelt mich immer noch an. Hakan lässt sie völlig links liegen.

»Da habt ihr euch abends ja immer viel zu erzählen. Scheinst ein interessanter Mann zu sein, Andreas.«

»Tja, man tut, was man kann«, entgegne ich lächelnd.

Man tut, was man kann? Jetzt wäre der richtige Zeitpunkt, mir ohne Vorwarnung einen Sack Schrauben vor die Fresse zu schlagen. Doch niemand tut mir diesen Gefallen. Selbst ich habe jetzt mit mir Mitleid. Doch Miriam zwinkert mir zu, als wollte sie meine Worte bestätigen.

»Wo ist der Chef?«, will Hakan schließlich wissen.

»In Denglers Kalender steht, dass er heute noch ein wichtiges Meeting hat. Morgen dasselbe und da wird er wohl auch über das Wochenende bleiben. Die Marolt, diese arrogante Ziege, ist also derzeit die Chefin des Callcenters.«

Hakan rümpft die Nase und stützt sich auf sein Handgelenk auf. »Irgendetwas, das wir wissen sollten?«

Oh, oh. Ich kenne diesen Blick, der bei ihm immer einhergeht mit einem schiefen Grinsen und zu Schlitzen gezogenen Augen. Er findet das unglaublich charmant. Die meisten Mädels in der Disco leider auch. Als ich das einmal versucht habe, wurde ich gefragt, ob ich an irgendeiner Art des Down-Syndroms leide.

»Nicht wirklich«, erklärt Miriam kopfschüttelnd und wendet sich direkt wieder zu mir. »Da der Chef in seinen öffentlichen Kalender eintragen hat, dass er Termine in der Oberlausitz hat, gehe ich davon aus, dass er jagen ist.«

»Macht er das immer so?«, möchte Hakan wissen.

»Nein, aber ich musste für ihn Patronen bestellen. Außerdem liegt irgendwas in der Luft. Ich weiß noch nicht was, aber das finde ich heraus.«

Plötzlich spitzen wir beide die Ohren und lehnen uns zu ihr hinüber. Miriams süßliches Parfüm dringt mir in die Nase. Sie duftet so herrlich. Aber selbst diesen Gedanken verdränge ich für den einen Moment. Mein Kontingent an Peinlichkeiten sollte für heute erschöpft sein. Hoffentlich.

»Was meinst du damit, Miri? Hast du etwas gehört?«

Jetzt lehnt auch sie sich nach vorne und wir sehen aus wie drei Verschwörer, die einen Königsmord begehen wollen. Was Gerüchte angeht, sollte man auf ihre Worte immer hören. Als Sekretärin des Chefs ist sie immer bestens informiert und es haben sich einfach zu viele ihrer Vermutungen bewahrheitet.

»Sagt es nicht weiter, aber ich denke, dass Verhandlungen laufen, das Callcenter ins Ausland zu verlegen. Vielleicht Indien, vielleicht Polen, so etwas in der Art.«

Sofort lehnt sich Hakan zurück. »Ach komm. Solche Mutmaßungen kommen alle paar Monate mal auf und das schon, seit ich hier begonnen habe. Das ist mittlerweile fast ein Running Gag, wie der Tote auf der Toilette, der zu Mitternacht durch die Gänge schleicht, oder das Auszahlprogramm für Verbesserungsvorschläge.«

»Nein, ohne Scheiß«, sie wirkt tatsächlich ein wenig entrüstet, als sie Hakan ansieht. »Also erstens: Den toten Gärtner auf der Toilette hat es wirklich gegeben. Dengler hat mir das letztens noch erzählt. Zweitens: Jeder kann einen Verbesserungsvorschlag einreichen und kassiert dafür einmalig zehn Prozent der eingesparten Summe. Das ist Fakt. Und drittens habe ich nicht gesagt, dass sie vor dem Abschluss stehen. Glaubt mir, der Dengler überlegt schon lange, das Callcenter ins Ausland zu verlegen. Niedrigere Löhne, längere Arbeitszeiten, für ihn ist das ein Riesengeschäft. Der feuchte Traum eines jeden Geschäftsführers, nur ohne die lästigen Flecken. Allerdings prüft er derzeit noch die Angebote. Fest steht noch gar nichts.«

Plötzlich meldet sich mein Gehirn zurück. Der kleine Mann in meinem Kopf scheint die Raucherpause beendet zu haben. »Und wen würde er übernehmen?«

Miriam zuckt mit den Schultern. »Wahrscheinlich nur die festen Mitarbeiter des Unternehmens. Teamleiter, Kommunikationstrainer, Buchhaltung, die Fachabteilungen.« Sie weiß, worauf ich hinauswill. »Aber leider keine Callcenteragenten, die nicht bei Herbauer sind, nur die feste Belegschaft.«

Hakan und ich blicken uns an.

»Na, wenn es so weit ist«, sagt Hakan und öffnet die Tupperdose, »dann lass es uns wissen. Ich glaube es erst, wenn es offiziell ist.«

»Scheiße, Hakan, dann verlieren wir unsere Jobs und dürfen hartzen gehen. Schön bei Deutschlands größtem Arbeitgeber, mit dem großen roten A.«

Als Miriam ihre Hand auf meinen Arm legt, durchfährt mich ein Stromstoß und meine Körpertemperatur liegt bei gefühlten 800 Grad Celsius. Als sie mich auch noch anlächelt, ist mir so heiß, dass ich mich in Lava abkühlen könnte.

»Mach dir mal keinen Stress, Andreas. So gute Mitarbeiter wird er bestimmt nicht gehen lassen.« Dann steht sie auf. »Und wenn doch, dann werde ich mich persönlich dafür einsetzen, dass du bleibst.«

Noch kurz streift sie meine Schulter, dann ist Miriam verschwunden und es bleibt nur ihr Duft, der wie ein unsichtbarer Schleier in der Luft hängt.

Hakan seufzt laut auf. »Wenn ich es nicht besser wüsste, würde ich sagen, die ist scharf auf dich.«

»Meinst du wirklich?« Die Worte verlassen zu schnell meine Lippen und ich bin mir sicher, dass meine Stimme auch einige

Oktaven zu hoch ist. Zumindest gucken uns in dem Moment ein paar Mitarbeiter fragend an.

»Du hast eine Freundin, also mach dir darüber keine Gedanken. Komm, ich hab Hunger.«

Mein Magen erinnert mich schmerzlich daran, dass ich heute noch nichts gegessen habe, und wir machen uns beide auf den Weg zu den Mikrowellen.

Neben dem einsamen Wasserkocher steht ein kleiner Tisch mit zwei gelblichen Geräten, die nur bei näherem Hinsehen wirklich als elektronische Geräte zu identifizieren sind. Der Name des Herstellers ist schon längst nicht mehr zu entziffern. Doch ich bin mir sicher, wenn man ganz lange suchen würde, wäre auf der Rückseite noch die Gravur »Made in West Germany« zu finden. Kaum auszudenken, wie viele Gerichte die beiden Boxen schon elektromagnetisch beschossen haben. Mittlerweile riechen sie wie die abgetragenen Schuhe eines Marathonläufers – der ohne Socken gelaufen ist und nachdem der Hund noch damit spielen durfte. Um eine kleinstmögliche Kontamination zu gewährleisten, benutzen wir Servietten, um die Tür zu öffnen. Glück gehabt. Uns spricht keine der vergessenen Speisen mit Namen an und auch sonst sieht die Oberfläche gerade noch so aus, als könnte man sein Essen erhitzen, ohne danach die Tupperdose wegschmeißen zu müssen. Auch das ist keine Selbstverständlichkeit. Aber dazu muss ich etwas ausholen.

Wie ich bereits erwähnte, ist das Callcenter für viele nur eine Durchgangsstation. Eine Möglichkeit, um Geld zu verdienen, wenn man ein paar Monate überbrücken muss oder wenn man am Anfang des Berufslebens steht. Da die Probezeit (natürlich beim Personaldienstleister) meist sechs Monate beträgt, hat jeder hier eine nicht zu unterschätzende Anzahl an Bewerbungen nebenbei laufen. Tatsächlich sind die Callcenter voll von Fachinformatikern, Bürokaufleuten und Informatikstudenten, die einfach keinen Job gefunden haben. Da das Berufsbild des Telefonsupporters sich, zumindest bei uns, nicht unbedingt durch hohe Anforderungen auszeichnet, kann es eigentlich jeder machen. Nach einer Woche Einarbeiten kann man telefonieren, nach drei Wochen wickelt man allein Calls und Ticktes ab und nach zwei Monaten kennt man jeden Fehler besser als den Körper seiner Freundin, mit der man über drei Jahre zusammen ist. Dieser Job bringt vor allem eins: ein wenig Geld, damit man über die Runden kommt und keine Lücke im Lebenslauf hat. Schließlich denken die ganzen Informatiker ja noch, dass ihnen eine rühmliche Zukunft ins Haus steht. Sollten sie dann tatsächlich einen interessanteren Job gefunden haben, was wirklich nicht allzu schwer ist, reicht eine E-Mail an den Personaldienstleister, dass man aufhört. Dieser wiederum schickt eine Nachricht an die Firma, dass der Mitarbeiter X gekündigt hat und schon morgen durch den Mitarbeiter Y ersetzt wird. Das geht dann per Mail an die Personalabteilung, die Teamleiter, die Technik, damit der Name des Neuen auch zur Nummer gemacht wird und er sich am PC anmelden kann und so weiter.

Was allerdings keine Mail bekommt, ist das Essen im Kühlschrank der Herbauer GmbH. Dieses fällt bei dem bis zur Perfektion getrimmten Prozess des Persopoweraustauschs durchs Raster. Zurück bleibt ein einsames Stück Lasagne, das auf einem flachen Teller ohne Abdeckung in das unterste Fach des Kühlschranks gelegt wurde. In Tristesse vereint, muss es nun sein Dasein neben etlichen Kakao- und Kaffeepäckchen fristen. Die Agenten, die den Kühlschrank nämlich noch wirklich benutzen, setzen ihre Speisen ganz nach vorne und nun greift das einfache Prinzip von Ursache und Wirkung – die älteren Speisen werden nach hinten geschoben und geraten in Vergessenheit. Niemand ist mehr da, der sich um sie kümmert, wegschmeißen will man ja auch nichts. Während der Zahn des

Verfalls an der alleingelassenen Lasagne nagt, selbst die Tetra Paks so langsam undicht werden und eine milchig-klebrige Flüssigkeit auf die gläserne Fläche des Kühlschranks zaubern, dringt zunehmend ein modriger Duft durch die Küche. Irgendwann wird dieser dann so stark, dass selbst der schlimmste Höhlenmensch ihn nicht mehr ignorieren kann. Dann ist der Zeitpunkt gekommen, an dem die Teamleiter beginnen, ihre Mails zu schreiben.

»Liebe Mitarbeiter, leider muss ich Sie aus gegebenem Anlass darauf hinweisen, Ihre nicht mehr zum Konsum geeigneten Produkte aus dem Kühlschrank zu entfernen.«

Zwei Tage später: »Sehr geehrte Damen und Herren, wir bitten Sie höflichst, den Kühlschrank sauber zu halten.«

Und anschließend folgt die Mail vom Geschäftsführer: »Der Gestank ist nicht mehr auszuhalten! Wem gehört jetzt das Stück Kuchen?«

Was für eine Metamorphose! Aus Kartoffeln mit Frikadellen wird auf diese Weise ein Auflauf, der in den prächtigsten Farben schimmert, Rinderbraten wird zu Pizza und aus Lasagne halt ein Stück Kuchen.

Ich denke ja sowieso, dass diese Kühlschranke gar nicht dazu da sind, um Essen zu temperieren. Die beiden Schränke, die verloren im hintersten Teil des Raums vor sich hin surren und mehr Elektrosmog produzieren als alle Sendeantennen des Düsseldorfer Rheinturms zusammen, sind Teil einer riesigen Verschwörung! Wir sind das Versuchslabor der Nahrungsmittelindustrie. Sie testet die Haltbarkeit, molekulare Struktur und den Aggregatzustand ihrer Produkte in unseren Kühlschränken.

Da hängen militärischer Abschirmdienst, BKA und BND mit drin. Zumindest aber die Fleischerinnung und die großen Speiseeisriesen. Anders kann ich mir nicht erklären, warum die Kühlschränke es vor einigen Wochen sogar schafften, Eis zum

Schimmeln zu bringen. Bei genauerer Betrachtung handelte es sich dabei um das Speiseeis der Marke »Pop Orange« von Schöller. Kaufpreis 1 Euro. Und es stellte sich heraus, dass die Dinger seit 2004 gar nicht mehr produziert werden. Kurz überlegten Hakan und ich, ob wir diese Rarität bei eBay feilbieten sollten, entschieden uns aber dagegen. Dann würde Schöller das Eis nur zurückkaufen und hätte wichtige Erkenntnisse über das Konsumverhalten von Callcenteragenten gewonnen. Diesen Sieg wollten wir ihnen nicht gönnen.

»Andererseits hätte ich so genug Geld gehabt, um Miriam eine Villa zu kaufen. Privatstrand inklusive.«

Hakan guckt mich verdutzt an, während wir wieder am Tisch sitzen und unser Essen in uns reinschaufeln.

»Alter, wovon redest du?«

»Ach nichts, ich hab nur laut gedacht.«

»Dann denk leise. Mir macht das manchmal Angst, wenn du so Sätze einfach reinhaust.« Hakan atmet tief. Gut, dass er daran schon gewöhnt ist. »Also, was machen wir jetzt?«

Die Pizza des gestrigen Tages schmeckt ... schmeckt ... ja wonach eigentlich? Nachdem das Essen in der Mikrowelle war, könnte es alles sein. Auch Hakan scheint nicht besonders begeistert von seinen Kartoffeln mit Rinderbraten. Ich spiele ja schon länger mit dem Gedanken, ihm einen Streich zu spielen und im passenden Moment die Kuh durch ein Schwein zu ersetzen. Allerdings dürfte das gehörigen Einfluss auf unsere Freundschaft nehmen.

»Was passiert eigentlich, wenn ich dir Schweinefleisch als Rind verkaufe? Musst du als Moslem dann nicht das Ganze auskotzen oder so?«

Hakan sieht mich eindringlich an und spielt mit seinem Messer. »Ja, das müsste ich. Laut muslimischem Recht müsste ich dich dann allerdings auch schächten.«

»Echt?«

»Ja.« Mit einem Lächeln im Gesicht stochert er wieder in den Kartoffeln rum. »Also – noch mal: Was machen wir jetzt?«

»Wegen was?«

»Och, Andy, wegen der Verlegung des Callcenters ins Ausland. Hörst du mir überhaupt zu?«

Nicht wirklich, das gebe ich gern zu, ich bin viel zu sehr damit beschäftigt, meinen Geruchssinn zu unterdrücken, um das letzte Stück Pizza herunterzuschlingen. »Keine Ahnung. Wir lassen es einfach auf uns zukommen?«

Hakan schüttelt mit dem Kopf und wirft das Besteck in die Tupperdose. »Wir könnten auch zu Gerd gehen. Wenn irgendjemand etwas weiß, dann ist er es.«

Ich spüre, wie meine Augen sich weiten. Hat er das gerade wirklich gesagt? Ich lehne mich zu Hakan hinüber und dämpfe meine Stimme.

»Du willst zu *ihm*?«

Auch er muss schlucken, atmet tief. »Es ist unsere einzige Möglichkeit.«

Augenblicklich kühlen meine Hände ab und mein Kopf wird heiß. »Ich will nicht zu *dem Ersten*. Es ist … komisch dort unten.«

Unsere Blicke treffen sich. Wir haben keine andere Wahl.

»Gut, lass uns zu ihm gehen.«

KAPITEL 4

BLICK IN DIE VERGANGENHEIT

GERD.

Warum nur? Er ist die fleischgewordene Inkarnation der Firma. Ein Relikt aus der Vergangenheit. Er war *der Erste*, den Theo Herbauer angestellt hat. Sein erster Mitarbeiter. Doch während Theo Herbauer längst tot ist und Holger Dengler nun am Steuer sitzt, hat er überlebt. Gerd war schon immer da und wird die Zeit überdauern, dessen sind wir uns sicher.

Unsere Schritte sind langsam, während wir den Gang entlanglaufen und das Stimmengewirr immer mehr abnimmt. Hier führt der Chef keine Kunden hin. Im Herzen des Gebäudes stehen wir vor einer metallenen Feuerschutztür, die zum Keller führt. Wir wissen, dass sie verschlossen ist, und das auch aus gutem Grund. Die Klingel daneben ist nicht abgenutzt, hier will niemand freiwillig hin. Nur eine dicke Staubschicht liegt drohend über dem Schild.

»Mach du«, sage ich zu Hakan.

Er braucht einen Herzschlag, tritt näher und betätigt den Schalter. Selbst hier oben hören wir das schrille Klingeln von unten. Es dauert einige Sekunden, bis über die Gegensprechanlage eine gereizte Stimme ertönt.

»JA?«

»Hallo Gerd. Hier sind Hakan und Andreas. Hast du kurz Zeit für uns?«

»Wer?«

»Hakan und Andreas.«

»Kenne ich euch?«

Jetzt stemmt Hakan die Hände in die Hüften und blickt mich kopfschüttelnd an. Trotzdem bleibt seine Stimme mild, als wollte er ein wildes Pferd beruhigen. Ein Nilpferd wäre passender.

»Wir grüßen uns seit sechs Jahren jeden Morgen.«

Einige Sekunden ist Ruhe, anscheinend wirft Gerd gerade sein Quarzhirn an. »Keine Ahnung, wer ihr seid.«

Hakan schüttelt den Kopf und geht ganz nah an die Gegensprechanlage.

»Der Türke und der mit den schlechten Witzen.«

»Ah, Hakan und Andy! Alles klar, kommt runter.«

Surrend beißt sich der metallische Ton, der uns Einlass in Gerds Reich gewährt, in unsere Ohren. Jenseits der Tür ist das Licht gedämpft und an den Wänden sind keine Bilder mehr zu sehen, stattdessen nur noch der nackte Beton. Betriebsschutzmaßnahmen haben hier keine Gültigkeit mehr. Auf den gekennzeichneten Wegen des Fluchtplans erscheint dieser Ort nicht einmal. An der Feuerschutzwand hören die Pfeile einfach auf. Hier ist Niemandsland. Würde ich jemals einen Mord begehen, den Ort für die Leiche wüsste ich schon. Ich bin mir sicher, dass Gerd sich über den Geruch nicht beschweren würde.

»Hörst du das?«, möchte ich schließlich von Hakan wissen.

»Was denn?«

»Es ist ganz ruhig.«

Tatsächlich dringt kein Laut des geschäftigen Treibens mehr an unsere Ohren. Hakan nickt nur, setzt vorsichtig einen Fuß vor den anderen und in diesem Moment habe ich zumindest den Hauch einer Ahnung, wie sich die deutschen Soldaten in Afghanistan auf ihren Patrouillen fühlen müssen. Vom Gang gehen mehrere Türen ab. Was sich hinter denen verbirgt, möchte ich gar nicht wissen. Nur Gerd hat den Schlüssel und vielleicht ist das auch gut so. Das Licht flackert jetzt, hier sind die Wände wieder voll, mit Postern von irgendwelchen nackten Frauen aus den Achtzigern. Busch inklusive. Ich bin mir sicher, dass einige von ihnen mittlerweile Urenkel ihr Eigen nennen können. Etwas weiter hinten liegen die Serverräume. Keine der großen, mit neuester Technik ausgestatteten Rechnertürme. Nein – Dutzende verstaubte Desktopcomputer wurden von Gerd eigenhändig zu einem Cluster vereint. Die Kabel hängen wild im klimatisierten Raum herum, den nur selten jemand betreten darf. Selbst den Chef interessiert es nicht, was hier unten abgeht. Wenn Gerd etwas will, schickt er Dengler eine Mail. Es wird nicht nachgefragt, sondern einfach bestellt. Equipment, Kabel, Monitore – völlig egal. Der Chef segnet alles ab. Und wenn Gerd sich zwanzig Nutten in seinen Keller bestellen würde, Dengler würde es einfach nur weiterleiten.

250 Mitarbeiter gibt es hier am Standort. Andere Firmen haben ganze Teams, um die Infrastruktur in Schuss zu halten. Wir haben Gerd. Sollte er einmal ausfallen, kann Herbauer über Wochen dichtmachen. Dementsprechend wird Gerd auch entlohnt, nur scheint ihn das nicht zu interessieren. Er lebt und atmet für die Firma. Wenn es jemanden gibt, der bis Mitternacht noch arbeitet, dann ist es Gerd. Das Netzwerk ist sein Baby, niemand darf es anfassen. Es ist ihm heilig, es ist … *sein Schatz*.

Am Ende des Gangs ist Gerds Büro. Oder Wohnzimmer, die Übergänge sind in diesem Fall fließend. Ein abgenutzter Teppich weist uns den Weg in den Raum. Hier ist es noch dunkler. Meine Augen brauchen ein paar Sekunden, um sich an die Lichtverhältnisse zu gewöhnen. Auf einem Röhrenmonitor läuft ARD tonlos, dazu dudelt eine Rockcombo, die sich wahrscheinlich schon vor zwanzig Jahren aufgelöst hat. Uns schlägt ein Geruch in die Nase, der jeden Pumakäfig auf der Ekelskala um Längen übertreffen würde. Dazu noch mehr halb nackte Frauen, Ersatzteile und Geräte von Herstellern, die schon längst nicht mehr existieren. Soundkarten, Mainboards, auch alte Netzwerkkarten finden sich fein säuberlich gestapelt auf mehreren Schreibtischen. Gerd wirft nie etwas weg – selbst uralte Rechner werden so lange repariert, bis sie wieder laufen. Zur Not lötet er selbst. Sogar das wohlbekannte Begrüßungsbild eines C64 flimmert mir entgegen. LOAD "*",8,1:RUN ... Gott, wie lange ist das her. Ich bin mir sicher, dass er immer noch *North & South* oder *Summer Games* spielt und mittlerweile Rekorde erreicht hat, die nie jemand für möglich gehalten hätte.

»Hallo Gerd«, versucht Hakan, eine Unterhaltung zu beginnen. »Eine schöne Sammlung hast du da.«

Erst jetzt entdecke ich, dass hinter den zwei übergroßen Monitoren jemand lebt. Und es ist definitiv nicht die arme Topfpflanze, deren braune Blätter sich im seichten Luftzug des Kühlers bewegen. Ein aufgequollenes Gesicht ist zu erblicken, das uns argwöhnisch mustert. Gerds Haare sind kurz geschoren, er trägt ein ausgewaschenes Metallica-Shirt, das über seinem riesigen Bauch spannt. Ein paar Zentimeter am Ende des Saums ist sein nackter Wanst zu sehen. Erst dann beginnt die schwarze Hose.

»Ihr wollt doch nicht an Anna dran?«

Das hatte ich beinahe vergessen, er hat dem Netzwerk einen Namen gegeben. Und manche sagen, dass *ich* verrückt sei ...

»Nein, nein«, entgegnet Hakan sofort, und hält seine Hände flach, als würde er einen bissigen Hund besänftigen wollen. »Ich hatte nur gehofft, dass du uns ein paar Fragen beantworten kannst.«

Gerds sowieso schon kleine Augen verengen sich zu Schlitzen. Dann steht er auf und Hakan und ich müssen hochblicken. Vor uns steht ein zwei Meter großer Hüne mit Händen wie Servierteller.

»Fragen stellen?«, wiederholt er und in seinen Augen glitzert ein Hauch von Wahnsinn. Oh, oh, das mag er gar nicht gern.

Als er die ersten Schritte auf uns zu macht, gefriert das Blut in meinen Adern. Auch Hakan geht einen Schritt zurück. Wann würde die Firma bemerken, dass zwei ihrer Mitarbeiter verschollen sind? In den gekühlten Räumen könnte er uns monatelang aufbewahren. Vor meinem geistigen Auge sitzen wir gemeinsam mit Gerd an einem kleinen Küchentisch hier unten im Keller und trinken Tee. Das heißt – er trinkt Tee, wir sind tot und grotesk geschminkt. Zumindest stelle ich es mir so vor, wenn Soziopathen töten und zum Tee einladen.

Als der Riese an mir vorbeigeht, dringt mir eine nicht weiter zu definierende Mischung aus Schweiß, Knoblauch und wochenlang getragener Kleidung in die Nase. Er legt seine Pranke auf die Türklinge und schließt sie. Anschließend stellt er sich vor die Feuerschutztür und kreuzt die Arme. Wir sind allein. Wenn es einen Gott gibt, dann hat er diesen Ort verlassen.

»Was für Fragen?«

Ich will gar nicht wissen, welche Videos und Bilder er auf den unzähligen Rechnern hat, die die Luft so trocken machen, dass meine Bronchien schon in sich zusammenfallen. Doch eins ist klar: Er reagiert ziemlich allergisch auf jede Art von Störung durch die anderen Erdbewohner.

»Nichts Wichtiges«, sage ich schnell und versuche, ihm nicht in die Augen zu sehen.

Das habe ich mal in irgendeiner Tiersendung aufgeschnappt. Wenn man einem wilden Bären begegnet, sind ganz langsame Bewegungen und Vermeidung von Blickkontakt überlebenswichtig. Man könnte ihn sonst provozieren.

»Es geht um die Verlegung des Callcenters. Weißt du etwas darüber?«

Natürlich weiß er es. Immerhin steht der Server, über den alle Firmenmails gehen, direkt neben ihm. Die Frage ist, ob er uns das auch sagt.

»Kann sein, warum wollt ihr das wissen? Wer schickt euch?«

Erst jetzt entdecke ich die kompletten Staffeln von *Akte X*, *Fringe* und *Supernatural* in einem Regal über seinem Schreibtisch. DVD-Player und Flatscreen inklusive. Ich bin mir sicher, dass er jeden Abend seinen Körper nach Peilsendern absucht. Das würde immerhin erklären, warum er keine Zeit zum Duschen hat.

»Niemand schickt uns«, sage ich schließlich und versuche, den zitternden Unterton in meiner Stimme zu unterdrücken. Vielleicht kommt man hier einfach mit Ehrlichkeit weiter. »Aber du weißt ja immer über alles Bescheid. Wir haben einfach Angst um unsere Jobs.«

Es dauert einige Zeit und ich kann sein Hirn hinter der hohen Stirn beinahe arbeiten hören. Plötzlich erhellt sich seine Miene. »Ach so ist das. Warum sagt ihr das nicht gleich?«

Ein kräftiges Schulterklopfen folgt, bei dem ich fast die eben gegessene Pizza auf den Boden verteile. Ich bin mir sicher, dass ihn das nicht stören würde. Wahrscheinlich hätte er noch einen lockeren Spruch auf den Lippen. »Tritt sich fest.« Oder so.

Preisfrage: Wenn man 1,84 groß ist, wo ist dann die Achselhöhle eines Menschen mit einer Körpergröße von über zwei Meter? Richtig! Nur wenige Zentimeter von meinem Gesicht entfernt. Doch ich habe noch Glück. Entgegen meinem ersten Eindruck werde ich nicht ohnmächtig. Nachdem sich mein Blick wieder einigermaßen verfestigt hat, bietet er uns einen Platz an. Erst jetzt erkenne ich die zwei Dosen eingelegte Rollmöpse, die geöffnet neben der Maus auf seinem Schreibtisch liegen.

»Wollt ihr? Greift zu, die sind lecker.«

Hakan und ich lehnend dankend ab, lassen stattdessen die Blicke über die Stühle schweifen. Die Lehnen sehen aus, als hätte eine amerikanische College-Party auf ihnen stattgefunden, mit dem Ergebnis, dass jeder mal auf den Bezug kotzen durfte. Dazu schon schwarz gefärbte Kaugummireste und andere Stoffe, die ich mir nicht näher ansehen möchte.

Hakan schaltet als Erster. »Du, ich habs im Knie, ich würde lieber stehen bleiben.«

Gerd nickt, sein Blick brennt sich danach in mich hinein. FUCK! Ich seufze, dann lasse ich mich auf das Polster sinken und versuche, die Spannung in meinen Beinen zu halten. Es gelingt mir nur wenige Sekunden und mein Po landet auf diesem Panoptikum des Ekels. Die Hose kann ich dann wohl wegwerfen.

Gerd schiebt sich einen Rollmops in den Mund, ein wenig Soße läuft seine Wange herab, während er mit derselben Hand schließlich die Maus bedient.

»Also, wie es aussieht, lässt sich der Chef gerade eine ganze Menge Angebote zukommen. Indien, Ägypten, Polen, die ganze Palette. Beinahe täglich flattern ihm Angebote ins Haus. Aber ...«

Auf einer Pobacke rutsche ich nach vorne. »Was aber?«

»Er scheint unentschlossen. Noch hat er keinem Anbieter den Zuschlag gegeben, obwohl sie sich mit den Angeboten unterbieten. Billigere Löhne, weniger Urlaub, Zwölf-Stunden-Schichten, sechs Tage die Woche. Tja, das haben wir nun von der ach so tollen Globalisierung. Aber er hat vor einem Jahr dasselbe gemacht, also würde ich mir keine Sorgen machen.« Gerd winkt ab, zwei weitere Rollmöpse folgen, keine Sekunde später redet er mit vollem Mund weiter. »Aber das muss euch ja nicht interessieren. Alle Herbauers bleiben und werden weiter eingesetzt, nur die Persopisser müssen gehen.«

»Alle Herbauers bleiben ...« Wie er das ausspricht, als wäre es eine Ehre, hier dienen zu dürfen. Für ihn sind Fremdfirmenmitarbeiter Eindringlinge. Jetzt dürfte es dreckig werden.

»Äh, Gerd. Wir sind bei Persopower.«

Er lässt sich lachend zurückfallen, wirft noch einen Mops in seinen Mund und die Lehne seines Sessels schreit quietschend um Hilfe. »Klar! Wie doof muss man sein, wenn man nach sechs Jahren immer noch bei den Persopissern ist? Wie kann man denn sein Jubiläum bei einem Personaldienstleister feiern?«

Hakan und ich blicken uns an und in diesem Moment wissen wir beide, dass er damit gar nicht so falsch liegt. Leider. Trotzdem bin ich erst einmal beruhigt.

»Eigentlich war die Idee der Personalüberlassung gar nicht schlecht«, fängt Gerd an zu dozieren und wedelt mit seinen öligen Fingern umher. »Der Arbeitnehmer kann seine Arbeitslosigkeit beenden und sollte an dem Standort, wo er tätig ist, das Projekt abgeschlossen sein, kann er woanders Berufserfahrung sammeln. Die Firmen stellen dadurch schneller ein, weil sie die Leute schneller loswerden, und die Zeitarbeitsfirmen machen sowieso ein gutes Geschäft. Im Idealfall erhalten sie sogar eine Vermittlungsprovision, wenn der Mitarbeiter übernommen wird.«

Gerd macht eine theatralische Pause, die andere Leute wohl zum Spannungsaufbau nutzen würden. Er nimmt lieber die letzten zwei Rollmöpse mit der flachen Hand und lässt sie in seinen Mund fallen, als wären sie Erdnüsse. Hakan tippt mir auf die Schulter. Ich weiß, was er sagen will. Wir sollten diese Pause zur Flucht nutzen. Keine hastigen Bewegungen, kein Blickkontakt. Ich schüttle den Kopf.

»Leider ist das Prinzip derzeit gründlich in der Schieflage«, setzt Gerd an. »Die Leiharbeiter hangeln sich von Projekt- zu Projektvertrag und kriegen meistens noch weniger Lohn. Schön blöd, wenn man länger als ein Jahr dabeibleibt.« Dann fällt sein Blick auf uns. »Das war doch eben ein Scherz von euch, oder? Ihr seid doch nicht wirklich seit sechs Jahren bei Persopisser?«

Mir wird einmal mehr klar, dass mein Leben gründlich falsch gelaufen ist. Aber wir haben die Information, die wir wollten, also nichts wie raus hier.

»Gerd, es war echt supernett, dass du …«

»Ach, auch das ist nicht schlimm«, unterbricht er mich und steht auf.

Ich setze mich wieder auf die äußerste Kante des Sitzkissens und atme tief durch. Ein Fehler, wie mein Würgereiz mir bestätigt. Der Sauerstoffgehalt in diesem Raum muss in etwa der einer Würstchenbude im Karneval entsprechen. Mit mehreren Schnellheftern kommt Gerd zurück, wirft sie uns in den Schoß und lässt sich wieder auf seinen Stuhl fallen.

»Seid froh, dass ihr noch in der Inboundabteilung sitzt. Euch rufen die Leute an und wollen nur Problemlösungen haben. Das nervt zwar, aber alles ist besser als Outbound auf Provision. Die armen Jungs und Mädels haben früher nur ein Mindestgehalt bekommen, den Rest mussten sie durch Abschlüsse machen. Nach der Wende war es ganz schlimm. Alte Menschen wurden angerufen, ihnen wurden Versicherungen aufgeschwatzt, ohne dass sie wussten, wofür sie eigentlich bezahlen. Anschließend wurde fleißig bei ihnen abgebucht, bis einer der Verwandten sich gefragt hat, warum jeden Monat 400 Mark für eine Tsunamiversicherung draufgehen. Doch die wirklich armen Schweine waren die am anderen Ende der Leitung. Könnt ihr euch vorstellen, wie es ist, wenn man am Ende des Monats zu wenige Versicherungen abgeschlossen hat und nicht weiß, wie man seine Kinder ernähren soll? Natürlich wird man dann aggressiv und telefoniert sich die Finger wund.«

Nur mit den Fingernägeln versuche ich, das Plastik des Schnellhefters zu öffnen, und für wenige Sekunden erhalte ich einen Einblick in die Geschäfte der Herbauer Callcenter GmbH, wie sie vor etlichen Jahren waren. Auf den vergilbten und mit Essensresten überzogenen Papieren erkenne ich nur schwerlich die Sätze, nach denen die Mitarbeiter bezahlt wurden.

99,00 DM – Erfolgreicher Abschluss einer Versicherung Basis (Lebensversicherung)

199,00 DM – Erfolgreicher Abschluss einer Versicherung Basis Plus (Tsunami, Flutsicherung)

299,00 DM – Erfolgreicher Abschluss einer Versicherung Comfort (Tsunami, Flutsicherung, Autoversicherung, Lebensversicherung)

Welche Brandenburger Großmutter braucht eine Autoversicherung, wenn sie ihre Karre schon längst abgegeben hat? Und an welcher Küste in Brandenburg sollte ein Tsunami verheerende Schäden anrichten?

Dazu fallen mir mit Marker herausgehobene Textstellen ins Auge: »Ältere Leute vermehrt vormittags anrufen!« »Beste Chancen bei Alleinstehenden!« »Nur Comfort Versicherungen an Alte! Erkläre, was sie unterschreiben müssen!«

Etliche andere Weisheiten sind nicht hervorgehoben, drehen meinen Magen aber genauso um. Diese Schnellhefter lesen sich wie ein Betriebshandbuch zum Bescheißen.

»Und du hast so etwas gemacht?«, frage ich Gerd entgeistert.

»Tja, wenn man gerade ein Haus gekauft hat, die Frau schwanger ist und man nur circa 1000 Mark verdient, macht man viele Sachen, auf die man nicht stolz ist. Wie gesagt, die Callcenteragenten sind auch nur arme Schweine, die ein wenig Geld verdienen wollen. Den Profit machen die Firmen.«

Hakan hat in der Zeit einen gesamten Hefter fast durchgearbeitet. Aber auch ihm fällt es anscheinend schwer, bei diesen Sauerstoffverhältnissen einen klaren Gedanken zu fassen. Doch als er auf die Uhr blickt, ändert sich das schlagartig.

»Andreas, wir sind schon 10 Minuten drüber.«

Sofort schießt Adrenalin in meine Adern und ich bin auf den Beinen.

»Vielen Dank, Gerd«, sage ich und lege langsam die Hefter auf seinen Schreibtisch. »Du hast uns wirklich sehr geholfen.«

»Kein Problem, Jungs.«

Zur Verabschiedung reicht er uns seine dicke mit Rollmops-saft verschmierte Pranke. Obwohl jede Faser meines Körpers mich anschreit, es nicht zu tun, und ich praktisch schon spüre, wie der Herpes auf meinen Lippen sprießt, ergreife ich sie. Gerd hat keinen leichten Händedruck, seine Finger umschlie-ßen meine Hand, sodass ich selbst am Handgelenk noch Reste seiner marinierten Speise habe. Ich wische sie mir an meiner Hose ab, die muss schließlich sowieso in die Tonne. Doch jetzt nichts wie weg.

Als wir schon zur Tür heraus sind, dreht sich Hakan noch kurz in Gerds Richtung. »Eine Frage noch, hast du von dem Gärtner gehört, der hier auf der Toilette gestorben sein soll?«

»Klar«, schießt es sofort aus Gerd hervor. »Beim Wichsen abgekratzt, auch kein schlechter Tod. Und der einzige Grund, warum Herr Herbauer das Gebäude kaufen konnte. Man sagt, dass er noch heute nachts durch die Gänge schleicht und ziem-lich angepisst ist über das, was sie aus seiner schönen Gärtnerei gemacht haben.«

Das kann doch nicht sein, die Geschichte ist wahr. »Meinst du das ernst?«, entfährt es mir.

»Absolut. Ich sag mal so, er hat sich erhängt, wollte es aber nicht.« Dann fängt Gerd an zu lachen und wendet sich wieder seinen Rechnern zu.

»Was meint er damit?«, will ich flüsternd von Hakan wis-sen.

Auch auf seinen Lippen ist ein diabolisches Lächeln zu se-hen, während er mich durch die Tür schiebt. »Erkläre ich dir wann anders. Komm, das Pferd tickt sonst aus.«

»Wir sollten uns die Hände waschen.«

»Am besten mit Salzsäure ...«

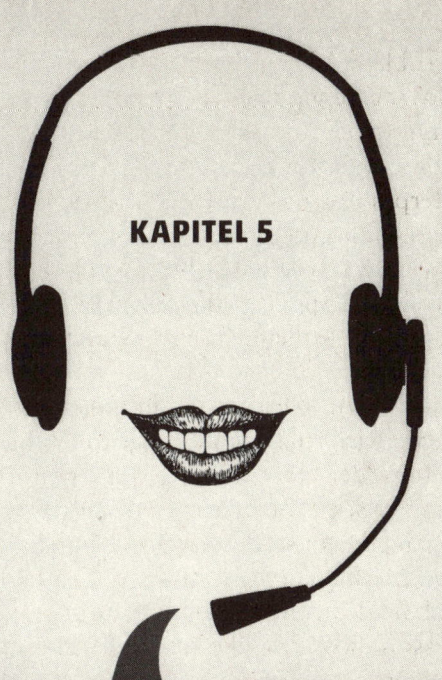

KAPITEL 5

HOLPRIGE ZIELGERADE

DIE DIODE

am Telefon ist aus. Ich meine wirklich aus. Es ist kein Anrufer in der Warteschleife. Und das kurz vor Feierabend! Wie lange habe ich das schon nicht mehr erlebt? Als dieses kleine Lämpchen das letzte Mal über einen längeren Zeitraum keine Farbe mehr anzeigte, habe ich mir auf diversen Internetseiten die neuesten Kinotrailer angesehen. Ich kann mich noch an *Spiderman* erinnern. Wohlgemerkt, den ersten Teil.

Ich traue dem brüchigen Frieden nicht vollends und greife an das Leder des Headsets. Nichts geschieht. Immer noch unsicher, lege ich das Gerät auf den Tisch und kann endlich in Ruhe über Gerds Worte nachdenken. Solche Abzocken wie die, von denen Gerd sprach, gibt es natürlich immer noch. Es gibt ganze Anrufcallcenter für Lose oder Befragungen. Schlimmer geht es echt nicht. Selbst für Callcenterbegriffe ist das der unterste Bodensatz der Telefonarbeit. Und damit sind nicht die armen Schweine gemeint, die sich die Ohren blutig telefonieren. Sie werden mit großen Versprechungen in die Firmen gelockt, die nach einem halben Jahr Insolvenz anmelden und drei Tage später unter anderem Namen und mit der Stammbelegschaft weitermachen. Studenten, Hausfrauen, Arbeitslose – sie alle werden mit Zeitungsinseraten oder im Internet mit den obligatorischen 10 Euro die Stunde gelockt. Anschließend folgt eine Infoveranstaltung, die dann informiert, dass nur die Telefonzeit gerechnet wird. Nur die Telefonzeit! Und damit ist noch nicht einmal die Spanne gemeint, in der man am Rechner arbeitet. Man entschuldigt sich und schmiert dem Frischfleisch etwas Honig ums Maul:

»Sie sind prädestiniert für den Job.«

»So eine angenehme Telefonstimme.«

»Sie können hier Tausende Euro verdienen und einer unserer Top-Mitarbeiter werden.«

In einem halben Nebensatz wird dann noch kurz erwähnt, dass eine gewisse Anzahl von Losen oder vollständigen Befragungen in der Probezeit verkauft bzw. durchgeführt werden müssen. Falls man diese nicht erreicht, fallen die restlichen Lose der Firma zu. Das geht dann über drei Monate. Die meisten hören auf, weil die Alarmsignale in ihren Köpfen mittlerweile dunkelrot leuchten. Ein schöner Schnitt für die Firma. Gern wird das aber auch mal am Ende des Monats erwähnt, wenn man sich auf die erste Gehaltsabrechnung freut. Oder vielmehr über sie ärgert. Ich kenne sie zuhauf.

Auch wir haben eine Outboundabteilung. Ich hatte schon einige Male selbst das Vergnügen. Zu gern wird das Outboundtelefonieren als Strafarbeit genutzt. Wildfremde Menschen während des Frühstücks stören und ihnen dann noch Handyverträge andrehen – ganz ehrlich? Für mich ein wahr gewordener Albtraum. Irgendwas zwischen täglich acht Stunden Hölle und dem ersten Korb von einer Frau. So gesehen habe ich es wirklich noch ganz gut.

Ein schrilles Klingeln reißt mich aus meinen Gedanken. Klar, vier Minuten vor Feierabend. Die anderen packen mittlerweile ihre Sachen zusammen und befinden sich gedanklich schon im Auto. Die haben natürlich auch keine beschissene Statistik. Nur ich Held der Arbeit muss noch bleiben. Schnell ist das Headset aufgezogen. Und ich hab mich schon gewundert, warum mir auf einmal so kalt an den Ohren ist.

Auf dem Display steht »Bura Vers Innen«. Wer von denen arbeitet denn um diese Uhrzeit noch?

»Willkommen im Benutzer-Service-Center, mein Name ist Andreas Seifeld. Wie kann ich Ihnen helfen?«

»Ja, einen wunderschönen guten Tag«, meldet sich eine nicht unsympathische Frauenstimme. »Mein Name ist Nikola Brander. Herr Seifeld, Sie müssen mir helfen, Sie sind meine letzte Rettung. Ich habe mein Passwort zum Großrechner dreimal falsch eingegeben und es wurde mir gesperrt. Dann habe ich versucht, es irgendwie selbst zu lösen, was natürlich völlig schiefging. Jetzt ist meine ganze Ansicht dahin.«

Ah, so was höre ich doch gern.

Punkt 1: Sie tut nicht so, als wäre es eine von Gott auferlegte Strafe, hier anrufen zu müssen, sondern ist freundlich.

Punkt 2: Sie hat anscheinend aufmerksam zugehört und spricht meinen Namen richtig aus. Nicht Seinfeld oder Seilfeld. Auch Siffeld habe ich schon gehört. Nein, Seifeld.

Punkt 3: Sie ist ehrlich. Kein blödes Rumgedrucke, dass die Katze über die Tastatur gelaufen ist oder Außerirdische ihren Benutzernamen gestohlen und ihr Passwort falsch eingegeben haben. Auch ist hier keine große Verschwörung der Firmenleitung im Gange. Mein persönlicher Liebling ist ja, wenn die Kunden einfach sagen: »Das kann nicht sein!« Gut, dann kann es eben nicht sein. Das Passwort ist gar nicht gesperrt, sondern wurde verhext. Drehen Sie sich dreimal im Kreis, werfen Sie Zucker über die Schulter und ziehen Sie Ihre Boxershorts über den Kopf, dann geht es wieder. Bah! Anfänger.

Aber die Dame hier ist freundlich und ehrlich. Eine seltene Mischung. Selbst ihre Kundennummer hat sie parat.

»Gut, Frau Brander«, sage ich. »Die Sperre habe ich entfernt. Jetzt haben Sie weitere drei Versuche, das Passwort einzugeben. Falls es nicht funktionieren sollte, müssen Sie mir eine Kopie Ihres Personalausweises schicken, damit ich es zurücksetzen kann.«

Kurz überlege ich, ob ich es absichtlich scheitern lassen soll. Hakan macht das dauernd, wenn die Mädels am anderen Ende sich nett anhören. Ich entscheide mich dagegen, schließlich ist gleich Feierabend.

»Vielen lieben Dank! Und wie bekomme ich meine alte Ansicht wieder?«

Tja, vielleicht wäre es mit einem Neustart geregelt. Vielleicht aber auch nicht. Ich entscheide mich für die für mich arbeitsreichere Variante, aber nur, weil sie sich so nett bedankt hat.

»Wenn Sie erlauben, würde ich mich gern auf Ihren Rechner aufschalten. So kann ich mir die Programme ansehen und die alte Ansicht wiederherstellen.«

Auf einmal wird ihre Stimme unsicher. »Aber nur das Programm? Sie sehen nichts anderes?«

Die Angst der Anwender nimmt manchmal schon hysterische Züge an. Außerdem … wenn wir wollten, könnten wir auch ohne ihre Erlaubnis auf die Festplatten zugreifen.

»Natürlich«, beruhige ich die Frau. »Es geht nur um das Programm. Gleich müssten sie eine Aufforderung sehen, dass ein fremder Rechner sich ›remote‹ bei Ihnen einschalten will. Das bitte bestätigen.«

»Okay«, sagt Frau Brander langgezogen.

Schon öffnet sich ihre Ansicht auf meinem Bildschirm und ich kann ihre Maus steuern.

»Wow, was heutzutage alles geht.«

Oh ja, welch Wunderwerk der Technik. Erst Feuer, dann das Rad und jetzt Remotesteuerung. Was kommt als Nächstes? Schnurlose Telefone? Als Kind des Computerzeitalters werde ich nie verstehen, warum manche Menschen sich für so etwas begeistern können.

»Ja, ist schon Wahnsinn, oder?«, murmele ich und habe mit wenigen Klicks die alte Ansicht wiederhergestellt. »So, jetzt minimiere ich noch kurz das Programm und …«

Damit hätte ich nicht gerechnet. Ihr Geschmack, was das Hintergrundbild angeht, ist etwas ... sagen wir gewagt. Ein riesiger erigierter Penis ragt mir entgegen, als ob er mich aufspießen will.

Frau Brander räuspert sich. »Sie können gerade sehen, was ich sehe?«

»Ja.«

»Es ist nicht das, was Sie denken.«

»Schon klar.«

»Ist von meinem Freund.«

»Schon klar.« Herrgott, wieso diese Information? Fühle ich mich nicht schon schlecht genug? Aus den hintersten Windungen meines Gehirns entfleucht mir noch: »Respekt!«

»Wäre das dann alles?«, will Frau Brander wissen.

Ganz und gar alles. Das ist echt nicht meine Woche.

»Ja. Dann wünsche ich Ihnen noch einen schönen Feierabend.«

Sie nimmt es mit Humor und lacht. »Danke schön, den werde ich haben.«

Dann klickt die Leitung. Noch immer starre ich gebannt auf den Monitor.

»Andy, damit hätte ich jetzt nicht gerechnet.«

Verschreckt drehe ich mich um. Das Grinsen von Miriam ist so breit, dass ich sie im ersten Moment beinahe mit jemandem verwechselt hätte, der den ersten Tag hier ist.

»Es ist nicht das, wonach es aussieht.«

Miriam schultert ihre Tasche und schüttelt den Kopf. »Das ist es doch nie, oder?«

»Das war eine Aufschaltung«, versuche ich, mich zu verteidigen.

Mittlerweile finden sich zwei weitere Agents, die interessiert über die Schallschutzwände blicken und hämisch die Köpfe schütteln.

»Verdammt, Andy. Auf welchen Seiten surfst du denn?«, schreit Hakan durch das halbe Aquarium und nähert sich schnell.

»Das ist eine Aufschaltung!«

Immer mehr Augenpaare starren gebannt auf meinen Monitor und Hakan lehnt sich mit großen Augen über die Lehne meines Stuhls. »Klar. Bei Gina Wild oder was?«

Auch Miriam tritt näher heran. »Einen guten Geschmack hast du da«, feixt sie. »Aber zu groß ist auch nicht schön.«

»Keine Angst, das hast du bei Andreas nicht zu erwarten.«

»Hakan!«

»War nur ein Scherz. Pass auf, das Pferd kommt gleich vorbei, du solltest deine Bilder mal wegklicken.«

»Das ist eine AUFSCHALTUNG!«

»Dann schalte die gefälligst mal ab!«

Während das Stimmengewirr unter den verbliebenen Agents immer mehr zunimmt, schließe ich alle Fenster.

Miriam wartet noch ein paar Sekunden, lächelt mich schließlich an und dreht auf dem Absatz um. »Na dann, Jungs, macht euch noch einen schönen Abend. Bei dir, Andreas, weiß ich ja, dass du ihn haben wirst.« Noch ein Augenzwinkern folgt, dann ist sie aus der Tür raus.

»Ich werde auch mal gehen«, sagt Hakan und klopft mir ermutigend auf die Schulter. »Mach dir nichts draus. Das passiert jedem mal.«

»Wirklich?«

»Nein, natürlich nicht.« Auch Hakan schultert seine Tasche. »Bis morgen und lass dir das Bild nicht allzu sehr durch den Kopf gehen.«

»Sehr witzig.«

In diesem Moment klingelt das Telefon. Hatte ich mich nicht längst schon abgemeldet? Die Minute Nacharbeit muss abgelaufen sein und das Telefon sich wieder auf »Bereit« gestellt haben. »Priv Anw«. Nicht auch das noch. Eigentlich will ich den Call abbrechen. Einfach schnell annehmen und dann wieder auflegen. Der Kunde denkt, dass es ein technisches Problem wäre, und ruft wieder an. Niemand wird beschuldigt, so einfach ist das. Allerdings würde ein weiterer Call meiner Statistik ganz guttun. Ich werde dem Anrufer einfach sagen, dass er keinen Support hat, und schon ist das Gespräch erledigt.

»Willkommen im Benutzer-Service-Center, mein Name ist Andreas Seifeld. Wie kann ich Ihnen helfen?«

»Bertrahm-Schlakowski hier. Hilde Bertrahm-Schlakowski. Ich grüße Sie ganz herzlich.«

Oh, da haben wir ein ganz altes Semester. »Ich Sie auch, wie kann ich Ihnen helfen?«

Es würde Stunden dauern, ihr den Rechner wieder flottzumachen. Ich bete zum Himmel, dass sie keinen Support hat und Frau Doppelname sich in Luft auflöst. Ist schon komisch, da hat man über siebzig Anrufe pro Tag, hört die verschiedensten Namen und der Preis für den blödesten geht an die Letzte.

»Meine Kundennummer lautet KD0000985.«

Eine dreistellige Kundennummer? Wie alt ist die Dame? So etwas habe selbst ich in all den Jahren noch nicht gesehen. Sie muss den Rahmenvertrag abgeschlossen haben, als der Kalte Krieg über allem thronte und der Papst noch aus Italien kam.

Meine Finger fliegen über die Tastatur. Verdammt, sie hat Support. Und was für einen Vertrag! Anscheinend besitzt sie ein kleines Anwaltsbüro in Düsseldorf und hat so ziemlich alles über uns abgesichert. Vom Rechner über die Topfpflanze hat jedes Teil Support. Sogar alte Schreibmaschinen sind Inhalt dieses Vertrages. Ich bin gespannt, was passieren würde, wenn sie danach fragen sollte. Dieser Vertrag kostet die Frau Tausende Euro im Monat. Hochverfügbarkeitssysteme inklusive. Doch wofür braucht eine in die Jahre gekommene Anwältin solche Speicher? Ich überfliege ihre Daten nur, will mir eine

Ausrede einfallen lassen und schiele auf das Display, ob die 30 Sekunden schon erreicht sind. Doch als ich die Lippen öffne, höre ich bereits ihre Stimme.

»Wissen Sie, ich kenne mich mit diesem ganzen technischen Kram nicht aus. Ich gebe Ihnen mal meine Enkelin, die kann das bestimmt besser erklären.«

Na großartig! Dann werde ich dem Mädel mal beibringen, dass ihre Oma die alte Gurke, den sie Rechner nennt, lieber verschrotten sollte. Geraschel am anderen Ende, schließlich höre ich die Stimme einer jungen Frau, die ziemlich im Stress zu sein scheint, trotzdem klingt sie irgendwie süß.

»Guten Tag, Marie Bertrahm hier. Also – eines unserer Systeme scheint Probleme mit dem Arbeitsspeicher zu haben. Ihre Firma hat den aufrüsten lassen, doch beim Starten ist nur die alte Anzahl zu sehen. Ich habe das BIOS mehrmals durchgebootet, doch immer noch dasselbe. Auch Windows zeigt nur die alte RAM-Zahl an. Selbst die Diagnoseprogramme spucken nichts aus. Vielleicht sind die RAM-Bänke defekt, aber das glaube ich eher nicht, weil ich mehrere ausprobiert habe.«

Für einen Moment bin ich sprachlos. Fräulein Oberschlau ist also ein kleiner Freak. Gut, passt zu meiner Stimmung. Damit hat sie sich ein Eigentor geschossen.

»Also erst einmal dürfen Sie gar nicht an die Rechner heran. Wenn Sie selbst den Arbeitsspeicher gewechselt haben, dann entfällt der Support.«

»Tja, das weiß ich. Nur leider dauert es bei Ihnen immer eine Woche, bis jemand vorbeikommt. Und das, obwohl wir Unsummen jeden Monat an Ihre Firma überweisen.«

Irgendwie fordert mich ihre Stimme heraus. »Für solche Fragen gibt es immer noch die Beschwerdeabteilung.«

Ich höre ein tiefes Atmen am anderen Ende. »Auch das ist mir bewusst, ich höre es leider allzu häufig. Sie sind heute aber auch mit dem falschen Fuß aufgestanden, oder?«

»Da bin ich anscheinend nicht der Einzige«, höre ich mich sagen und könnte mir im nächsten Moment auf die Lippen beißen. Andererseits – sie hat es verdient.

»Stimmt. Das lag aber daran, weil ich das Bett, in dem ich aufgewacht bin, nicht kannte. Also, schicken Sie jemanden vorbei, der uns neuen RAM einsetzt? Ich hätte da noch ein paar andere Probleme.«

Ich blicke auf die Uhr. Es ist 16:45 Uhr und ich bin genervt. Und will nach Hause. Und ein anderes Leben.

»Da bin ich mir sicher.«

»Wie bitte?«

»Hören Sie, Frau Bethlehem-Schikowski ...«

»Bertrahm-Schlakowski«, unterbricht sie mich. »Und so heißt meine Oma. Mein Name ist nur Bertrahm.«

»Wie auch immer. Ich kann Ihnen leider keinen Support bieten, weil Sie das System selbst geöffnet haben.«

Ha! Jetzt ist Fräulein Berthram-Schlagmichtod still. Sind ihr wohl die Argumente ausgegangen.

»Gibt es da keine Möglichkeit?«

»Nope.«

Sie stöhnt auf. »Gut, nun zu dem anderen Rechner.«

Oh, dass liebe ich ja. Ein Anruf, mehrere Probleme. Das Schlimme ist nur, dass man für jedes ein einzelnes Ticket eröffnen muss, man aber nur einen Call hat und die Anrufe dann meist 20 Minuten dauern. Eine komplette Breitseite gegen jede Telefonstatistik. Das kann ich mir nicht leisten und versuche, sie händeringend abzuwürgen.

»Wenn Sie Ihre Finger da im Spiel hatten, dann muss ich Ihnen leider mitteilen, dass Sie dafür auch keinen Support mehr bekommen.« Jetzt dürfte selbst die hartnäckigste Anruferin des Jahrtausends mitbekommen haben, dass ich die Null-Toleranz-Politik der Firma gegenüber langen Anrufen rigoros durchsetze. Aber so sehr bin ich in dem System noch nicht verankert. Meine Stimme wird versöhnlicher. »Ich würde Ihnen vorschlagen, einfach noch mal anzurufen und dem Agenten mitzuteilen, dass Sie nicht selbst den RAM gewechselt haben. Dann bekommen Sie Support und alles ist gut.«

Ha, so überlistet man die Bourgeoisie. Viva la Revolution! Che Guevara wäre stolz auf mich. Ich sehe mein Konterfei schon auf roten Shirts. Das Barett wird mir bestimmt gut stehen.

Ihre Stimme wird freundlicher, auch wenn der freche Unterton bleibt. Echt sexy … In diesem Moment stelle ich mir vor, wie Marie Bertrahm wohl aussieht, und verdränge den Gedanken sofort. Zu oft habe ich in den letzten Jahren von der Stimme her gedacht: Hey, das Mädel muss ja eine Bombe sein. Wenn sie uns dann ihren Personalausweis zwecks Kennwort zurücksetzen schickte, war das eher ein: Hey, ich hätte gar nicht gedacht, das Sie weiblich sind.

Aber sie ist irgendwie anders.

»Sie wollen also, dass ich mich ein weiteres Mal durch die Warteschleife quäle, dem Mitarbeiter alles noch mal erzähle, um dann von Ihnen endlich einen Austausch zu bekommen?«

Ich zucke mit den Schultern. Eigentlich schon. »Sie können ja auch Ihre Oma warten lassen.«

»Kosten die dummen Sprüche bei Ihrer Hotline eigentlich extra?«

»Ne, das ist eine persönliche Flatrate.«

Uh, guter Spruch. Zu schade, dass sie mich dafür feuern lassen könnte. Doch sie kichert und es hört sich noch nicht einmal gespielt an.

»Der Humor ist im Preis inbegriffen. Das gefällt mir. Aber meinen Sie nicht, dass wir das trotzdem hinbekommen?«

Ah … typisch weiblicher Charme. Sie versucht, mich mit ihrer zuckersüßen Stimme zu bezirzen. Normalerweise hätte sie in mir ein dankbares Opfer gefunden. Nur leider habe ich

Feierabend und will in etwa so gern noch hierbleiben wie ein Schalke-Fan im Dortmunder Block. Ein letzter Versuch.

»Frau Bertrahm, darf ich Sie etwas fragen?«

Sie lacht auf. »Sie dürfen mich alles fragen. Vom Sinn des Lebens über die letzte Ziffer von Pi habe ich fast alles drauf.«

Sie ist schlagfertig. Hätte sie den Spruch bei Facebook gepostet, würde sie von mir ein »Gefällt mir« bekommen.

»Wieso rufen Sie nicht einfach noch mal hier an. Das erspart uns beiden viel Zeit und Mühe.«

Halblaut höre ich noch ein: »Das ist ja unglaublich.« Dann knackt die Leitung.

Das wäre geschafft. Sofort melde ich mich am Telefon ab, schreibe noch in dicker Schrift »Kein Support unter KD0000985« und schließe den Call. Endlich Feierabend.

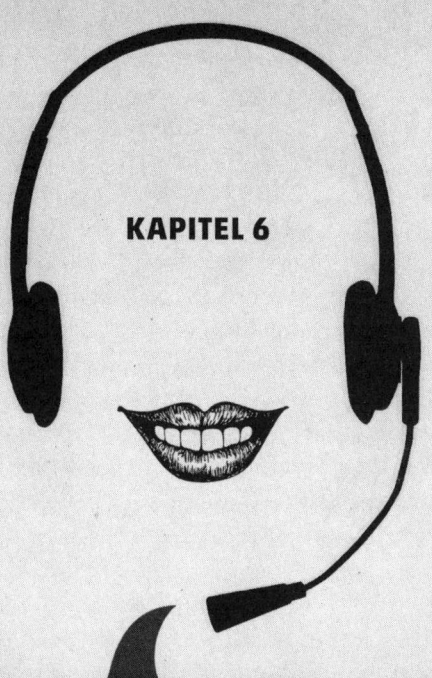

KAPITEL 6

HOME SWEET HOME

VOM

westlich gelegenen Unterbilk führt mich mein Weg in die Innenstadt. Herrlich – Düsseldorf am Feierabend. Mal wieder sind so ziemlich alle wichtigen Verkehrsstraßen zu, weil gerade gebaut wird, und die Kölner Straße gleicht einem Versuchslabor für humanoide Geschöpfe mit sozialer Kompetenz im Anfangsstadium. Auch wenn es gerade erst Anfang Mai ist, haben die meisten Prolls die Dächer ihrer gebrauchten SLKs bereits runtergefahren. Scheiß drauf, wenn man sich den Tod holt – Hauptsache, es sieht gut aus. Bei dem ständigen Stop-and-go werden die Düsseldorfer Straßen zu einem Forum des freien Meinungsaustauschs.

»Fahr doch, du Spast!«

»Ich geb dir gleich Spast, du Bauer!«

Wenn man nur nicht an den Falschen gerät, der wirklich einmal aussteigt, kann man sich prima abreagieren. Ich bin mir sicher, dass dies ein geheimer Plan der Düsseldorfer Landesregierung ist: Auf den Straßen können sich die Leute nach der Arbeit wunderbar austoben und sind dann zu Hause ruhig und friedlich. Nur irgendwie scheint das Anliegen der Oberen nicht ganz hinzuhauen. Wieso sonst sollte Düsseldorf die höchste Kriminalitätsrate in ganz NRW haben?

Auch bei mir nützen all das Schimpfen und die Pöbeleien nichts, meine Gedanken drehen sich immer noch um Marie Blödefeld-Schabatzki. Diese dumme Ziege hat mir den Feierabend erst einmal gründlich versaut. Wenn man in Düsseldorf nur eine Viertelstunde später an einem bestimmten Punkt ist, kann es passieren, dass eine vormals völlig leere Straße nun voller ist als ein nordkoreanisches Arbeitslager. Das ist alles bloß ihre Schuld. Nur warum geht mir ihre Stimme nicht mehr aus dem Kopf?

Ich beschließe, mir morgen einmal ihre Daten genauer anzusehen. Zwar weiß ich die Kundennummer nicht mehr, aber eine Frau mit ihrem Namen dürfte im System leicht zu finden sein.

*

Als ich mit meinem Rover nach geschlagenen 40 tief entspannten Minuten endlich Grafenberg erreiche, übermannt mich der nächste Anfall von Blutrausch. Alle Parkplätze vor unserem Wohnhaus sind besetzt. Und wofür habe ich dann drei Wochen lang gekämpft, um endlich eine Anwohnerplakette zu bekommen, wenn sowieso nichts frei ist? Zähneknirschend stelle ich den Wagen drei Straßen weiter ab und gehe den Rest zu Fuß.

Endlich daheim! Als mir der gewohnte Geruch unserer gemeinsamen Wohnung in die Nase kriecht, fällt der Stress des Tages von mir ab. Laura ist noch nicht zu Hause. Sie hat heute die Spätschicht, dürfte also erst in einer Stunde hier sein. Trotzdem bin ich plötzlich schweißgebadet. Natürlich könnte es auch daran liegen, dass sich unsere Wohnung im vierten Stock befindet und der Lastenaufzug nur *für besondere Fälle* reserviert ist. Doch das ist es heute nicht. Es ist die Hitze, die sich in der Wohnung so sehr ballt, dass Eier ohne Zutun der Henne ausgebrütet werden könnten. Mir schwant Schlimmes, als ich meinen Rucksack in der Ecke abstelle, meine Schuhe daneben werfe und zum Thermostat schreite.

28 Grad! Natürlich, das Bett und das Sofa sollen es ja auch schön warm haben, wenn wir arbeiten sind. Nur schwerlich

kann ich mich davon abhalten, das Ding einzuschlagen. Es ist übrigens Lauras Lieblingsspielzeug. Passend zu ihrem Lieblingssatz: »Mir ist kalt.«

Ich habe das Gefühl, dass logische Argumente im Hirn einer Frau bei diesem Thema einfach unzulässig sind. *Ihre Anfrage konnte nicht bearbeitet werden.* Sogar die Yuccapalmen in der Ecke schreien, dass es ihnen zu heiß ist.

Man kann sich die Frau nehmen und auf den Thermostat zeigen.

»Da guck, Liebling! Wir haben 30 Grad. Da steht es.«

Doch mit niederschmetternder Gleichgültigkeit prallt diese Logik an ihr ab.

»Nein.«

Einfach so. Nein. Es ist egal, dass es da steht. Es ist egal, dass wir draußen 28 Grad haben und die Vögel sich mittlerweile bei uns ihr Nest bauen. Einfach nein.

»Mir ist kalt«, sagt sie dann immer und stellt es noch zwei Grad höher.

Da bleibt einem eigentlich nichts anderes mehr übrig, als zum Kühlschrank zu ziehen. Am besten mit den armen Yuccapalmen.

Zu gern hätte ich mir jetzt ein wunderbares, selbst gekochtes Essen meiner Freundin einverleibt. Nur leider bin ich mit dem einzigen Menschen, der noch schlechter kochen kann als ich, zusammengezogen. Als ich Laura das erste Mal kochen gesehen habe, war mir sofort klar, dass das Wort »Brandherd« nicht aus dem Nahen Osten kommen muss. Also bleiben mir später nur Ivan von der Bude um die Ecke und seine fettigen Pommes.

Gerade als ich mich auf die Couch gesetzt habe, klingelt es an der Tür. Ich stolpere erst mal über eine gefühlte Hundertschaft von Schuhen, dann drücke ich den Knopf der Gegensprechanlage.

»Hallo?«

»Post für Seifeld.«

Ich schüttle verdutzt den Kopf.

»Ja dann schmeiß sie doch in den Briefkasten. Dafür sind die Dinger doch da.«

Eigentlich will ich schon wieder gehen, als es erneut klingelt. Schon wieder diese penetrante Stimme. Wieso kann mein Leben kein Comic sein? Dann würde ich einfach auf einen Knopf drücken, eine Falltür würde sich unter den Füßen des Mannes öffnen und er in einen Teich mit Krokodilen fallen. Blub.

»Ja bitte?«, will ich wissen.

»Ich habe ein Paket für Sie«, antwortet die Stimme sichtlich genervt.

Ach so. Wieso sagt der das nicht gleich? Wäre ja auch ein wenig unlogisch, am frühen Abend noch Post auszuliefern.

»Vierter Stock.«

»Können Sie nicht runterkommen? Ihre Post abholen? Die hängt da halb raus.«

Ich glaub, es hackt!

»Wieso sollte ich denn zu Ihnen runterkommen? Das ist doch Ihr Job und dafür werden Sie bezahlt und nicht ich. Sie sitzen ja auch nicht acht Stunden am Hörer und hören sich die Probleme anderer Leute an.«

»Finde ich gut, dass Sie bei der Seelsorge arbeiten. Aber Sie müssen doch sowieso runter und Ihre Post holen, dann können Sie das auch gleich in einem Abwasch machen.«

Ts, was weiß der denn, wie ich meine Post lese? Vielleicht sammle ich sie die ganze Woche und gucke mir gern alte Zeitungen an, damit ich weiß, was ich nicht verpasst habe. Oder ich könnte entstellt sein und nur nachts die Post holen. Doch es ist mir entschieden zu blöd, eine Diskussion mit dem Paketdienst zu starten.

»Ich kann nicht runter, hab mir das Bein gebrochen.«

»Oh, Entschuldigung. Dann komm ich natürlich hoch.«

Na also, geht doch. An den Türrahmen gelehnt, warte ich auf ihn. Wundert mich sowieso, dass er es nicht einfach wieder mitgenommen hat, nachdem ich nach drei Zehntelsekunden nicht an der Tür war. Ich habe vermehrt das Gefühl, dass die Paketdienste nur schnell klingeln, den Zettel mit der Benachrichtigung dabei bereits einwerfen und sich dann schleunigst aus dem Staub machen. Vielleicht kriegen sie Prämien für die schnellste Route oder sie spielen das lustige Spiel: *Wer hat die meisten Pakete am Ende des Tages?*

Als der hechelnde Ork schließlich unsere Etage erreicht, wird mir klar, warum er mich gebeten hat, zu ihm zu kommen. Der arme Kerl muss ungefähr 150 Kilo Lebendgewicht mit sich rumschleppen. Jedes Walross würde vor Neid erblassen. So gesehen habe ich ihm einen Gefallen getan. Jeder Gang hält schlank!

»Muss ja schrecklich sein, der Beinbruch«, spottet er und zeigt atemlos auf meine Füße.

Oh, ganz vergessen. »Ja, ist mehr eine Prellung, so im Inneren.«

»Schon klar«, schnaubt der Mann und hält mir ein Paket hin. »Mit Altersverifikation.«

Aus meiner Geldbörse krame ich den Perso, wedel einmal damit und schließlich darf ich für das Paket unterschreiben.

Mehrmals atmet er schwer, dann tritt er den Weg nach unten an. »Und viel Spaß mit dem Porno.«

Unglaublich. Wenn alle Dienstleister so unfreundlich wären, würde es mit Deutschland den Bach runtergehen. Zum Glück gibt es noch Leute wie mich, die freundlicher sind als eine Nutte, wenn sie einen Freier klarmachen will.

»Wer bestellt sich denn heute noch einen Porno? Die gibt es im Internet im Dutzend billiger!«, schreie ich das halbe Treppenhaus herunter.

Erst jetzt erkenne ich Frau Beukert, die gerade mit ihrem Hündchen spazieren gehen will. Ihr Blick liegt irgendwo zwischen Abscheu und Mitleid, mit einer Prise Genugtuung.

»Hallo Nachbarin«, sage ich freundlich und ziehe meine Lippen zu einem grotesken Lächeln. »Ist ein Computerspiel ab 18.« Sie nickt, doch uns beiden, und sogar ihrem Kläffer, müsste klar sein, dass sie mir nicht glaubt. »Und der kleine Brutus, wie süß.«

Als diese zu groß geratene Ratte bellt, tummle ich mich in meine Wohnung zurück. Das neue Ballerspiel werfe ich erst einmal auf die Couch, denn der Ork hat mich auf eine glänzende Idee gebracht, um Stress abzubauen. Da es bei Laura und mir in der Kiste nicht mehr so gut läuft, muss ich mir eben selbst nette Gedanken machen. Leider rinnt mir die Zeit zwischen den Fingern davon, und wenn ich später nicht eine halbe Stunde *ausgiebig* duschen möchte, muss ich jetzt den Rechner im Schlafzimmer starten. Prophylaktisch ziehe ich meine Hose herab und warte, bis ich mich mit meinem speziellen Profil anmelden kann, damit sie den Verlauf nicht sieht. Es ist einfach herrlich zu wissen, welche Möglichkeiten man mit der modernen Kommunikationstechnik hat.

Genüsslich lege ich eine Packung Tempos auf den Schreibtisch und bin mir im selben Augenblick sicher, dass die Taschentuchproduktion um einiges zurückgehen würde, sollte ich mit Miriam zusammen sein. Dieser Gedanke törnt mich noch mehr an, sodass ich schnell zur Tat schreite. Dabei gibt es spezielle Seiten, die einem alle Wünsche erfüllen. Man kann die Filme sogar direkt herunterladen, sie einem Freund schicken oder in sozialen Netzwerken bekanntgeben, dass man diesen gerade guckt. Nur wer tut das bloß?

Ich weiß nicht, was die Leute gemacht haben, als sie nur VHS-Kassetten zur Verfügung hatten. Es muss die Hölle gewesen sein.

Zuerst gebe ich »blond + hardcore + sweet« in die Such-maske der Porno-Stream-Seite ein. Uh, das war zu viel. 10.157 Treffer. Ich verfeinere die Suche und lasse den Filter mir alle Videos anzeigen, die über 10 Minuten gehen. Immer noch 3000. Wer die Wahl hat ...

Schließlich füge ich das Wort »lesbian« hinzu und bin zu-frieden. Ich könnte den ganzen Tag damit verbringen, Porno-titel auswendig zu lernen.

Schneeflittchen und die sieben Berge
Analstufe Rot
Gangbangs of New York
Doch noch besser sind die amerikanischen Erklärungen.
White Girl fucked hard with three dicks
Black MILF can't get enough
Girlfriends have a surprising visit from a tranny
Die Reihe ließe sich endlos fortsetzen. Obwohl Transsexu-elle nicht gerade auf meiner Pornoliste stehen, entscheide ich mich für Letzteres, weil die beiden blonden Mädels echt heiß aussehen. Beim Anblick der amerikanischen Schönheiten kann ich mich zusehends entspannen und die Gedanken des Tages sind für ein paar Momente verflogen.

Nach wenigen Minuten schon lege ich das Taschentuch, zufrieden mit mir und der Welt, beiseite, während der Film auf voller Lautstärke weiterläuft. Puh – gerade noch rechtzeitig, bevor die Transe auftaucht. Ich bin nicht unbedingt ein Freund von diesen Momenten. Da ist man gerade kurz davor und zack, zeigen sie das Gesicht des Typen in Großaufnahme. Die Stimmung ist dann erst einmal dahin. Gut, dass es in diesem Falle anders war. Als ich meine Shorts wieder hochziehen will, höre ich den Schlüssel in der Tür.

Das kann doch nicht sein, verdammt!

Hastig klicke ich unkontrolliert auf dem Bildschirm herum und brauche mehrere Anläufe, um die Browser zu schließen.

Endlich schaffe ich es, den Ton auszumachen und mir meine Hose hochzuziehen. Ich springe auf, stolpere und fliege fast mit meiner noch intakten Erektion auf den Bauch. Gerade noch so kann ich den Reißverschluss schließen, bevor meine Freundin das Schlafzimmer betritt. Leider ist mein Schritt nun ziemlich eng und trotzdem zwinge ich mich, gerade zu stehen. Ah – das sind Schmerzen.

»Hey, Schatz«, sagt Laura freudestrahlend und drückt mir einen Kuss auf die Wange. »Warum ist es so kalt hier?«

Sofort geht sie zum Thermostat und stellt wieder afrikanische Verhältnisse her. Ihre brünetten Haare fliegen dabei um sie wie ein Schweif. Irgendwas muss ihre Laune erheblich verbessert haben, heute Morgen war sie noch nicht so gut drauf. Vielleicht hat es mit dieser Tüte zu tun, die sie auf unser gemeinsames Bett legt. Zumindest grinst sie wie ein Honigkuchenpferd auf LSD.

»Hattest du einen schönen Tag?«, will sie wissen.

»War ein wenig schwierig. Ich hatte dumme Kunden und …«

»Ja, ist ja auch egal.« Schon hat sie meine Hand ergriffen und schiebt mich aus dem Schlafzimmer. »Ich bin gleich wieder da für dich.«

Was ist hier los, verdammt? Warum ist sie so freundlich, ja beinahe euphorisch? Bin ich in irgendeinem der unzähligen Düsseldorfer Tunnel durch Zufall in eine Parallelwelt geraten? Ich blicke nach draußen. Nein, und das Paradies stelle ich mir anders vor. Also bin ich anscheinend auch nicht tot.

»Hey, Hübscher.«

Mein Kopf fährt herum. Laura lehnt am Türrahmen, ein dunkelblaues Negligé schmiegt sich seidig um ihren Körper. Der Ansatz ihres Busens ist zu sehen, dazu glänzt ihr Dekolleté, als hätte sie sich kurz noch mit irgendeiner Creme eingerieben. Auch ihre nackten Beine schimmern im fahlen Licht, welches vom Schlafzimmer in den Raum fällt. Sie hat das Licht abgedunkelt und eine Flasche Wein in der Hand. Dazu versucht sie, einen verführerischen Blick aufzulegen, was ihr irgendwie nicht ganz gelingen will, aber trotzdem niedlich wirkt. Und ich habe unbeschreibliche Angst.

»Möchtest du nicht ins Bett kommen?«, flüstert sie.

Ich räuspere mich. »Klar – nur warum?«

Sie kichert und wirft ihre Haare zurück. »Na, warum wohl? Um eine Sandburg zu bauen und über die außenpolitische Bedeutung des Nahen Ostens zu philosophieren. Was denkst du denn, Andreas?«

Zugegeben, blöde Frage. Aber den Kern des Ganzen habe ich immer noch nicht ganz verstanden. Mein Gott, jetzt sei halt ein wenig charmant! Ich gehe auf sie zu, streiche über ihren Unterarm und hauche Laura Küsse auf die Seiten ihres Halses.

»Damit wollte ich fragen, womit ich das verdient habe?«

Sie schenkt mir einen tiefen Kuss und zieht mich zum Bett. »Ach, das weißt du doch.«

Nein, weiß ich nicht, und genau das ist das Problem. Wenn etwas zu gut ist, dann ist es meistens nicht wahr.

Mit geschickten Bewegungen hat sie mein Hemd gelöst und streift es zusammen mit meinem Shirt ab. Während ihre langen Fingernägel meinen Rücken herunterwandern, haucht Laura kühle Luft auf meine Brustwarzen. Sie nimmt meine Hand und legt sie zärtlich auf ihren Busen. Dieser neue Stoff fühlt sich wirklich wahnsinnig gut an. Ein Lächeln ist auf ihren Lippen zu sehen, als sie mich auf das Bett drückt. Sie zwinkert mir zu, während sie meinen Gürtel löst und die Hose herabzieht. Eins muss ich zugeben – meine Freundin sieht heute fantastisch aus. Als sie sich auf mich setzt und ihre Taille in rhythmischen Bewegungen vor und zurück gleiten lässt, gefriert mir das Blut in den Adern. Wieder folgt ein tiefer Kuss, zeitgleich erhöht sie den Druck auf meine intimste

Stelle. Ich kann die Wärme, die von ihr ausgeht, spüren, ziehe ihren Duft in meine Lungen. Sie fährt mit den Fingern meine Seiten hinab, streichelt schließlich auch ihren Körper und zieht einen Träger des Negligés herab. Ihre Knospen sind aufgerichtet. Sie spielt die Überraschte, verzieht das Gesicht zu einem Schmollmund und ergreift mit einer Hand meinen Hinterkopf. Behutsam zieht sie mich zu sich heran, damit ich mit meinen Lippen ihre Brustwarzen umspielen kann. Schließlich drückt sie ihr Becken noch einige Male durch, rutscht ein Stück nach hinten und zieht meine Shorts herab. Dabei küsst sie langsam bis hinab zu meinem Bauchnabel und bei mir passiert ... nichts!

Nein, bitte nicht. NEIN!

»Was ist denn bei dir los?«

Blöde lesbische amerikanische Mädchen. Hätte die Tranny nicht früher kommen können? Dann hätte ich meine Ladung nicht verschossen und würde jetzt hammergeilen Sex mit meiner Freundin haben.

»Nicht viel anscheinend.«

»Ja, das sehe ich«, schießt es aus ihr hervor. »Aber warum? Findest du mich hässlich oder gefällt dir etwas nicht? Gibt es Sachen, über die du reden möchtest?«

Ihr Blick bohrt sich fast in mich hinein, ihre Worte sind schnell und schneidend. Wie Messerstiche, die sich in meine Seele bohren. Ich breite entschuldigend die Arme aus.

»Nein, Hübsche. Du bist wunderschön!«

»Das findet dein kleiner Freund anscheinend nicht!«

Jetzt mit ihr zu reden ist wie Topfschlagen in einem Minenfeld. Ich kann nur verlieren. Plötzlich kuschelt Laura sich an mich heran und ihre Stimme wird versöhnlicher.

»Na, ist ja nicht schlimm, kann ja mal passieren.«

Ist ja nicht schlimm? Wie ich Laura kenne, würde ich die Situation irgendwo zwischen Invasion von Zombies und Ausfall der Heizung einordnen. Und sie sagt, dass es nicht schlimm ist? Jetzt bekomme ich noch mehr Angst.

»Ich hab noch eine Kleinigkeit für dich«, haucht sie schließlich in mein Ohr und langt in die Tüte. Ein Umschlag kommt zum Vorschein, den sie mir lächelnd überreicht. »Alles Gute zum Fünfjährigen.«

Mir läuft es eiskalt den Rücken herunter. Entweder habe ich mich gerade bepinkelt oder mein Herz ist mir in die nicht mehr vorhandene Hose gerutscht. Jahrestage sind eine Erfindung der Frauen, damit wir ein schlechtes Gewissen haben. Und das habe ich. Wie kann man nur so blöd sein? Ich könnte mich selbst ohrfeigen. Immerhin hat sie davon letzte Woche noch gesprochen. Sie hat mich sogar mehrmals darauf hingewiesen, dass sie ein bestimmtes Paar Ohrringe von Douglas ganz toll findet. Man könnte es fast Zaunpfahl nennen.

»Das ist ja lieb von dir, mein Engel.«

Ich nehme ihr Gesicht in meine Hände und drücke ihr einen Kuss auf die Lippen. Ob sie die zittrigen Finger bemerkt, mit denen ich den Umschlag öffne?

»Drei Karten für die Fortuna gegen Frankfurt. Hey, ein Spitzenspiel.«

»Da kannst du mit Hakan und Bolle hingehen. Macht ihr drei euch einen schönen Freitag und genießt das Fußballspiel.«

Laura lächelt, küsst meine Wange. Und ich fühle mich, als hätte ich gerade Hundewelpen überfahren. Dutzende Hundewelpen, die gerade mit Babykatzen kuscheln. Jetzt heißt es, Schadensbegrenzung betreiben.

Ich gucke so, wie Männer gucken sollten, die einen Haufen, oder gleich einen Turm, Scheiße gebaut haben. »Dein Geschenk kommt leider erst am Wochenende.«

Sie blickt mir tief in die Augen. Laura kann nicht lügen, vielleicht fehlt ihr das Enzym dazu, aber Lügen entdecken, darin ist sie Spitze.

»Du hast es vergessen, oder?«

Jetzt muss die Devise lauten: alles abstreiten, empört tun und wild gestikulieren. *I did not have sexual relations with that woman.*

»Aber Schatz, glaub mir, ich würde doch unseren Jahrestag nicht vergessen. Immerhin sind wir jetzt fünf Jahre zusammen. Du bekommst ein richtig tolles Geschenk.«

Vielleicht liest sie es in meinen Augen, bemerkt den zitternden Unterton in meiner Stimme. Schließlich schüttelt sie den Kopf und steht auf. Das Licht wird wieder auf volle Intensität gedreht und sie rauscht ins Wohnzimmer. Das Schlimmste wäre jetzt, einfach sitzen zu bleiben. Also ziehe ich mir meine Shorts und ein Shirt an und stürze ihr hinterher.

»Schatz, es tut mir leid. Ich hatte so viel in der Firma zu tun und irgendwie habe ich es dann verschwitzt.«

»Nein, Andreas«, faucht sie mich an. »Das ist es ja gerade. Als wir uns vor fünf Jahren kennengelernt haben, da war dieses bescheuerte Callcenter nur eine ›Durchgangsstation‹, du wolltest im Sommersemester dein Informatikstudium wieder aufnehmen und in diesen Monaten nur ein wenig Geld verdienen.« Sie kommt auf mich zu, packt mich an den Schultern. Dabei spricht aus ihren Augen keine Wut, nur Trauer. »Und jetzt sieh dich an. Du bist 28 und hängst immer noch bei der Hotline fest.«

Es fällt mir schwer, ihrem Blick standzuhalten. »Was ist da schlimm dran?«

Jetzt erst erkenne ich das Glitzern in ihren Augen. »Nichts ist da schlimm daran. Es ist ein knochenharter Beruf, ich weiß das. Schlimm ist, dass du schon sechs Jahre dabei bist. Sechs Jahre! Wie oft haben die Leute, die kürzer dabei sind als du, schon Festverträge bekommen und wurden befördert? Was ist mit diesem langen Typen mit der Glatze? Er schäkerte die ganze Zeit mit den Teamleitern und ein paar Monate später hat er selbst ein Team bekommen. Ein paar Monate, Andreas!«

»Das war etwas anderes.«

»Wieso?«, will sie wissen und stemmt die Hände in die Hüften. »Weil er sich mit seinen Vorgesetzten gut verstanden hat? Oder diese eine Tussi – Sabine Öhning, von der du erzählt hast. Nach ein paar Wochen schon war sie Sekretärin von der Marolt. Und das nur, weil sie ein wenig freundlich zu den Teamleitern war und beim Chef geschleimt hat. Und du bist immer noch bei Persopisser.«

Mein Hirn fährt gerade Achterbahn. Zumindest ist mir genauso übel. »Du weißt, dass ich mit manchen einfach nicht so gut kann, und ich werde keinem dieser Idioten einen blasen.«

»Andreas, so läuft das Geschäft nun einmal. Außerdem sollst du ihnen nicht so tief in den Arsch kriechen, dass du ihre Zähne von innen putzen kannst, sondern nur ein wenig nett sein. Versuch doch zumindest einmal, erfolgreich zu sein und dich nicht immer selbst zu torpedieren.« Laura nimmt sich ein Taschentuch und schnieft ein paar Mal. Eine kleine Pause lässt ihre Worte noch drohender wirken. »Als wir zusammengezogen sind, hast du mir versprochen, dass wir bald eine tolle Wohnung haben, zwei Autos und alles.« Sie wendet sich ab, wischt ihre Tränen weg. »Ich will einfach nicht, dass du mit fünfzig immer noch am Hörer hängst. Du hättest schon längst dein Studium beendet haben können.«

»Aber …«

»Nichts aber. Du hast so viel drauf und machst da so wenig draus, weil du lieber mit Hakan Blödsinn machst und die Leute verarschst, anstatt etwas zu tun.«

»Und du? Du massierst seit Jahren alte Menschen!«

Ich atme einmal durch, dann bemerke ich meinen Fehler. Hin und wieder könnte ich lachend in eine Kreissäge rennen, das wäre besser für meine Mitmenschen.

Sie schüttelt den Kopf, kneift ihre Lippen zu einem Strich zusammen.

»Du kannst manchmal so ein Arschloch sein. Weißt du das? Manchmal habe ich das Gefühl, du willst diese Beziehung absichtlich den Bach runtergehen lassen.«

Diesmal bin ich hoffentlich klüger und schweige.

Laura breitet die Arme aus. »Ja, sieh dich doch einmal um. Wir haben eine kleine Wohnung und arbeiten beide. Ich komme mir vor wie im Big-Brother-Haus und damit meine ich nicht die erste Staffel, wo es noch jeder geguckt hat, sondern die letzten, mit Survivorbereich und den ganzen Idioten, von denen keiner sauber gemacht hat und die sich alle nur selbst produzieren wollten.« Hörbar lässt sie Luft aus ihrem Mund entweichen. Sie muss die Nase hochziehen, als sie sich auf die Couch fallen lässt. »Ich weiß einfach nicht mehr, ob das alles hier einen Sinn hat.«

Das Schlimme an der Sache ist – ich auch nicht. Trotzdem setze ich mich zu ihr, lege meine Hand auf ihre Schulter, während sie ihr Gesicht vor mir verbirgt.

»Du bekommst dein Geschenk, das verspreche ich.«

»Ach, Andreas. Du sollst mir doch nichts schenken, weil du es musst, sondern weil du es willst. Das werdet ihr Männer nie verstehen.«

Mit diesen Worten geht sie ins Schlafzimmer, nimmt meine Bettwäsche und schmeißt sie auf die Couch.

»Ich zieh mich an und geh irgendwo etwas essen. Ich muss nachdenken und du solltest es auch tun.«

Dann fällt die Tür des Schlafzimmers ins Schloss. Ich bleibe sitzen wie Oliver Kahn im WM-Finale 2002. Der gleiche leere Blick, die gleiche Enttäuschung. Auch bei mir scheint das Spiel gelaufen zu sein und ich werde nicht als Sieger vom Platz gehen. Fehlt nur noch der Pfosten. Oder nein ... der sitzt ja hier.

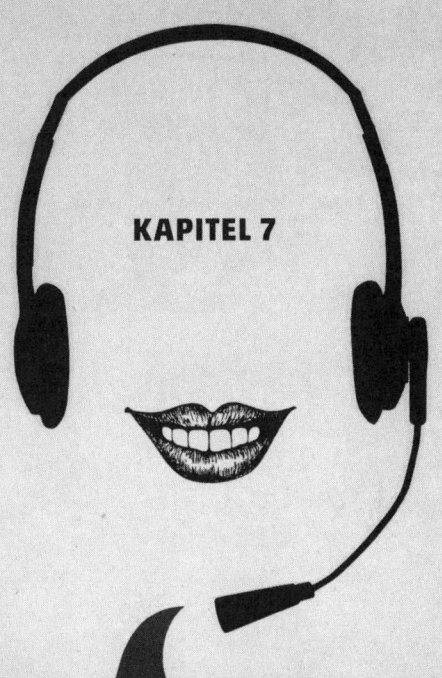

KAPITEL 7

DER LETZTE KREIS DER HÖLLE

DIE UHR

zeigt acht an. Ich sitze wieder im Callcenter. Herrlich! In dieser Nacht musste ich die Höchststrafe über mich ergehen lassen. Schlafen auf der Couch, obwohl in fünf Metern Luftlinie ein gemütliches Bett auf mich wartete. Diese Folter müssen sich die Frauen als Rache für die Hexenverfolgung ausgedacht haben. In meinem Rücken befinden sich keine Muskeln mehr, sondern Eisenplatten, die mit jeder Bewegung so sehr schmerzen, dass ich in die Tischplatte beißen könnte. Ich brauche dringend einen Plan, um mich wieder mit Laura zu versöhnen. Und einen, wie ich unsere Beziehung wieder auf Vordermann bringe. Und einen, um bei Herbauer fest angestellt zu werden. Also einen ganzen Sack voller Pläne. Ganz schön viel für einen Freitagmorgen.

Mit Ringen unter den Augen lasse ich meinen Blick über die Tischplatte schweifen. Mein Vorgänger am gestrigen Tag hatte anscheinend zum Mittag Tomatensuppe mit Brot. Das würde mir jetzt auch guttun, schließlich hatte Laura irgendwie keine Lust mehr, mir ein traumhaftes Frühstück zu zaubern.

Gelächter hinter mir lässt mich hochschrecken. Da ist doch tatsächlich der Neue, dem wir Anfang der Woche einen Hakan-Spezial eingeschenkt haben, und lacht mit der Stammbelegschaft. Kam es mir nur so vor oder haben die mit dem Finger auf mich gezeigt? Erschöpft lege ich meine Stirn auf den Tisch. Ich bin sogar zu schwach, um die Tomatenreste wegzuwischen, mich darüber aufzuregen, dass sich einige Krümel in meine Haut bohren oder dass meine Paranoia zunimmt. Doch das Lachen hinter mir wird immer lauter. Also nehme ich alle Kraft zusammen und erhebe mein schmerzendes Haupt. Als ich meinen Kopf drehe, habe ich das Gefühl, dass zwischen meinen Nackenknochen Schmirgelpapier liegt. Die Gruppe der lachenden Arbeiter ist gewachsen. Zwei andere, mit denen ich mich eigentlich ganz gut verstehe, sind hinzugekommen. Und auch sie zeigen auf mich!

»Hey Jungs, ich will mitlachen. Was ist los? Ist der Dengler von einem Elch erwischt worden?«

Der Neue kommt auf mich zu und legt seine Hand auf meine Schulter. Dazu grinst er von oben herab, als hätte ich ihm gerade einen Blowjob gegeben. Hat wohl unter einem *Superman*-Heft gepennt.

»Nicht wirklich«, sagt er und grinst noch eine Nuance breiter. »Aber Elche sind vielleicht auch was für dich, Tranny.«

Mein Hörzentrum muss wohl gerade einen Aussetzer haben. Würde ich meinen Körper auch nur ansatzweise bewegen können, würde ich den Kleinen jetzt durch die Wand klatschen. Moment, was hat er gerade gesagt? Tranny? Bei dem Begriff blinken meine Alarmmelder schon schwarzrot. Mehrmals höre ich hinter mir den Begriff »Facebook« und auf einmal bekomme ich es mit der Angst zu tun. Ich bin so wach wie ein Rehkitz, das gerade eine Horde Berglöwen gesichtet hat. Und auch in etwa so verängstigt. Obwohl es natürlich auf den Firmenrechnern völlig tabu und auch unterbunden ist, sich andere Seiten als dienstliche anzusehen, öffne ich den Explorer und logge mich in das Kundensystem ein. Die Innendienstmitarbeiter der Versicherung haben freien Zugriff, den wir natürlich nur für Testzwecke nutzen dürfen. Doch das ist mir gerade komplett egal. Schnell habe ich Facebook aufgerufen und logge mich ein. Oh nein, bitte nicht!

Vor mir flimmert die Bankrotterklärung meiner virtuellen Identität. Ein Posting vom gestrigen Tage ist geschlagene 74 Mal kommentiert worden. 32 Leuten gefällt das.

»Andreas Seifeld guckt gerade: *Girlfriends have a surprising visit from a tranny.*«

Fuck! Ich muss den Posting-Button erwischt haben, als ich das Fenster in aller Hektik schließen wollte. Mein Atem beschleunigt sich, während ich die Kommentare meiner Freunde lese. Als Erstes hat natürlich Bolle etwas geschrieben. Sein richtiger Name ist Stefan Bombler, aber aufgrund seiner gemütlichen Statur nennen ihn nicht einmal mehr seine Eltern so.

»Viel Spaß, Andy!«

Danach irgendwelche anderen Leute, die ich einmal in meinem Leben gesehen habe, von denen ich aber trotzdem jedes Statusupdate bekomme.

»Na, wenn das mal nicht ins Auge geht.«

»EPIC FAIL!«

»LOL«

»Wie ekelig.«

Mein Zeigefinger malträtiert das Mausrad, während ich die Kommentare überfliege. Selbst meine Schwester hat sich einen Smiley nicht verkneifen können. Oh Gott, dann wissen es meine Eltern seit heute auch. Als ich auch noch einen Eintrag von Miriam Weller entdecke, setzt mein Herz endgültig aus:

»Have Fun!«

Das war es. Wäre ich Japaner, müsste ich nun die einzig ehrenvolle Methode wählen, die mir jetzt noch bleibt – mich in mein Schwert stürzen, um zumindest die Schmach von meiner Familie abzuwenden. Doch leider habe ich kein Schwert, sondern nur Kugelschreiber, und wenn ich mir die in die Brust ramme, würde ich bei meinem Glück noch nicht einmal sterben. Ich lösche den Beitrag sofort, weiß jedoch genau, dass die Spur im Internet für ewig im Datennirvana gespeichert sein wird. In einer Zeit, in der jeder seine Daten freiwillig im Internet preisgibt, bin ich da zumindest in guter Gesellschaft. Privatsphäre ist ja so Achtziger.

Schlimmer kann es echt nicht mehr kommen.

»Herr Seifeld!«, durchdringt eine hohe Stimme, die jeder Türklingel Konkurrenz machen könnte, den Raum.

Sofort schrecke ich hoch und ich bin nicht der Einzige. Es ist das Pferd. Doch warum habe ich sie nicht bemerkt? Bei ihren stampfenden Schritten würde sich selbst eine Mammutfamilie ängstlich in eine Hölle verkriechen. Sibylle Marolt hat die Augen weit aufgerissen. Keine Frage, sie möchte irgendwen niedertrampeln und ich bin mir sicher, dass ich ihr Opfer bin. Ein kurzer Seitenblick verrät mir, dass zum wiederholten Mal in dieser Woche alle Augenpaare des Aquariums auf mich gerichtet sind. Welch zweifelhafter Ruhm. Da wäre selbst ein zehnminütiger Aufenthalt mit Boris Becker in einer Besenkammer angenehmer. Obwohl – lieber doch nicht.

Dieser zu kurz geratene Hobbit kommt auf mich zu und wieder rutscht das Herz in meine Hose. Sie lächelt! Oh Gott, das tut sie sonst nur, wenn sie jemanden rauswerfen kann. Innerlich bete ich, dass jetzt ein Donnerwetter losbricht, welches selbst jenes zu Zeiten der Arche Noah in den Schatten gestellt hätte. Doch mein Wunsch bleibt unerfüllt. Das Pferd ist zuckersüß und somit noch tödlicher als Arsen.

»Herr Seifeld, wenn Sie mir bitte folgen würden. Ich würde Sie gern unter vier Augen in meinem Büro sprechen.«

Das wars. So sieht also mein letzter Tag hier aus. Vielleicht gar nicht so schlecht, nach der Nummer, die ich gerissen habe. Kurz überlegen, was habe ich hier noch? Eine alte Tasse, ein paar Notizen, ein bisschen Juckpulver – ich könnte mein Fach innerhalb von drei Minuten leeren und wenn ich die Tür verlasse, ist es so, als wäre ich nie dagewesen. Sechs verdammte Jahre ...

»Setzen Sie sich doch bitte«, sagt Frau Marolt und zeigt auf den freien Stuhl.

Ich senke den Kopf, bin bereit für das Beil und rühre mich nicht. Kurz überlege ich, ob ich komplett ausrasten oder die Kündigung stillschweigend hinnehmen soll.

Sibylle Marolt kneift die Augen zusammen und hält ein Blatt Papier vor ihr Gesicht. Sie lässt mich warten. Ich bin mir sicher, dass da nichts draufsteht, trotzdem sieht es wichtig aus.

»Was sagt Ihnen der Name Bertrahm-Schlakowski?«

Das gibt es doch nicht. Wäre mein Leben ein Comic, dann würden jetzt meine Augen aus dem Kopf fallen und meine Gesichtsfarbe sich in dunkles Rot wandeln.

Diese kleine miese …

»Haben Sie ihr geraten, hier noch einmal anzurufen und zu verschweigen, dass sie selbst am Computer war, damit sie Support erhält?«

Jetzt verstehe ich gar nichts mehr. Gut, dass ich tief greifende rhetorische und diplomatische Kenntnisse besitze. Nach sechs Jahren Callcenter sollte das wohl drin sein.

»Ähh, also … irgendwie … nun ja.«

»Haben Sie oder haben Sie nicht?«, unterbricht sie mein Gestammel. »Denken Sie dran, Herr Seifeld, von Ihrer Antwort hängt Ihr Verbleib bei Herbauer ab.«

Es gibt also noch eine Chance. Oder ist das eine Falle? Verdammt, hat die Marolt ein Verhörtraining beim Mossad absolviert?

»Es könnte sein, dass ich so etwas gesagt habe.«

Sie atmet tief, legt das Blatt schließlich auf den Tisch. Tatsächlich, es ist leer.

»Na, wenigstens sind Sie ehrlich. Sie wissen, dass so etwas nicht den Richtlinien der Herbauer Callcenter GmbH entspricht.«

Keine Frage, eine Feststellung. Also Klappe halten.

»Jeder normale Mitarbeiter von Persopower dürfte sofort seinen Hut nehmen. Und auch, wenn Sie in den letzten Jahren oftmals angeeckt sind, werde ich Sie nicht gehen lassen.«

Um Sie noch weiter zu quälen, hat sie vergessen.

»Sie werden eine Zeit lang ins Outboundcallcenter versetzt. Sehen Sie dies als erzieherische Maßnahme.« Sie lächelt triumphierend und hält sich wahrscheinlich auch noch für meine Gönnerin.

Erzieherische Maßnahme? Sind wir hier in einem Zuchthaus? Soll ich dafür auch noch dankbar sein? Vor meinem geistigen Auge wirft mich die Kerkermeisterin Marolt in einen fensterlosen Raum. Als die Tür zufällt, schallt ihr schrilles Lachen durch die Gänge. Meine Zelle ist klein. Nur das Licht des Monitors spendet ein wenig Helligkeit. Sie schlägt mit ihrem Knüppel mehrmals gegen die Zellentür. *Hier bleibst du für immer!*

»Haben Sie meine Worte verstanden, Herr Seifeld?«

»Ja, vielen Dank, Frau Marolt.«

»Sie melden sich bei Herrn Töscher.«

Mit einem Nicken deutet sie an, dass ich ihr Büro verlassen darf. Während ich die Gänge entlangschleiche, habe ich das Gefühl, dass die Wände auf mich zukommen. Alle Blicke sind wieder auf mich gerichtet, als ich mich vom Rechner abmelde, das Headset nehme und wie ein getretener Hund das Aquarium verlasse. Nach wenigen Schritten schon bin ich aus dem repräsentativen Bereich heraus. Die Halle der Outboundleute ist eigentlich nur ein Anbau an das Gewächshaus. Vor der doppelten Schwingtür schlägt mir bereits ein Lärmpegel entgegen, wie er sonst nur auf Flughäfen zu finden ist. Oder wenn mal wieder alle Düsseldorfer Straßen gleichzeitig aufgerissen werden. Und das passiert sehr oft.

Hier sind die Tische nicht einmal durch eine Schallschutzwand voneinander getrennt. Dutzende Tischreihen stehen eng beieinander. Dabei ist die Einrichtung wild zusammengewürfelt, jeder Stuhl, der vorne ausgemustert wird, kommt hierhin. Die Kabel liegen wie Stolperfallen auf dem Boden. Überall sind Drucker und Faxgeräte, die scheinbar ununterbrochen arbeiten. Wildfremde Leute rennen wie wild durcheinander, brüllen in ihr Headset und versuchen, den Kunden Versicherungen oder Befragungen aufzuquatschen. Die meisten sind Studenten, die nur nach Provision bezahlt werden. Gibt es keine Abschlüsse, gibt es kein Geld. So einfach ist das. Dementsprechend benehmen sie sich.

Kundenstämme sollte man nicht offen auf dem Tisch liegen lassen, wenn man überhaupt welche besitzt. Man kann an der Telefonanlage ja nicht einmal eine Nummer wählen. Das System sucht diese für einen heraus, wählt sie und schon ist der Kunde am Apparat. Wenn nach viermal Klingeln keiner rangeht, wird das im System vermerkt und sofort eine neue Nummer gewählt. Am nächsten Tag ist der Kunde dann wieder dran. Bestimmt jeder hatte schon einmal so einen Anruf und sie funktionieren alle nach demselben Muster. Es ist ein vorgeschriebener Plan, vom dem nicht abgewichen werden soll. Sobald der Kunde sich mit Namen meldet, lautet die erste Frage: »Spreche ich mit Herrn Max Mustermann?«

Da kann man seinen Namen so deutlich aussprechen, wie man will, diese Frage wird immer kommen. Der Hintergrund ist, dass der Anrufer sich versichern möchte, dass man direkt zu demjenigen gelangt, der seine E-Mail-Adresse oder Telefonnummer naiverweise im Internet irgendwo hinterlassen hat. Die Kontaktdaten sind dann über einen mehr als dubiosen Weg zu einem Datenhändler gekommen. Diese Leute machen nichts anderes, als Adressen und Telefonnummern für horrende Beträge an Firmen zu verkaufen. Die Daten werden anschließend ins System eingespeist und ab geht die vollautomatisierte Telefoniererei. Blöd für die User, die bei

einer Onlinebestellung mit einem kleinen Häkchen zuge-
stimmt haben, dass die Daten zum Zweck ihrer individuellen
Betreuung, der Zusendung von Produktinformationen und
Serviceangeboten sowie für Markforschungszwecke ggf. an
vom Unternehmen beauftragte Dienstleister weitergegeben
werden können.

Oder anders ausgedrückt: Die Firma kann mit den Daten
machen, was sie will. Und da die armen Callcenteragenten nur
bezahlt werden, wenn die Leute Versicherungen abschließen
und an Befragungen teilnehmen, ist der Ton entsprechend rau.
Man rennt wild durcheinander und feiert sich, wenn man die
Quote erfüllt hat. Mit anderen Worten – das Callcenter gleicht
einem Affenhaus. Dass die Insassen nicht mit ihren eigenen
Fäkalien werfen, ist eigentlich verwunderlich.

»Ah, Seifeld! Komm mal ran!«

Hartmut Töscher ist der Teamleiter des Outboundcallcen-
ters. Ich würde diesen Job eher als Durchlaufstelle betrachten
anstatt als wirklichen Job. Man nimmt die Teamleiterstelle
an, macht sie so lange, bis man verbraucht ist, und dann wird
man abgesägt. Ständig wechselnde Mitarbeiter, hohe Vorgaben der Firmenleitung und ein Stresspegel, der bis zum Gipfel
der Zugspitze reicht, machen diesen Job zur Tortur. Mit Hartmut Töscher habe ich kein Mitleid. Er ist ein durchgestylter
Enddreißiger, der das Spiel des Schleimens bis zur Perfektion
beherrscht. Als er vor einem Jahr hier anfing, haben wir uns
sogar richtig gut verstanden. Zwar hatte er den technischen
Kram nicht so drauf, dafür verstand er es aber, dreckige
Witze zu reißen, und kam mit jedem aus. Dann begannen
die Kaffees mit dem Pferd und urplötzlich entwickelte er ein
unstillbares Interesse an der Fasanenjagd. Die Festanstellung
und der Teamleiterposten folgten nach wenigen Monaten.

»Hallo Hartmut«, presse ich hervor und schüttle seine
Hand.

»Schön, dass du hier bist, Andreas. Na, alles gut? Was macht das Leben, die Freundin?«

»Na ja, wir haben …«

»Schön, freut mich. Also dein Tisch ist da drüben. Du weißt ja noch, wie es funktioniert.« Weiß ich leider nur zu gut. Mehrmals hatte ich schon die Ehre, mit diesem alten Rechner zu arbeiten. Selbst ein 386er sieht dagegen gut aus. »Jetzt zeig denen mal, wie man telefoniert, und dann machst du hier ganz großes Damentennis.«

Gott, ich hasse seine Sprüche. Immer wenn er in einer Serie oder im Internet etwas aufschnappt, muss er es drei Wochen lang zu jeder Gelegenheit aufsagen. Er ist ein Filmfreak, ist in mehreren Foren aktiv und hat eine Mitgliedschaft für nahezu alle Trailerseiten im Netz. Eine Mitgliedschaft! Zum Trailersehen! Das muss man sich mal auf der Zunge zergehen lassen. Zusätzlich wirft er in jeden dritten Satz englische Wörter ein. Ich habe keine Ahnung, was diese Anglizismen sollen. Der englische Wortschatz enthält 500.000 – 600.000 Wörter. Der deutsche liegt nur knapp darunter. Man wird also für jedes bescheuerte englische Wort auch ein deutsches finden können. Und damit meine ich nicht die eingedeutschten, die jeder benutzt, wie »Download«, »Hardware« oder »Meeting«. Sondern ganz normale Wörter, die jeder Mensch mit ein wenig sozialem Verstand so aussprechen würde, wie sie gemeint sind. Ich hasse Leute, die genau so sprechen, wie sie im Internet schreiben. Aber ihn darauf hinzuweisen wäre »a waste of time«. »LOL«. Ich würde hier schnell an den »point of no return« kommen und das wäre äußerst »strange«. Oder so ähnlich.

Er fährt sich durch die dunklen, gegelten Haare, seine Pupillen rasen so schnell, dass man meinen könnte, er wäre auf Drogen, dann ist er wieder weg. Das war also unsere Konversation. Interessant.

Ich nicke nur und setze mich schließlich auf den quietschenden Stuhl.

Nachdem ich den Rechner hochgefahren und das Headset eingestöpselt habe, spüre ich eine Hand auf meiner Schulter. Was will er denn noch?

Hartmut grinst mich an und verstellt die Stimme. »Ich komme wieder!«

Das war die schlechteste Terminator-Nachahmung, die ich jemals gehört habe. Zusätzlich noch zu einem völlig falschen Anlass. Und noch nicht einmal auf Englisch! Doch auch hier halte ich die Klappe. Sich mit seinem neuen Chef direkt am ersten Tag anzulegen, könnte man als absichtliche Sabotage meiner selbst auslegen. Hartmut kniet sich zu mir, dabei dringt mir sein Parfüm in die Nase, welches er zehnmal am Tag nachlegt.

»Ändy, pass auf ...«

Ja, tue ich, ich tue hier nichts anderes, glaub mir.

»... hab ich fast vergessen. Das, was du dir geleistet hast, war natürlich ein *epic fail*. Als ich die Mail von Frau Marolt erhalten habe, war ich ziemlich *happy*. Auch wenn du bei Persopower in der *company* immer noch dein Festgehalt bekommst, wäre es *shiny*, wenn du dieselbe Quote erfüllen würdest wie die anderen.«

»Okay.«

»Frau Marolt möchte von mir *in three weeks* eine Einschätzung haben.« Er formt mit den Händen zwei Pistolen und schnalzt mit der Zunge. »Aber hey, Ändy, kein Problem. Ich bin dein Buddy. Mach das hier drei Wochen, erfüll jeden Tag deine Quote und zack, bist du wieder drüben.«

Innerlich möchte ich schreien und diese ganze Company ... äh ... Firma dem Erdboden gleichmachen. Meine Zähne mahlen aufeinander, während ich langsam nicke. Alles in mir wehrt sich. Nur zu gern würde ich ihn anschreien, seine beschissene Designerkrawatte nehmen und sie dahin stopfen, wo keine Sonne scheint. Aber ich bin ruhig. Sollte mir gleich Blut aus der Nase tropfen, weiß ich wenigstens warum.

Er klopft mir auf die Schulter, ist schon wieder auf den Beinen und mit federndem Schritt in Richtung seines Büros unterwegs.

»*Great*. Ich wusste, auf dich kann man sich verlassen. Mach einfach deinen Job, dann bist du mich los. *See you later, Alligator!*«

Da ich mit aller Kraft meine Hände auf die Ohren drücke, kann ich den Rest seiner Worte nicht mehr hören. Was für eine Qual es wäre, ihm ewig zuhören zu müssen. Man sagt, dass der neunte Kreis der Hölle für Verräter reserviert ist. Der Teufel selbst soll die Tortur der Seelen an diesem Ort übernehmen. Sollte es einen zehnten Kreis geben, würde ich Hartmut Töscher für diesen Job vorschlagen.

Ich reiße mich zusammen und wende mich dem Rechner zu. Das System ist so einfach zu bedienen, dass selbst Viertklässler Calls machen könnten. Ich bin mir sicher, dass Dengler schon darüber nachgedacht hat, und klicke mit der Maus auf den Button, um den ersten Block abzuarbeiten. Ein Block sind circa zehn Nummern, die der Rechner automatisch herunterwählt.

Kurz gucke ich noch, für wen ich überhaupt gerade tätig bin. »Deltacall GmbH« steht in der Maske des Rechners. Hört sich spannend an.

Es klingelt. Einmal, zweimal, nach dem vierten Klingeln muss ich in die Maske notieren, dass ich den Anwender nicht erreicht habe, bevor das System die nächste Nummer wählt. Dieses Mal geht jemand dran.

»Michael Schröder«, meldet sich eine tiefe Stimme am anderen Ende der Leitung.

Kurz überlege ich, wie wir wohl an seine gesamte Adresse plus Telefonnummer gekommen sind. Vielleicht eine Gewinnspielteilnahme? Doch anstatt eines neuen Mercedes bekommt er nun mich.

»Spreche ich mit Herrn Michael Schröder aus Berlin?«

»Tun Sie.«

»Herr Schröder, schön, dass ich Sie erreiche. Ich rufe im Namen der Deltacall GmbH an. Sie gehören zu den glücklichen Gewinnern, die berechtigt …«

Weiter komme ich nicht. Herr Schröder hat aufgelegt und ich muss mich beeilen, dass ich noch etwas in die Maske eintrage, bevor das System den nächsten Wählvorgang startet. Von Monotonie zu sprechen wäre in diesem Fall leicht untertrieben.

»Spreche ich mit Frau Ilene Mayer aus Unterhaching?«

»Ja, am Apparat.«

»Frau Mayer, schön, dass ich Sie erreiche. Ich rufe im Namen der Deltacall GmbH an. Sie gehören zu den glücklichen Gewinnern, die berechtigt sind, an der Endverlosung für eine Traumreise nach Hawaii teilzunehmen. Deshalb erst einmal herzlichen Glückwunsch von meiner Seite.«

»Kurze Pause«, steht auf dem Zettel. Vielleicht habe ich bei ihr Glück.

Mit der Zeit wissen die Callcenteragenten ganz genau, bei wem sie Erfolg haben könnten. Bei dieser alten Frau zum Beispiel.

»Oh, wie schön!«

»Alles, was Sie dafür tun müssen, ist, an einer kleinen Befragung teilzunehmen. Es geht um das Konsumverhalten, könnte also für Sie sehr interessant sein.«

Klick. Frau Mayer aus Unterhaching hat den Braten gerochen und aufgelegt. Ich trage es in die Maske ein und weiter geht es.

»Spreche ich mit Herrn Nico Stade aus Frankfurt?«

»Ja«, grollt er.

»Herr Stade, schön, dass ich Sie erreiche. Ich rufe im Namen der Deltacall GmbH an. Sie gehören zu den glücklichen Gewinnern, die berechtigt sind, an der Endverlosung …«

»Ich hab die Schnauze voll von euch beschissenen Spastis, die immer hier anrufen, wenn ich aus der Nachtschicht komme! Löscht sofort meine Nummer, sonst hetze ich euch meine Anwälte auf den Hals und komme bei euch vorbei, reiße dir die Eingeweide raus und erwürge dich damit!«

Klick.

Kurz geht mein Puls in ungeahnte Höhen. Ich trage in die Maske ein, dass der Anrufer nicht mehr belästigt werden möchte, und schon wird die nächste Nummer gewählt.

Jep – das ist mein Leben jetzt …

*

Nachdenklich lasse ich Rauch aus meinem Mund entweichen und blicke in Richtung Innenstadt. Dort irgendwo ist der Rhein, dieser mächtige Fluss, der sich in steter Gleichgültigkeit durch Düsseldorf schlängelt. Warum er nicht den Namen für diese Stadt gab, ist mir schleierhaft. Stattdessen haben sich die Gründer für die Düssel entschieden. Ein kleiner Bach, der schon längst unterirdisch verläuft und von dessen Existenz nur ein paar Schilder zeugen.

Schlimmer kann es nicht mehr kommen.

Obwohl – immer wenn die Helden in den Filmen das sagen, passiert irgendein Mist. Später kommt dann eine gute Fee und mit ihr erkennt der Protagonist dann, dass das Leben doch nicht so scheiße ist. Nur leider ist mein Leben kein Film und ich bin kein Held.

»Autoerotische Asphyxiation, Tranny.«

Ich zucke zusammen. Hakan steht neben mir, blickt ebenfalls auf das Düsseldorfer Rheinufer und zündet sich eine

Zigarette an. »Das wolltest du doch wissen. Man legt sich ein Seil um den Hals und beginnt zu wichsen. Aufgrund des Sauerstoffmangels im Gehirn kommt es zu rauschähnlichen Zuständen und zum Lustgewinn.«

Noch kann ich nicht zuordnen, was er meint. »Alter, was willst du von mir?« Bin ich eigentlich der einzige Mensch auf der Welt, der heute noch ansatzweise normal ist?

Er lacht, schüttelt mit dem Kopf. »Der Gärtner, du Genie.«

»Ach so. So hat er sich umgebracht?«

»Na ja, es war wohl eher ein Unfall. Hab es im Internet nachgeguckt. Aber da hast du dich ja gestern auch rumgetrieben und dir die Zeit ein wenig versüßt.«

Wo ist das tiefe Loch, wenn man mal eins braucht? Hakan klopft mir auf die Schulter und seine Miene nimmt plötzlich ernste Züge an. »Vergiss dein Posting. Wie geht es dir?«

»Du hast es gehört?«

»War nicht schwer zu überhören. Auch bei uns galoppierte das Pferd rum, hier und da gab es einen Anschiss, aber niemand wurde strafversetzt. Außer dir.« Er inhaliert tief und schüttelt erneut den Kopf. »Hast du dieser alten Schachtel wirklich geraten, noch mal anzurufen, damit sie Support kriegt?«

Ich zucke mit den Schultern. Es gibt keinen Grund, zu lügen oder sich besser dastehen zu lassen. »Eigentlich ihrer Enkelin. Aber ja.«

»Anfängerfehler. Dann hast du es verdient.«

»Jep.«

So einfach können Gespräche ablaufen. Ich habe keine Lust reinzugehen, stecke mir zwei Zigaretten an und gebe eine Hakan.

»Ich hab unser Fünfjähriges vergessen.«

»Kein Problem«, sagt er weinerlich und wischt sich imaginäre Tränen von der Wange. »Dann lädst du mich heute Abend einfach zum Essen ein und wir schlafen in der Löffelchenstellung ein, vielleicht komme ich drüber hinweg.«

»Wenn es so einfach wäre. Laura ist voll weggetickt, will Schluss machen.«

Eine von Hakans besten Eigenschaften ist, dass er ohne Probleme zwischen seinen vielen Gesichtern hin und her schalten kann. Komischerweise trifft er immer den richtigen Ton. Vielleicht kommt er deshalb bei den Mädels so gut an.

»Möchtest du, dass sie Schluss macht?«

Mit einem Satz fasse ich meine derzeitige Gefühlswelt auf das Genaueste zusammen: »Wenn ich ehrlich bin ... eigentlich nicht.«

»Dann mach was dagegen. Wie der Töscher sagen würde: *It's not over until it's over.*«

»Hör auf mit diesen Rocky-Sprüchen, ich muss mir den ganzen Tag schon genügend schwachsinnige Filmzitate anhören.«

Ein paar Sekunden vergesse ich meine miserable Situation und auch, dass wir schon mehr als 10 Minuten hier draußen rumhängen. Der nächste Anschiss vom Töscher oder vom Pferd ist vorprogrammiert, doch mein Körper wehrt sich, in dieses Gebäude zurückzugehen. Es wirkt wie ein übergroßes Schafott, eine Seelenschlachtbank. Auch auf meinen neuen Spitznamen kann ich mehr als verzichten. Wieso hätte ich mir nicht einen geilen Hardcorestreifen angucken können?

»Eigentlich hat das mal ein Baseballspieler gesagt, aber gut. Was hast du nun vor?«

Wenn ich das nur wüsste. Schnell Millionär werden, nach Amerika ziehen, eine Filmkarriere starten und es mir den lieben langen Tag von Miley Cyrus besorgen lassen.

»Wie wäre es mit einem Honeymoon-Urlaub?«, schlägt Hakan vor. »Nichts Teures, ein paar Tage nach Holland oder so.« Seine Augen blitzen dabei, als wolle er noch etwas hinzufügen.

»Guter Witz, ich habe keine freien Tage mehr. Und so spontan würden die mir nie Urlaub geben. Du weißt, ich versuche immer, sie so spät wie möglich im Jahr zu nehmen. Diesmal habe ich bis Februar durchgehalten.«

Sein Grinsen wird breiter. »Ich meine ja auch gelben Urlaub.«

»Hm ... ist klar.« Ein schöner Gedanke. Ich hole mir eine Arbeitsunfähigkeitsbescheinigung für eine Woche und lade Laura in Deutschlands 17. Bundesland ein. Wir fahren an die See, machen romantische Spaziergänge, gehen ins Casino, sie verzeiht mir, wir haben unglaublichen Sex, unsere Beziehung ist wieder im Lot und ich muss nicht an die Outboundhotline. Moment ... das könnte funktionieren. Von Sekunde zu Sekunden reift der Gedanke in meinem Kopf. Je länger ich darauf herumkaue, desto besser gefällt mir dieser kleine, niederträchtige Plan. Wo bitte geht es zur Weltherrschaft?

»Hakan, du bist ein Gott.«

»Uh, das höre ich sonst nur von den Mädels, aber danke.« Unsere Blicke treffen sich.

»Meinst du, dass du eine Woche hier ohne mich aushältst?«

Er zuckt mit den Schultern und drückt seine Zigarette aus. »Ich muss zwar mein Schnuffelkissen mitbringen, um meine Tränen zu trocknen, aber es wird gehen.«

Jetzt grinse auch ich. »Ich hab auch schon so ein leichtes Kribbeln im Hals. Ich glaub, ich werde krank.«

»Es soll ja wieder mal ein Virus umgehen.«

Gemeinsam schnippen wir die Zigaretten weg. »Ganz schlimm, zurzeit.«

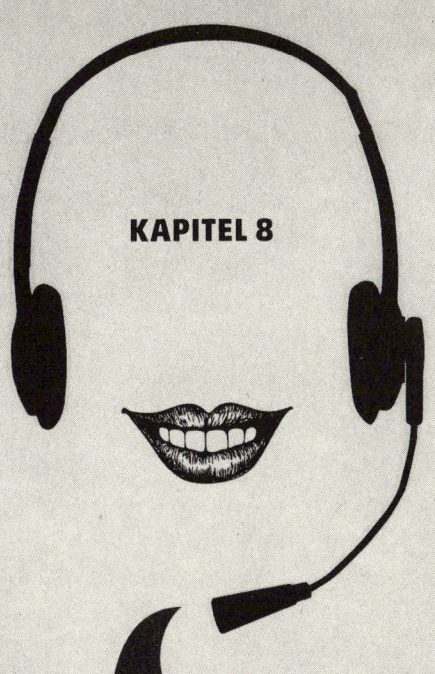

KAPITEL 8

DER MP3-TOASTER

JA!

Ich bin ein Held und Sexgott und wenn ich es nicht besser wüsste, dann würde ich sagen, dass ich Deutschland 2010 zur WM geschossen habe. Braucht jemand einen Weltenretter? Interstellarer Angriff von Aliens? Kein Problem, mach ich noch vor dem Mittagessen. Hunger auf der Welt? Ich fang dann mal an, Brot zu backen. Zumindest, wenn ich wieder atmen kann.

Morgensex! Verdammt, wir hatten Morgensex. Und was für welchen. Ich kann mich gar nicht mehr daran erinnern, wann Laura sich das letzte Mal morgens an mich gekuschelt hat und einen Ritt auf dem Andytrain wollte. Und ich war gut ... okay, vielleicht sind das die Glückshormone, die immer noch durch meinen Körper rauschen, aber ich fühle mich einfach großartig. Wir haben nicht einmal acht Uhr am frühen Montagmorgen, Laura liegt in meinen Armen und atmet so heftig, als hätte nicht ich sie durchgenommen, sondern die ganze trojanische Armee. Und verdammt, seit langer, langer Zeit bin ich mal wieder richtig glücklich.

»Das war ... Wahnsinn«, stöhnt sie nun schon zum zweiten Mal und küsst meine Wange. Ich komme nicht umhin, ihr vorbehaltlos recht zu geben.

Als ich sie letzten Freitag anrief und sagte, dass sie sich spontan Urlaub nehmen sollte, war sie erst skeptisch. Doch im Gegensatz zu mir hatte sie noch etliche Überstunden und es ging tatsächlich. Das Blatt schien sich endgültig zu wenden, als auch noch ein tolles Doppelzimmer in Zandvoort frei wurde. Laura liebt die See, stundenlange romantische Spaziergänge und den kühlen Wind, der ihr dabei um die Nase weht. Also alles Sachen, die ich hasse, aber gut, dafür haben die ja ein Casino in der Nähe. Unseren ersten gemeinsamen Urlaub haben wir in diesem kleinen, verschlafenen Städtchen in Holland verbracht und als ich im Hotel anrief, meinten die doch tatsächlich, dass gerade ein Doppelzimmer frei geworden wäre. Da wir schon am Montag aufbrechen würden, müsste man zwar bar bezahlen, aber das sei kein Problem. Sofort war ich auch schon bei der Bank und holte meine mickrigen Ersparnisse ab. Das gesamte Wochenende schwebten wir auf Wolke sieben und das war nur die Ouvertüre zu unserem perfekten Beziehungskitt-Honeymoon.

Eine Stunde nach unserem atemberaubenden Morgensport sind die Sachen gepackt und im Auto verstaut. Während Laura in Ruhe frühstückt, mache ich mich auf den Weg in die Arztpraxis. Natürlich weiß sie nichts von meinem gelben Urlaub, also sage ich ihr, dass ich noch ein paar Zeitschriften kaufen möchte.

Anscheinend hält meine Glückssträhne an. Keine Autos hier, nicht einmal ein paar Fahrräder. Freudestrahlend öffne ich die Tür und schon setzt die Gemütsachterbahn wieder auf Sturzflug. Alles voll! Dieser kleine Raum ist so stickig, dass selbst ein römischer Puff in den Zeiten vor Christus bessere Luft sein Eigen nennen dürfte. Tja, Fortuna ist eine Schlampe.

»Diese neuen praxiseigenen Plätze im Parkhaus sind wirklich gut durchdacht«, erklärt eine ältere Dame und holt ihr Strickzeug heraus.

Wie lustig! Innerlich bete ich, dass sie keine Dauerpatientin ist, sie scheint nämlich genau so einen selbst gestrickten Pullover zu tragen. Jetzt nur nicht wirklich krank werden, denke ich mir und nehme Platz zwischen zwei Mädels, die wahrscheinlich auch blaumachen. Die Dame vor uns macht das definitiv nicht. Bei jedem Atemzug hört es sich so an, als würde eine Dampflok durch das Zimmer pflügen, und ihre Nasenflügel beben dabei wie die von der Tussi aus *Blair Witch Project.*

Es herrscht Totenstille. Genau deshalb gehe ich eigentlich nur unter Androhung der Todesstrafe zum Arzt. Man sperrt ein Dutzend kranke Erwachsene in einen Raum und schließt alle Türen. Jeder räuspert sich alle paar Minuten einmal, das war es auch schon mit der Kommunikation. Das Ganze verschärfen kann man dann noch, wenn man ein Kind mit ins Wartezimmer nimmt.

Ein kleiner Junge mit bitterbösem Gesichtsausdruck stapelt Bauklötze aufeinander und wirft sie immer wieder um, während die Mutter in aller Seelenruhe eine Zeitung liest. Als er im Godzillastil die Klötze umhaut, wirft er mir einen grimmigen Blick zu. Solche Kinder verprügeln andere später auf dem Schulhof. Aber dank unseres überkorrekten Bildungssystems wird ihm dann noch besondere Fürsorge zuteil. Man muss sich schließlich um den Täter genauso kümmern wie um das Opfer. Ich bin mir sicher, die Mutter interpretiert eine Verhaltensstörung aufgrund von Hochbegabtheit in die Gewaltausbrüche ihres Sohns. Die Kinder sind ja auch nie dumm oder gewaltbereit, nein, sie gehören ausnahmslos auf eine Privatschule, weil sie ja ach so unterfordert sind. Ah, ich hasse die ganzen Sörens, Matzes und Maltes. All diese Namen für Neugeborene, die vor ein paar Jahren ja so was von in waren und über die jetzt herrlich hergezogen wird. Ich bin mir sicher, dieser kleine Hosenscheißer ist einer von ihnen. Auch er hat bestimmt einen Namen, der wie ein schwedisches Möbelstück klingt.

Während dieser Tyrann im Taschenbuchformat weitere Bauklötze stapelt, zähle ich die Leute durch. Es sind mindestens noch acht Leute vor mir. Der Paris-Hilton-Verschnitt neben mir dürfte schnell gehen, auch die anderen sehen wie Stammgäste aus. Nur die Frau gegenüber und das dicke Mädchen links machen mir Sorgen. Das Schlimmste ist, dass man nicht weiß, mit welcher Krankheit man gerade konfrontiert wird. Es könnte also durchaus sein, dass jemand Pferdegrippe, Hühnchenhusten und Schweineschnupfen zusammen hat und man es erst erfährt, wenn das Tropfeninstitut in weißen Komplettanzügen vor der Tür steht. Dieser kleine Scheißer ist zum Beispiel ein Kandidat dafür. Ich bin mir sicher, dass er mich extra anstecken will. Aber nicht heute, mein Lieber. Heute bin ich der Held und nichts kann an meinem Image kratzen. Ich bin sogar bereit, diese Stille zu brechen, und taste mich kommunikativ erst einmal zum dicken Mädel links von mir vor. Ihre braunen Haare hat sie zu einem strengen Pferdeschwanz zusammengebunden. Was hat sie wohl?

Gut, sie ist dick, aber noch nicht adipös. Witzig ist, dass die Ärzte diesen Begriff lieber verwenden, um nicht unhöflich zu sein. Hört sich auch besser an. Leider ist adipös nichts anderes als das lateinische Wort für fett. Aber daran wird es bei ihr wohl nicht liegen. Sie hat ziemliche Akne, eventuell holt sie sich nur eine Überweisung zum Hautarzt. Als sie die Beine übereinanderschlägt, erkenne ich das Problem. Ihr Knöchel ist so dick wie beide von mir zusammen.

»Na, beim Sport umgeknickt?«, will ich freundlich wissen und lächle ihr zu.

Sie guckt mich an, als hätte ich sie auf Suaheli angesprochen und ihr gleichzeitig eine Banane ins Ohr gesteckt. Dann stellt sie die Beine wieder nebeneinander. Mist, die Knöchel sind gleichdick. Das war es wohl nicht.

Die Strafe folgt auf dem Fuß, in persona eines sabbernden, krakeelenden Kindes, das mir einen Bauklotz an den Kopf wirft.

Ich fasse an die Stelle und ein stöhnender Laut entfährt meiner Kehle. Das war Absicht! Eine pure Tätlichkeit, dafür gibt es Rot! Und wie jeder gute Fußballer fängt der Kleine erst einmal an zu weinen. Hat der italienisches Blut? Als hätte ich ihn mit voller Wucht und gestrecktem Bein von den Füßen gegrätscht. Dieser Sören, Göran, Leif.

Doch was macht die Supermama?

»Lässt du bitte mal den Mann in Ruhe?«

Sie wollte wohl sagen:

»Verübst du bitte keinen weiteren terroristischen Anschlag auf ihn?«

Eine Frechheit ist das. Schließlich setzt sie sich zu ihm herunter und tätschelt die adipösen Wangen des Kleinen. Welche erzieherische Quintessenz soll Gustaf denn jetzt aus seiner Tat ziehen? Dass es okay ist zu schlagen, wenn man dann genug selbst weint?

Endlich erscheint eine Arzthelferin und ruft die Frau. Sofort streckt Supermama ihre Hand aus.

»Komm, Andreas, wir gehen jetzt zum Onkel Doktor.«

Das reicht mir. Seufzend nehme ich eine Zeitschrift und schlage sie auf. Dabei ist mir egal, welche Bakterien auf der Oberfläche rumwuseln. Sex stärkt ja bekanntlich das Immunsystem und davon werde ich eine ganze Menge bekommen in den nächsten Tagen.

*

Nach zwei Stunden bin ich endlich aus der Arztpraxis raus. Bei Krankmeldungen wende ich wieder einen Rat von Hakan an und stammle schwächlich etwas von Durchfall. Man kann es schwer nachweisen, selbst die Ärzte wissen meist, wie der Hase läuft, und geben einem den erhofften Schein. Auf dem Nachhauseweg bleibt mir nur noch der Anruf in der Firma. Zu gut, dass Miriam die Krankmeldungen entgegennimmt und ich ihre direkte Durchwahl im Handy habe. Es klingelt fünfmal, bevor jemand rangeht.

»Dengler?«, grollt die Stimme am anderen Ende.

Der Chef persönlich. Warum geht Miriam nicht an ihr Telefon? Das gibt es doch wohl nicht. Augenblicklich rutscht mein Herz in Bodennähe. »Ja ... guten Morgen, Herr Dengler, Andreas Seifeld hier. Ich würde mich gern für die Woche krankmelden.«

»Wer?«

»Andreas Seifeld von Persopower.«

Stille am anderen Ende. Ich kann aus der gehetzten Atmung entnehmen, dass der Chef gerade ziemlich rotiert ohne seine Sekretärin. Normalerweise würde Miriam jetzt einfach ein umwerfendes Lachen durch die Leitung werfen und sich um alles Weitere kümmern, inklusive Weitergabe der AU an meine Firma.

»Und Sie wollen sich krankmelden? Wohl zu viel gefeiert am Wochenende?«

Eigentlich will ich den Kommentar übergehen, doch er erwartet tatsächlich eine Antwort, dieser alte Sadist. Selbst der kleine Mann in meinem Kopf scheint sich heute Morgen mehrere Taurinpillen eingeworfen zu haben und kramt in meinem Verstand nach der passenden Antwort.

»Nein, ich war nicht feiern. Ich war das ganze Wochenende mit meinem Hund im Wald, da muss ich mir wohl eine ziemliche Grippe eingefangen haben.«

Natürlich hab ich keinen Hund und wo der nächste Wald ist, weiß ich auch nicht. Schließlich fährt meine Karre auch ohne Baum. Doch mein Plan geht auf. Sofort nimmt die Stimme des Mannes fast schon väterliche Züge an. Ich kann mir nur zu gut denken, wie er sich gerade zurücklehnt und seine makaberen Geweihe an der Wand mustert.

»Sind Sie da im Unterhemd rausgegangen?«

Auch diese Frage ist ernst gemeint. Unglaublich – aber auch im Doofstellen bin ich Weltmeister.

»Nein, ich hatte noch ein Shirt an.«

»Keine Hose?«

Will der witzig sein? An seiner Trommelfell zerreißenden Lache erkenne ich, dass er es tatsächlich versucht.

Ich lache mit und fühle mich, als würde meine Seele gerade einem Gangbang zum Opfer fallen.

»Ja, im Wald muss man sich immer dick anziehen, junger Mann. Gerade wenn man auf der Lauer liegt und einen prächtigen Zwölfender auf der Kimme hat, heißt es, sich in Geduld zu üben. Da kann man nicht einfach auf den perfekten Blattschuss hoffen und abdrücken. Nein ... da muss man ausharren, zur Not eine ganze Nacht.« Es beginnt ein nicht enden wollender Monolog über die Jagd, den Tierschutz in Deutschland und dass Jäger die besten Umweltschützer überhaupt sind. Die Grünen sind nur eine Pseudopartei und haben ihre Seele verkauft und schließlich kommt er zum allerbesten Bundeskanzler aller Zeiten: Konrad Adenauer. Er sei noch ein richtiger Mann gewesen, der Eier zeigte, und am ehesten käme diesem heute noch Angela Merkel gleich. Nach dieser kleinen Exkursion in die wirre Gedankenwelt meines Chefs macht er endlich eine Pause.

»Ja, Herr Dengler. Vielen Dank. Beim nächsten Mal werde ich mich dicker anziehen.«

»Das ist gut. Sagen Sie mir noch mal Ihren Namen, Bursche.«

Bursche? Ich weiß, dass er es nett meint, aber so eine Bezeichnung habe ich zum letzten Mal in einem historischen Roman gelesen. Und das war vor fünf Jahren. Was kommt als Nächstes? Knilch?

»Seifeld. Andreas Seifeld.«

»Gut, gebe ich an Frau Weller weiter. Dann erholen Sie sich gut.«

Die Leitung klickt erst, als ich vor der Eingangstür meiner Wohnung stehe. Tatsächlich, das Leben ist um einiges einfacher, wenn man ein wenig so tut, als würde einen das Dasein der anderen interessieren. Einige Minuten Dummstellen erspart oft zwei Stunden Arbeit. Eine wirklich interessante Lektion, die ich mir vornehme, in Zukunft weiter zu berücksichtigen. Glücklich lasse ich das Handy in meine Tasche gleiten und trete durch die Tür. Laura erwartet mich mit strahlenden Augen.

»Können wir?«, will sie wissen und beäugt mich dann kritisch. »Du hast zwei Stunden nach Zeitschriften gesucht und nichts gefunden?«

Schon wieder ist der kleine Mann in meinem Kopf putzmunter. »Das mit den Zeitschriften war gelogen. Ich habe noch eine Kleinigkeit für dich gekauft. Die kriegst du aber erst in Holland.«

Sie lächelt mich an und haucht mir einen Kuss auf die Wange. Lügen – die Eckpfeiler einer jeden guten Beziehung. Jetzt muss ich nur noch gucken, an welcher Raststätte ich ihr ein Präsent kaufe.

»Muss noch einen Brief verschicken und dann geht es los.«

*

Eine halbe Stunde später sind wir auf der Autobahn in Richtung Holland. Herrlich – sogar das Wetter spielt mit. Leider haben anscheinend auch die Niederländer so etwas wie Berufsverkehr und bereits kurz nach dem Überqueren der Grenze sind wir umzingelt von gelben Nummernschildern und kommen nicht mehr vom Fleck. Doch selbst beim Stop-and-go fange ich nicht an, die Bewohner unseres Nachbarlandes zu beschimpfen, sondern bin gelöst, entspannt, man könnte sagen glückselig, sodass mir selbst meine Internet-Identität und mein auf immer beschädigter Ruf egal sind. An einer Raststätte kaufe ich meiner Freundin eine *Cosmopolitan*, auf der mal wieder das neue Super-Duper-Top-Model drauf ist, und einen kleinen Plüschhasen und die Welt ist auch für Laura gerettet. Hinter Eindhoven ist die Autobahn endlich leerer und ich kann meinen Rover bis an die Schmerzgrenze treten. Das heißt in Holland bis 120 Stundenkilometer. Doch irgendwie ist mein Fuß an deutsche Autobahnverhältnisse gewöhnt. Laura ist in ihre Zeitschrift, ich bin in meinen Gedanken vertieft und keiner bekommt mit, wie die Tachonadel so langsam die 160 streichelt. Erst, als ein bläuliches Licht meine Konzentration auf penetrante Art und Weise wieder auf die Straße lenkt, werfe ich einen Blick auf die Armaturen.

»Wie viel fährst du?«, will Laura ohne aufzublicken wissen.

»Zu viel«, ist meine Antwort.

»Oh, oh, oh, dat wird teuer«, kokettiert sie, während ich eine Raststätte anfahre.

Vorschriftsmäßig lasse ich beide Hände sichtbar auf dem Lenker und blicke in den Rückspiegel. Zwei Polizisten mit Abo-Karte fürs Sonnenstudio steigen elfengleich aus dem Fahrzeug. Nun ja, zumindest derjenige, der aussieht wie ein Komparse für *Baywatch*. Der andere Ordnungshüter drückt sich gerade noch den Rest seines Brötchens in den Mund, schiebt anschließend seine Wampe und sich in Richtung Fahrertür. Gedanklich taufe ich sie sofort Dick und Sunny.

»Vielleicht sollte ich mehr Busen zeigen oder mit einem von ihnen schlafen«, sagt Laura und drückt ihren Rücken durch.

»Alles klar, du übernimmst den Dicken, ich den Sunnyboy.«

Schon klopft der Schnauzer mit Krümeln im Bart an meine Fensterscheibe.

»Sie sind zu schnell gefahren«, erklärt mir Dick mit stark holländischem Akzent. Dabei rieseln die Reste seines Brötchens in meinen Rover herein. Hm, anscheinend war es Fleischwurst. »Das kostet Sie richtig viel.«

Nachdem er mir diese Weisheit mit einer Drohung versetzt hat, nicke ich nur und entschuldige mich so überschwänglich, dass Laura einen Lachkrampf unterdrücken muss.

»Es tut mir wirklich leid«, beteure ich zum wiederholten Male und falte die Hände wie zum Gebet. »Wir sind zum ersten Mal in Ihrem wunderschönen Land, da habe ich die Schilder einfach übersehen.«

»Alle Schilder von der Grenze an bis hier?«, will der Mann wissen.

Gutes Argument. Vielleicht sollte ich nicht mit ihm diskutieren. »Was kostet es denn?«

»120 Euro plus Gebühren. Können Sie aber auch bar bezahlen.«

Ha! Ich hab die Taschen voller Geld und meine Kleine sitzt neben mir, da kann ich ruhig mal einen auf dicke Hose machen.

»Bar«, antworte ich, blicke cool nach vorne und fühle mich in diesem Moment wie John Wayne.

»Gut. Wir überprüfen Ihr Schild und die Papiere.«

»Was für ein Schild? Ach so. Sie meinen mein amtliches Kraftfahrzeugkennzeichen.«

Vorsicht, Andreas, der Typ ist nicht gut auf dich zu sprechen und der Sunnyboy guckt deiner Freundin schon die ganze Zeit auf die Brüste. Wäre das jetzt ein schlechter Porno, wäre das der Zeitpunkt, wo ich aufs Revier muss und die seichte Musik einsetzt. Ist es aber nicht, weil im Autoradio Lady Gaga läuft und ihre Musik passt einfach nicht zu Erotikfilmchen.

Dick schnaubt einmal, macht eine Kopfbewegung, woraufhin Sunny ihm treudoof hinterherdackelt, verfolgt von den Blicken meiner Freundin.

»Netter Arsch.«

»Ich bin mir sicher, der ist schlecht im Bett. Nach sechs Minuten ist alles vorbei.«

»Wären noch zwei mehr als bei dir«, scherzt sie und kneift mir in die Rippen. »Ach komm schon, du kennst meine Schwäche für Männer in Uniform.«

»Ja, kenne ich, das ist der Grund, warum ich seit fünf Jahren zu Karneval als Polizist gehen muss.«

Trotzdem fühle ich mich in meiner Ehre gekränkt. Da hilft nur eins – die anderen mit runterziehen.

»Kennst du den schon? Zwei Holländer besteigen einen Flug nach London. Einer nimmt den Fensterplatz, der andere setzt sich neben ihn auf den mittleren Platz. Kurz vor dem Start setzt sich ein Deutscher auf den Platz am Gang.

Nach dem Start zieht der Deutsche seine Schuhe aus, wackelt mit seinen Zehen und macht es sich gemütlich, als der Holländer auf dem Fensterplatz sagt: ›Entschuldigen Sie, ich muss aufstehen und mir eine Cola holen.‹

›Bleiben Sie ruhig sitzen‹, sagt der Deutsche, ›ich sitze am Gang. Ich hole Ihnen Ihre Cola.‹

Kaum ist er aufgestanden, nimmt einer der Holländer einen seiner Schuhe und spuckt hinein. Als er mit der Cola zurückkommt, sagt der andere Holländer: ›Das sieht gut aus, ich hätte auch gern eine.‹

Wieder erklärt sich der Deutsche bereit, sie zu holen. Als er weg ist, nimmt der andere Holländer den anderen Schuh und spuckt ebenfalls hinein. Nachdem der Deutsche zurückgekehrt ist, lehnen sie sich alle zurück und genießen den Flug.

Als das Flugzeug zur Landung ansetzt, zieht der Deutsche seine Schuhe an und bemerkt sofort, was passiert ist.

›Warum nur?‹, fragt er, ›Wie lange wird das noch weitergehen? Dieser Kampf zwischen unseren Nationen. Dieser Hass. Diese Animositäten. Dieses In-die-Schuhe-Spucken und In-die-Cola-Pissen.‹«

»Den kannte ich schon«, sagt Dick und schüttelt den Kopf. Ich war so in meinen Witz vertieft, dass ich seine Anwesenheit gar nicht bemerkt habe. Dabei müsste er doch einen großen Schatten werfen.

»Das macht dann 156 Euro.«

Laura kann sich mittlerweile gar nicht mehr halten und verbirgt ihr krampfhaftes Lachen hinter der Zeitschrift, während ich das Geld bezahle und die Quittung entgegennehme.

»Sie sollten lieber aufpassen«, warnt mich der Polizist noch. »Man sieht sich immer zweimal.«

»Aber nicht bei der WM«, murmle ich zu Laura.

»Bitte was?«

»Nichts, nichts«, sage ich schnell und winke freundlich, während ich anfahre.

Es ist einfach ein tolles Gefühl, dass sie mich wieder als ihren Freund und Helden sieht. Dafür riskiere ich sogar eine dicke Lippe und schmeiße das Geld mit vollen Händen aus dem Fenster. Was wir alles für die Frauen tun. Früher mussten wir nur den Säbelzahntiger jagen und Nachwuchs zeugen. Heute sollen wir das zwar nicht mehr, aber dafür unzählige andere Sachen, für die der männliche Verstand gar nicht konstruiert ist. Gut zuhören zum Beispiel oder emotional aufgeschlossen sein oder beides gleichzeitig. Verdammt, da haben wir gar nicht die richtige Hardware für. Das ist sozusagen ein Fehler des Herstellers. Man würde ja auch nicht bei der Apple-Hotline anrufen und sich beschweren: »Mein MP3-Player toastet die Brötchen nicht.«

Richtig! Und warum tut er das nicht? Weil es kein verdammter Toaster ist.

Doch Laura lacht und streichelt mir zärtlich über die Schulter. Heute scheine ich beides zu sein. Ein MP3-Toaster sozusagen.

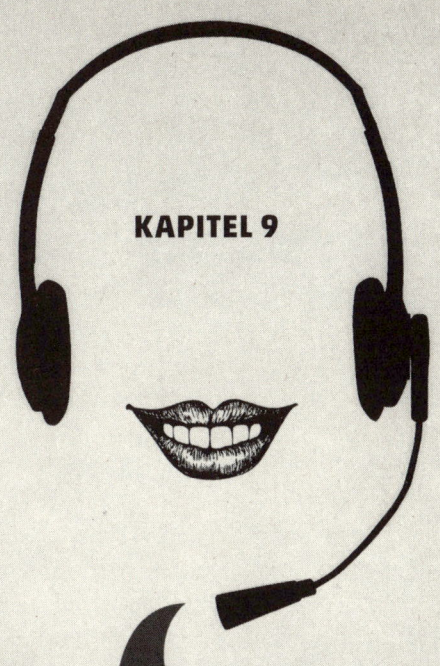

KAPITEL 9

HONEY-MOON

GEGEN

Mittag erreichen wir Zandvoort. Die Bäume haben ihr schönstes Prachtgewand angelegt, als wir die Allee passieren und ich meinen Rover auf dem Parkplatz abstelle.

»Es ist genauso wie früher«, stellt Laura fest und streckt sich vor meinen Augen.

Als ich meine Freundin dabei beobachte, strecke ich mich auch, allerdings nur einen Muskel und ich freue mich jetzt schon auf die erste Nacht in unserem Hotelbett.

Ein unglaublich freundlicher Hotelier begrüßt uns mit breitem Grinsen an der Rezeption.

»Ah, Sie kommen aus Deutschland?«

Ich nicke anerkennend und zücke meinen Personalausweis.

»Woran haben Sie das denn erkannt?«

»An Ihrem Kraftfahrzeugkennzeichen«, antwortet er und deutet auf meinen Wagen.

Ts, wer redet denn heutzutage noch so. Trotzdem ist mir der Typ mit dem Spitzbart auf Anhieb sympathisch. Liegt vielleicht daran, dass er frappierende Ähnlichkeit mit Jack Nicholson hat. Nicht mit dem bösen, so wie in *Shining*, sondern mit dem lieben Opa aus *About Schmidt*. Seine Finger huschen über die Tastatur und plötzlich bekommt er ein Gesicht, als würde er gleich anfangen zu flennen.

»Es tut mir wirklich leid, Herr Seifeld. Aber Ihr Zimmer ist erst heute Nachmittag fertig. Das Bett muss neu bezogen werden und auch das Bad wird noch gereinigt. Verzeihen Sie uns, aber vielleicht können Sie sich die Zeit mit einem kleinen Essen vertreiben?«

Bei diesem niedlichen Akzent könnte ich doch gar nicht sauer sein. Auch Laura nickt und wirft ein, dass wir ja erst einmal in Ruhe essen könnten.

»Ich werde dafür sorgen, dass Ihr Gepäck auf das Zimmer gebracht wird, dann haben wir das schon erledigt. Das Check-in und alles Weitere erledigen wir dann heute Abend, würde ich vorschlagen.«

Aha, alte Schule. Sehr schön. Wieso können eigentlich alle Holländer Deutsch, aber kein Deutscher Holländisch? Ich lehne mich locker auf die Theke und freue mich in diesem Moment, wie ein Mensch behandelt zu werden. Die Alternative wären unendliche Fragen über das Konsumverhalten von Mittdreißigern im Callcenter. Innerlich gratuliere ich mir zu der grandiosen Entscheidung, hierherzufahren.

»Warum lächelst du so?«, möchte Laura wissen und legt ihren Arm auf meinen.

Und schon wieder macht der Mann, der den Schaltknüppel in meinem Kopf bedient, einen Superjob. »Weil du hier bist, Liebling.«

Ein Kuss folgt, was den Hotelier noch weiter lächeln lässt. Hätte er keine Ohren, würde der gute Mann nun im Kreis grinsen. Schon lässt er zwei Typen meines Alters kommen, die uns bis zum Auto nachgehen und stoisch unsere Koffer in das Zimmer tragen. Wir folgen und fühlen uns einfach gut dabei, einmal bedient zu werden. Nachdem sie unser Gepäck im Zimmer abgestellt haben, warten die beiden noch ein paar Sekunden an der Tür. Ich ignoriere sie völlig. Nein, ich werde kein Trinkgeld geben, und noch mal nein, ich fühle mich nicht schlecht. Immerhin kenne ich mich mit Scheißjobs aus und dafür bekomme ich auch kein Trinkgeld. Obwohl – das wäre es. Somit könnten die Firmen die Hilfsbereitschaft ihrer Mitarbeiter um ein Vielfaches erhöhen. Andererseits ist das bei uns ja gar nicht gewünscht. Die Kunden sollen ja nur oft anrufen, keine Probleme gelöst bekommen.

Nach ein paar unendlich anmutenden Sekunden der Stille ziehen die beiden sich schließlich zurück. Ich bin mir sicher, dass sie gleich über mich herziehen werden und dabei Wörter gebrauchen, die einen mongolischen Krieger zu Zeiten von Dschingis Khan erröten lassen würden, aber das ist mir einerlei.

Immerhin bin ich mit meiner Freundin in einem Hotel, weit weg von zu Hause. Da kann so einiges passieren. »Und was machen wir jetzt?«, will ich wissen und umfasse Lauras Taille.

»In diesem Bett? Wir machen gar nichts und warten, dass es bezogen wird. Du weißt nicht, wer hier mit wem etwas hatte und welche Bakterien sich unsichtbar vor sich hin vermehren.«

Da hat sie auch wieder recht. Da muss mein kleiner Freund wohl tatsächlich bis heute Abend ausharren. Als das Telefon klingelt, ist mein Testosteron wieder auf Normalniveau.

»Willkommen im Benutzer-Service ...« Das gibt es doch wohl nicht. Als hätte sich diese parasitäre Lebensform des gemeinen Herbauers in meinem Kopf einen Wirt gesucht, mit dem er in Symbiose treten kann. Ich atme einmal tief durch. »Hallo?«

Es ist der Hotelier mit den 52 Zähnen. »Hallo Herr Seifeld, um mich nochmals für diese kleine *Situation* zu entschuldigen, habe ich mir erlaubt, für Sie einen Tisch in unserem Restaurant zu reservieren. Ihr Essen geht natürlich aufs Haus.«

Der Tag wird ja immer besser. Nun ja, zumindest bis auf den kleinen Scheißer von heute Morgen und die Möchtegern-Cobra-11-Autobahnpolizei. Über die beiden sollten die mal eine Serie machen.

»Hey Dick, da hinten explodiert ein Fahrzeug!«

»Moment, ich muss noch drei Wurstbrötchen einatmen.«
Wäre bestimmt der Knaller.

»Super, danke schön«, antworte ich nur und berichte Laura
die Neuigkeiten.

»Na dann, ab ins Restaurant.«

*

Gut, das ist nicht ganz so, wie ich es mir vorgestellt habe, aber
ein Gratisessen würde ich niemals ausschlagen. Auch wenn es
sich um ein Buffet handelt, das schon ein wenig abgegriffen
wirkt.

»Sieht alles aus wie von heute Morgen«, bestätigt Laura
meinen Gedankengang und geht mit leerem Teller und pikier-
tem Blick an der Wurst vorbei, die bereits braune Ränder hat
und in den letzten Atemzügen liegt. Doch auch hier finde ich
eine Lösung und entdecke den Koch, der frische Omelettes
zubereitet. Selbst wenn der Mann mit der Mütze niemand
anderes ist als der Page, der uns eben die Koffer auf das Zimmer getragen hat. Aber das macht mich nicht weiter stutzig.
Schließlich müssen wir alle Kosten sparen – einen Satz, den ich
mindestens einmal die Woche aus dem Mund des Pferdes höre.

Ich gehe so oft zu dem Stand, dass Laura schon ein wenig gereizt eine Augenbraue nach oben zieht, und lasse den
Koch dabei so viele Eier in die Pfanne schlagen, dass mein
Cholesterinspiegel jetzt im vierstelligen Bereich liegen dürfte.
Schließlich habe ich Urlaub und da darf man sich auch mal etwas gönnen. Ich liebe diese Bundespräsidentenmentalität. Das
wäre auch ein guter Job für mich. Keine Verantwortung, nur
Lächeln, Winken und ein Ehrensold von 199.000 Euro. Dann
würde ich auch nicht mehr an alten Buffets vorbei müssen,
sondern würde direkt Christian Rach und die Kochprofis en-
gagieren. Die dürften dann gegenseitig ihre Speisen kritisieren.

Nach dem Essen gehen wir die wenigen Straßen zum Casino. Zandvoort hat sich nicht verändert. Eine salzige Brise weht vom Meer her in unsere Nasen. Noch immer gibt es diese kleinen, niedlichen Reihenhäuser, die alle gleich gepflegt sind und dieselben Mühlen im Vorgarten haben. Marx und Engels hätten ihre helle Freude an dem Einheitsstil. Zandvoorter aller Länder vereinigt euch!

Was den beiden nicht gefallen hätte, wäre das große Spielcasino mit dem ausladenden Parkplatz voller deutscher Kennzeichen. Doch mir gehen die Augen auf. Und auch Laura scheint sich kindisch auf diese kleine Abwechslung zu freuen.

»Aber nicht mehr als 50 Euro, ich hab kein Geld dabei«, sagt sie noch und zieht mich an die Wechselkasse.

Schnell ist das Geld in Jetons umgetauscht und ich fühle mich wieder wie ein Zwölfjähriger vor der Spielhalle. Alles blinkt und glitzert, ab und zu ertönt ein Jubelschrei, Automaten werfen ihr monotones Piepsen in den Raum und die ratternde Kugel des Roulettetischs knarrt über das Holz. Fenster und Uhren gibt es keine, damit das Licht immer gleich bleibt und man die Zeit vergisst. Die Temperatur beträgt konstant 24 Grad, was meine Freundin zwar etwas zu kalt findet, aber der Rest der Menschheit durchaus als angenehm bezeichnen würde. Ganz klar ein Kalkül der Betreiber und wir sind gefangen in der Welt der glimmenden Hoffnung. Ich fühle mich auf jeden Fall pudelwohl.

Einen 10-Euro-Jeton tauschen wir wieder in 20-Cent-Stücke zurück, um an den Automaten zu spielen. Interessant, wie wenig Münzen man für 10 Euro kriegt. Lauras Augen funkeln, während sie den einarmigen Banditen füttert, und ihre Hand streichelt während der gesamten Zeit unmerklich meinen Schenkel. Dabei fällt mir gar nicht auf, dass sie in Rekordzeit den Becher geleert hat. Aber das gehört zum Spiel dazu. Wir sind immerhin schon ganze acht Minuten hier und haben Spaß.

»Gut, und jetzt auf zum Roulettetisch.«

Laura zieht mich fast in den oberen Bereich. Hier wird von Blackjack über Canasta so ziemlich alles gespielt, was man mit Karten machen kann. Dass sie nicht auch noch Mau-Mau gegen Geld anbieten, ist geradezu verwunderlich.

»Worauf wollen wir setzen?«

Laura überlegt einen Moment. »Wie wäre es mit Rot?«

Zack, ist ein 20-Euro-Jeton auf dem Tisch und die Kugel rollt, noch bevor ich meine unheimlich durchdachten Einwände artikulieren kann.

Natürlich fällt Schwarz. Unsicher balanciert sie die letzten Spielmarken in der Hand. Die Profis spielen zwei Tische gleichzeitig. Sie halten blaue oder schwarze Jetons in der Hand, welche eine dreistellige Ziffer eingraviert haben. Achtlos werfen sie die Spielmarken zum Croupier und säuseln unverständliche Kombinationen wie »Orphelins en plein« und »Tiers du cylindre«. Vielleicht sind es auch Liebesbekundungen an die weibliche Angestellte, doch sie reagiert nicht und verteilt beflissen die Marken auf dem Spielfeld.

»Noch mal Rot!«, kreischt Laura und lehnt sich halb über den Tisch.

Die Kugel rollt und tatsächlich. Als die 1 angezeigt wird, hallt ihr Schrei durch das Casino. Laura umarmt mich, dabei landen ihre Haare in meinem Mund. Der süßliche Geschmack liegt mir auf der Zunge. Komischerweise schmeckt das gar nicht schlecht. Vielleicht auch etwas für Christian Rach. Haare à la mignon.

Gut, jetzt sind wir nur noch 10 Euro im Minus. Doch sie hat Blut geleckt.

»Wir lassen stehen«, entfährt es ihr mit der Überzeugung eines Feldherrn vor einer Schlacht.

Wieder fällt Rot und Laura ist aus dem Häuschen. Ich sehe sie sonst nur so euphorisiert, wenn der neue Ikea-Katalog eintrifft oder wenn Orlando Bloom über die Leinwand flackert. Doch Laura hat eine Glückssträhne. Plötzlich fängt sie an, wie wild ihre Einsätze zu variieren. Dabei setzt sie nicht auf Nummern, sondern auf Drittel, Spalten und Farben. Und sie gewinnt! Sie gewinnt tatsächlich. Immer öfter schmeißt sie sich nun an meinen Hals. Selbst die Profizocker kommen einen Schritt näher und ihr schmieriges Grinsen ist ebenfalls verflogen. Irgendetwas in mir schreit, dass ich meine Freundin zurückhalten muss, doch sie brennt, verliert immer nur einen Bruchteil und verdoppelt bei jedem Spiel ihren Gewinn. Laura legt nach Gefühl, ihre Pupillen rasen. Ich weiß nicht, ob hinter dem hübschen Köpfchen meiner Freundin ein *Beautiful Mind*-Genie steckt, aber es funktioniert tatsächlich. Als wir 200 Euro erreichen, will ich ihr Einhalt gebieten, doch sie macht weiter. Und gewinnt und gewinnt und gewinnt.

Als sie mir schließlich 1500 Euro in Jetons in die Hände drückt, gehe ich kurz auf die Knie und überlege, ob ich ihr nicht einen Heiratsantrag machen sollte, wenn ich schon da unten bin.

»Das ist der Wahnsinn«, ist das Einzige, was ich noch sagen kann. »Damit hätten wir die Strafe auf der Autobahn jetzt schon raus.«

»Geringfügig«, scherzt sie augenzwinkernd. »Ich kann es kaum glauben.«

»Was willst du jetzt damit machen?«

Sie überlegt einen Moment, schließlich umarmt sie mich. »Wir können das Geld gut gebrauchen. Das wird der beste Urlaub aller Zeiten.« Lauras Haut brennt, dabei sind ihre Hände so kalt wie Eis. »Ich gehe auf Toilette. Du passt gut darauf auf und wenn ich zurück bin, gönnen wir uns ein gutes Essen.«

Ein Kuss auf die Wange, dann ist sie in der Menschenmenge verschwunden. Laura hat recht und zwar leider uneingeschränkt. Mein Konto ist so leer wie die Athener Staatskasse. Doch im Gegensatz zu Griechenland bin ich nicht in der EU, kann also nicht auf andere Gelder zurückgreifen. Die 1500 Euro würden uns tatsächlich guttun. Aber was wäre …

Immerhin sind 3000 Euro ein noch ruhigeres Kissen. Ich stehe vor der Versuchung, habe den Apfel bereits in der Hand. Die Schlange in Form der heißen Spielaufsicht blickt mich an. Auf einmal sind die Jetons unendlich schwer. Und ich beiße hinein. In den Apfel, nicht in die Jetons. Alles auf Rot.

Das Blut pumpt in meinen Adern, mein Verstand ist auf Autopilot, die Zeit scheint langsamer zu laufen und die Kugel rollt.

29, Rot.

Ich gewinne! Stille ballt sich in meinem Kopf zu einer Explosion zusammen. Endlich ziehe ich wieder Luft in meine Lungen, als die Jetons zu mir geschoben werden. Wenn Fortuna auch eine Schlampe ist – gerade bläst sie mir einen. Und Laura wird es gleich auch machen. Mein Gehirn schüttet die Endorphine kübelweise aus.

»Winner, winner – Chickendinner«, flüstere ich zu mir selbst. So muss es sich anfühlen, Erfolg zu haben. Gar nicht schlecht, jetzt weiß ich, warum die Sportler alle ihr drittes Comeback wagen.

Doch was wäre …

Wie von außen beobachte ich mich dabei, wie ich den Stapel auf das schwarze Spielfeld lege. Die Augen der Croupière verfolgen mich. Sie weiß, dass es ein Fehler ist. Sie hat es wahrscheinlich schon Hunderte Mal gesehen. Doch nicht heute. Ich habe das verdammte Glück an diesem Tag gepachtet. Ich bin unverwundbar und weiß es besser. Zumindest ist es das, was ich mir einzureden versuche. Ich kann nicht verlieren. Ich kann nicht …

14, Rot.

Die Profizocker lächeln mich an und widmen sich dann wieder ihrem Spiel. In diesen Sekunden springt mein Gehirn wieder an und fährt im abgesicherten Modus hoch. Alles verloren. So einfach. Kurz überlege ich, ob ich flüchten und einen fingierten Mord inszenieren soll. Wenn Laura das erfährt, bin ich sowieso tot. Dann kann ich genauso gut mein Leben mit neuer Identität in Argentinien beginnen. Doch da ist es mir zu heiß und ich spreche kein … welche Sprache sprechen die da eigentlich?

Mein Kopf schüttelt sich automatisch. Konzentrier dich, Andreas. Das ist kein Traum, aus dem du gleich mit einer Morgenlatte erwachen wirst. Das ist die Realität. Es gibt nur eine Möglichkeit. Hektisch suche ich meine EC-Karte und schon finde ich mich am Bankautomaten wieder. Laura wird gleich hier sein. Die Zeit rinnt mir durch die Finger wie Wasser, das man zu fassen versucht. Es muss schnell gehen und auch nicht schön sein – das Arbeitscredo einer Nutte. Nur leider sehe ich nicht so gut aus, dass ich meinen Körper verkaufen könnte, und selbst wenn, würde ich niemals die Summe zusammenkriegen.

Hastig hebe ich 3000 Euro ab und lege alle Scheine drauf, die ich noch bei mir trage. Mein absolutes Limit auf der Karte, meine letzte Chance. Ein Amerikaner hat vor nicht allzu langer Zeit alles verkauft, was er besaß, sein Kreditlimit bis zur Schmerzgrenze ausgereizt und mehrere Hypotheken auf sein Haus aufgenommen. Als er ins Casino ging, besaß er nur noch die Kleidung am Körper und einen Scheck über sein gesamtes Vermögen. Er setzte alles auf Schwarz. Etliche Kameras verfolgten seine Wahnsinnstat, es wurde sogar live im Internet übertragen. Er gewann und verdoppelte sein Vermögen. Danach verließ er das Casino. Die ganze Aktion dauerte keine fünf Minuten. Und wenn ein verrückter Ami das schafft, warum nicht auch ich? Schweißgebadet finde ich mich am Tisch wieder. Manchmal muss ein Mann tun, was ein Mann tun muss – wenn er nicht den Einlauf seines Lebens von seiner Freundin bekommen will.

Ich kopiere Lauras System. Ein paar Jetons auf eine Farbe, dann eine Reihe, vielleicht noch ein Dutzend. Das müsste reichen. Die Kugel rollt.

8, Schwarz.

Als die Croupière die Worte ausspricht, erkenne ich Mitleid in ihrer Stimme. Die Höchststrafe. Ich erlebe mein ganz persönliches Armageddon. Eine der wenigen Zahlen, auf die ich nicht gesetzt habe. Als hätte sich das Damoklesschwert über meinen Kopf materialisiert, fegt es die Jetons weg. Doch ich bin ganz ruhig. Kein Gefühlsausbruch, keine Regung ist meinem Körper zu entlocken. Die Endzeitstimmung im Führerbunker muss ein Scheiß dagegen gewesen sein.

Langsam wende ich mich von diesem Höllentisch ab und schlurfe zur Cafeteria. Für ein Heineken reicht mein Geld noch. Ich trinke das erste Bier mit wenigen Schlucken aus, hole mir noch eins. Dann schließe ich die Augen.

Auch mein Husarenritt hat keine fünf Minuten gedauert. Doch statt Champagner trinke ich Bier. Es schmeckt nach Versagen.

»Hey du, hast du das Geld schon umgetauscht?«

Laura strahlt immer noch und ihre Augen blitzen mich an. Unsere Blicke treffen sich und als ich nichts entgegne, wandern ihre Mundwinkel mit jeder Sekunde weiter nach unten. Sie kennt mich. Schon viel zu lange. Wie oft hat sie mir selbstzerstörerische Züge vorgeworfen? In dieser Sekunde erkenne ich, dass sie recht hat.

»Bitte sag, dass du keine Scheiße gebaut hast ...«

Ich würde ihr gern antworten, dass ich es nicht habe. Ein Bündel Geld aus der Jackentasche ziehen und mich wie ein großer Mann fühlen.

Anschließend würde ich lachen wie ein Drogenboss und Sekt für uns beide bestellen. Danach würde sie mir unter der Dusche einen blasen und mich für meinen Mut bewundern. Sie würde sagen, dass ich verrückt bin und sie noch nie einen Mann mit so dicken Eiern gehabt hat. So weit die Fantasie.

Doch ich kann nur mit dem Kopf schütteln. Laura lässt sich auf einen Stuhl sinken, ihr Blick schweift über den Tisch. Ruhig nimmt sie mein Bier und setzt es an ihre Lippen.

KAPITEL 10

GRILLEN AUF DER AUTOBAHN

NACHDEM

ich Laura alles gestanden habe, gehen wir schweigend den Weg zurück zum Hotel. Während sie im Auto wartet, atme ich einmal tief durch und versuche, den Hotelier zu überzeugen, dass er uns trotzdem hier schlafen lässt. Ich hätte genauso gut mit einer Parkbank reden können und erlebe die andere Seite von Jack Nicholson. Die aus *Shining*. Sein Haifischgrinsen zieht sich über beide Wangen, ruhig hört er sich meine Worte an, um dann einfach den Kopf zu schütteln.

»Wir müssten das Geld schon bar bekommen. Das war ausgemacht. Wirtschaftskrise und Sicherheiten … Sie verstehen sicherlich, Herr Seifeld.«

»Keine Chance?«

»Keine Chance.«

Ich verstehe, hole das Gepäck aus dem Zimmer und lade alles ins Auto ein. Das Ganze natürlich ohne Hilfe. Unser Urlaub dauerte grandiose acht Stunden und schon befinden wir uns wieder auf dem Heimweg. Das ist sogar für meine Verhältnisse ein Negativrekord.

»Hey, dann haben wir ja noch ein paar Tage, um es uns zu Hause gemütlich zu machen. Was hältst du davon? Du gönnst dir ein Bad, ich verstaue alle Sachen und wenn du zurückkommst, massiere ich dich, so lange du willst. Wenn du möchtest die ganze Nacht.«

»Dein ›so lange du willst‹ kenne ich. Es dauert meist nur eine Viertelstunde.«

Autsch. Das hat gesessen. Danach schweigt sie. Eine atmende Salzsäule, die starr aus dem Fenster blickt.

»Und? Gibt es da draußen etwas Interessantes?«

Meine Witze waren auch schon einmal besser. Ich versuche es mit gut zureden, scherzen, betteln, Entschuldigungen. Doch ihre Lippen sind versiegelt. Kurz hinter Nimwegen bricht sie ihr Schweigen und ihre Worte treffen mich wie ein Doppel-T-Träger.

»Möchtest du die Beziehung noch?«

Meine Finger klammern sich um das Lenkrad. »Ja, eigentlich schon.«

Lauras Stimme klingt fest, sie hatte viel Zeit zum Nachdenken. »Dann bist du der Einzige hier. Ich kann mit niemandem zusammen sein, der sich ständig selbst zerstört.« Ihre Worte beginnen zu flattern, jede Silbe scheint wie dünnes Eis. Dünn und zerbrechlich. »Gib mir ein Zeichen, dass das alles hier noch einen Sinn hat und die letzten fünf Jahre nicht in Trümmern liegen.«

Mein Hirn arbeitet auf Hochtouren. Ich weiß, dass die nächsten Sätze jetzt über unsere gemeinsame Zukunft entscheiden werden. Die Situation scheint ausweglos. Wären wir jetzt bei *Star Trek*, würde ich alle Energie aus den Hilfsreaktoren holen, den Warpkern abwerfen oder mir sonst eine pfiffige Idee einfallen lassen. Doch mir scheint mein Bordingenieur abhanden gekommen zu sein. Wo ist der verdammte Scotty, wenn man ihn mal braucht?

»Andreas!«

Der Schrei meiner Freundin durchschneidet meinen Verstand. Gerade noch sehe ich den weißen Volvo, der immer näher kommt. Es scheint, als hätte er auf der Autobahn geparkt, so schnell schieße ich auf ihn zu. Brücke an Maschinenraum, volle Kraft zurück! Leider ist Scotty immer noch Kaffee holen und ich bin auf mich allein gestellt.

Die nächsten Lidschläge erlebe ich wie in einem schlechten Traum. Meinen schönen Rover durchzuckt erst ein Blitz, dann Donner. Und zwar von der Sorte, die verdammt wehtut. Mein Körper wird durchgeschüttelt und befindet sich für den Bruchteil einer Sekunde in der Luft. Dann werde ich nach vorne gepresst und das Nächste, an das ich mich erinnere, ist die abgestandene, von weißem Puder durchzogene Luft des Airbags. Mein Herz rast, als ich meinen Blick zu Laura wende.

»Geht es dir gut?«

Mit leerem Blick nickt sie mir zu. »Du blutest.«

Tatsächlich spüre ich, wie sich die Wärme langsam einen Weg vom Hinterkopf meinen Rücken herunter sucht. Ich fasse mir an den Nacken und als ich meine Hand vorm Gesicht drehe, ist sie rot.

»Wir müssen gucken, dass wir hier rauskommen.«

Die Autobahn ist leer, als wir aussteigen. Es ist ein Wunder, dass ein älterer Herr aus dem Volvo steigt. Ich kann mich auch täuschen, aber dieses Modell hatte ich viel größer in Erinnerung. Genau wie meinen Rover übrigens. Zumindest steht nichts davon im Handbuch, dass der Kühlerblock bequem vom Fahrersitz aus inspiziert werden kann. Geistesgegenwärtig ergreife ich die Hand von Laura, dann die des Mannes und ziehe sie über die Leitplanke. Der Holländer ist wohlauf, scheint aber unter Schock zu stehen. Gerade als ich mich umdrehen will, kreischen die Reifen anderer Fahrzeuge über den Asphalt. Erst ist es ein Kia, der meinen Rover trifft, dann folgen weitere Autos. Eine nicht mehr aufzuhaltende Kettenreaktion folgt, bei der ich Auslöser und stiller Beobachter zugleich bin. Mit offenen Augen verfolge ich die Szenerie. Würde Gevatter Tod jetzt hinter mir auftauchen und mir anbieten, den Tag rückgängig zu machen im Austausch für meine Seele, wäre ich äußerst geneigt, sein Angebot anzunehmen und meinen Erstgeborenen noch gratis draufzulegen. Erst, als alle

Insassen ohne Verletzungen aus ihren Fahrzeugen aussteigen und die Massenkarambolage endlich ihr Ende findet, bin ich nicht mehr in Versuchung, meinen Kopf auf die Leitplanke zu schlagen. In Trance gehe ich zu jedem Einzelnen, ziehe sie alle auf die Wiese und sichere dann die Unfallstelle. Zumindest etwas ist aus der Fahrschule hängen geblieben. Als Nächstes höre ich unzählige Stimmen, die in ihr Handy reden, und beschließe, einfach abzuwarten.

Als die ersten Polizei- und Krankenwagen eintreffen, lege ich meinen Arm um Laura.

»Geht es dir gut?«, will ich noch einmal wissen.

Sie wendet sich von mir ab. »Andreas, ich habe kein Meer gesehen.«

Anscheinend steht sie auch unter Schock. Sie muss halluzinieren, brabbelt sinnloses Zeug.

»Wir waren nur ein paar Meter entfernt und haben trotzdem nicht das Meer gesehen.«

Jetzt erst verstehe ich ihren Gedankengang. Ich wünschte, sie würde halluzinieren. Doch ihr Verstand ist messerscharf.

»Es tut mir leid.«

Sie nickt, blickt mir direkt in die Augen. Was sie als Nächstes sagen wird, weiß ich bereits, bevor sie die Lippen öffnet.

»Es ist vorbei.«

Die holländische Abendluft pfeift mir um die Ohren und ich beobachte, wie der Tag am Horizont seine ewige Schlacht mit der Nacht verliert und sich langsam herabsenkt.

»Ich weiß.«

Mit verschränkten Armen geht sie zum nächsten Krankenwagen. Ich bleibe stehen. Mir fehlt die Eile, mich behandeln zu lassen. Warum auch? Wenn ich Glück habe, dann sterbe ich noch jetzt und hier an einer Gehirnblutung. Zumindest ist mir gerade so zumute. Automatisch vergrabe ich meine Hände in den Hosentaschen und blicke ihr nach. Schon setzt sie sich auf die Bahre, die Tür des Wagens schließt sich und unter dem Trommelfeuer aus blauem Licht fährt sie schließlich davon. So endet meine Beziehung. Fünf Jahre im Schnelldurchlauf.

»Brauchen Sie medizinische Unterstützung?«

Nur schwerlich kann ich mich losreißen. Die beiden haben mir gerade noch gefehlt. Dick und Sunny mustern mich mit grimmigem Blick. Kopfschüttelnd fummle ich aus der Hosentasche meine Zigaretten und versuche, mir eine anzustecken.

»Sie stehen in Benzin«, sagt Sunny trocken.

Erst jetzt dringt mir der beißende Geruch in die Nase und meine Augen ziehen zu Boden. Tatsächlich läuft gerade Treibstoff an den Sohlen meiner Schuhe vorbei. Treibstoff, der eigentlich in meinen Tank gehören sollte und für den ich teures Geld bezahlt habe. Ich hab keine Ahnung, ob ich mich gerade wirklich zur menschlichen Fackel gemacht hätte, aber den beiden jetzt eventuell noch mein Leben zu verdanken setzt dem Ganzen die Krone auf. Wenige Sekunden später scheinen sie sich zu erinnern.

»Ah, der Deutsche mit den schlechten Witzen«, sagt der Sunnyboy, nimmt seine Mütze ab und streicht sich über die Haare, als würde er gleich ins Wasser springen und ein junges Mädchen retten wollen. Doch das Meer ist weit entfernt und Laura hat es nicht gesehen. Ich verdammter Idiot. Manchmal geht es Frauen nur um Kleinigkeiten. Um Gesten. Das Leben ist halt kein Pornofilm, auch, wenn ich mir das in diesem Moment wünsche. Dann würden mich nicht Dick und Sunny anstarren, sondern zwei geile Polizistinnen, die mich gleich auf dem Revier mal ordentlich filzen. Doch die Realität sieht so aus, dass meine Freundin … Exfreundin weg ist und ich mit dem holländischen Polizisten vorliebnehmen muss, der vor nicht allzu langer Zeit noch unverhohlen Laura auf die Brüste geglotzt hat.

»Du kommst zu spät, meine Ex ist gerade gefahren.«

»Wie bitte?«

»Ach, nicht so wichtig. Danke, ich bin nur ein Beobachter, mir geht es gut.«

»Das beurteilen wir«, grollt Dick und hält mir ein Alkohol-messgerät unter die Nase. Ich puste ohne wirkliches Interesse und blicke immer noch auf die Menschen, die von den Sanitätern behandelt werden.

»0,7 Promille. Nicht schlecht. War wohl ein toller Urlaub.«

Mist! Die beiden Bier hatte ich völlig vergessen. Kurz überlege ich, was Beamtenbeleidigung und Körperverletzung wohl in Holland kosten dürften, entscheide mich aber schließlich dagegen, meinen Wunsch in die Tat umzusetzen. Vor allem, weil Sunny in diesem Moment meine Platzwunde am Kopf entdeckt und sofort zwei Sanitäter herbeiruft.

»Wir kommen gleich mit für den Drogentest«, sagt Dick noch, während ich bereits zum Krankenwagen begleitet werde. Nur noch mit einem halben Ohr höre ich die Worte der Uniformierten.

»Was ist ein Deutscher in Holland? Eine Katastrophe.«

Sunny lacht sich halb schlapp und sein schallendes Gelächter dringt über die gesamte Autobahn. Ich drehe mich kurz um und lasse meinen Blick schweifen, während die Sanitäter auf mich einreden.

Meine kompletten Rücklagen aufgebraucht? Check.

Das Kreditlimit meiner Karte vollends überzogen? Check.

Die Beziehung mit Laura zerstört? Check.

Menschen in Lebensgefahr gebracht? Check.

Eine holländische Autobahn gesperrt, sodass man auf dem Mittelstreifen in Ruhe grillen könnte? Check.

Nicht schlecht für einen Montag. Vielleicht nehme ich mir morgen mal vor, die ganze Welt ins Chaos zu stürzen. Scheint ja momentan ganz gut zu klappen.

KAPITEL 11

NEURALGISCHE PUNKTE

NEIN,

ich habe es nicht geschafft, die Weltherrschaft an mich zu reißen oder sonstige Dinge, die ich mir für Dienstag vorgenommen hatte. Vielmehr habe ich den Tag in einem holländischen Krankenhaus verbracht und mich erst am Mittwoch von Hakan abholen lassen. Natürlich nachmittags – nach der Arbeit. Jetzt bin ich wirklich krankgeschrieben.

Zumindest ist er ehrlich und bescheinigt mir immer wieder, wie blöd ich bin. Und das konsequent. Die Sache mit Laura tut ihm natürlich unendlich leid, er hat auch keine Ahnung, warum sie seit zwei Tagen nicht an ihr Handy gegangen ist, und wenn ich seine Hilfe bräuchte, er wäre immer für mich da, und so weiter und so fort. Doch gerade hasse ich mich leider selbst und kann auch keinen anderen Menschen gernhaben. Selbst, wenn sie es versuchen.

Als wir an der Stelle vorbeikommen, an der ich vorgestern für eine Vollsperrung gesorgt habe, verengen sich meine Augen zu Schlitzen. Nichts deutet mehr auf meine Tat hin. Spuren auf dem Asphalt scheinen ein kurzes Gedächtnis zu haben.

Ich bin froh, als ich zu Hause bin und die Tür ins Schloss fällt. Ich versinke nicht nur in Selbstmitleid; wenn es einen Ozean aus Schuldgefühlen gäbe, würde ich auch darin ein ausgiebiges Bad nehmen und nie mehr auftauchen. Als ich mich umdrehe, bestätigt der Anblick meiner Wohnung meine Meinung. Meine Wohnung ist leer. Leider nicht »einbruchs«-leer, sondern »deine-Freundin-hat-dich-verlassen«-leer. Unser

Bett ist noch da, ein Tisch, meine Kleidung, der Rechner und der Fernseher. Verdammt, wie hat sie alles in den zwei Tagen herausgeschafft? Hat Laura Superkräfte, von denen ich nichts weiß? War ich jahrelang mit Megagirl zusammen und habe nichts davon mitbekommen? Hat sie in der Dunkelheit Verbrecher gejagt? Das würde zumindest erklären, warum sie nachts so oft aufgestanden ist. Nicht einmal das Feuer der Hölle brennt so heiß wie die Wut einer hassenden Frau.

Es ist unendlich kalt und das leider auf vielen verschiedenen Ebenen. Jegliche Dekoration wurde abgenommen, der Nippes ist verschwunden, genau wie die Yuccapalmen und alle Wandbilder. Kurzum: Alles, was Laura gehörte, ist weg. Jetzt erst fällt mir auf, dass wir tatsächlich Fensterbänke haben. Ich hatte sie immer für Halterungen für Pflanzen gehalten. Kurz überlege ich, ob ich nicht wieder nach Zandvoort fahre. Zumindest würde ich das Meer sehen, während ich langsam den Strand entlangschreite und das Wasser meine Hosen durchnässt. Ich würde einfach weitergehen und irgendwann entweder in England landen oder tot sein. In beiden Fällen hätte die *Bild* ein paar Tage später eine gute Schlagzeile. Allerdings weiß ich nicht, welcher Titel eine größere mediale Aufmerksamkeit nach sich ziehen würde.

Die aus dem Autowrack geretteten Koffer stelle ich vor eine leere Wand und lasse mich erst einmal auf die Couch sinken. Bestandsaufnahme: Das Konto ist leer, die Freundin ist weg, der Job ist unsicher. Das war letzte Woche noch anders. Aber was genau ist hier gründlich falsch gelaufen?

Als es an der Tür klingelt, nehme ich mir vor, diesen Gedanken auf meiner To-do-Liste mit Textmarker zu unterstreichen. Jetzt noch einen Paketboten, der nicht in die fünfte Etage steigen möchte, kann ich echt nicht gebrauchen. Innerlich lege ich mir schon Sprüche zurecht, wie ich den guten Mann in den Wahnsinn treiben kann, während ich die Tür öffne.

»Hallo Andreas.«

Die Stimme gehört zu Mark, einem von Lauras Brüdern. Als er oben ankommt, sieht er sauer aus. Ziemlich sauer. Ich habe ihn schon ewig nicht mehr gesehen, doch wenn alle drei Brüder inzwischen Bizeps haben, die größer als der Kopf mancher Menschen sind, erklärt sich nebenbei auch, warum meine Wohnung so leer ist.

»Hey Mark. Wie geht es ihr?«

Er zuckt mit den Schultern, verschränkt die Arme und lehnt sich gegen den Rahmen. Dabei spielt er mit seinen Muskeln. Was gibt es bei denen eigentlich zum Frühstück? Anabolika mit lecker Steroiden, gewürzt mit einem Hauch Tigerpenis? Dass sein Shirt nicht reißt, ist eigentlich ein Wunder.

»Ihr geht es ganz gut«, murmelt er und sein Blick verbrennt mich fast. »Gott sei Dank. Das ist auch der einzige Grund, warum wir beide uns hier in Ruhe unterhalten können und ich mit deinem Kopf nicht die Bordsteine frisch streiche.«

Was für eine sympathische Gesprächseröffnung!

»Nachricht ist angekommen. Was hättest du denn sonst gemacht? Mich hier und jetzt getötet?«

»Auf keinen Fall. Aber Menschen haben Unfälle, wie du weißt. Nicht jetzt, nicht hier, aber irgendwann, im nächsten Frühling, wenn keiner mehr daran denkt und der Schnee geschmolzen ist ...«

»Ist das eine Drohung?«

Er lächelt und winkt ab. »Das ist doch keine Drohung. Der Schnee schmilzt immer.«

Verdammte Hacke, ich konnte ihn noch nie leiden. Dieser aufgeblasene Arsch fand schon immer, dass ich zu schlecht für seine große Schwester war.

Ich seufze genervt auf, hole demonstrativ mein Handy hervor und spiele eine Partie *Snake*. Soll er mich doch durch die Wand schlagen, einen Tritt in die Eier gebe ich ihm dann noch mit. Ist zwar nicht schön, da würde er aber mehrere Tage etwas von haben.

»Mark, was willst du?«, frage ich so beiläufig wie möglich.

»Dir den Schlüssel zurückgeben. Liegt unten im Briefkasten. Ich wollte dir nur sagen, dass es Laura wieder gut geht und sie alles hat. Außerdem möchte sie dich in nächster Zeit nicht mehr wiedersehen. Wenn etwas Zeit vergangen ist, wird sie dich anrufen. Die Wohnung läuft auf deinen Namen, also gibt es keine Probleme mit dem Mietvertrag. Post müsste auch nicht mehr kommen.«

Auf einmal werde ich stutzig.

»Und das Ganze innerhalb von zwei Tagen?«

»Sei nicht albern, Andreas. Laura hat bereits vor drei Wochen damit begonnen, ihren Auszug vorzubereiten.« Er kommt einen Schritt auf mich zu und klopft mir auf die Schulter. »Sorry.« Dann ist er verschwunden.

Eigentlich hätte ich jetzt wütend sein sollen und irgendwelche Fenster einschlagen müssen. Doch ich kann nicht sauer sein. Warum auch. Der Unfall war nur der Tropfen, der das Fass zum Überlaufen brachte. Als Beweis, dass die letzte Chance, in Form eines gemeinsamen Urlaubs, fehlgeschlagen ist. Hätte sie die Adressänderungen rückgängig gemacht, wenn unser Honeymoon ein Erfolg gewesen wäre?

Ich schließe die Tür und lasse mich wieder auf die Couch fallen. Sehr müßig, darüber nachzudenken. Reisende soll man nicht aufhalten. Oder doch?

*

Die Dunkelheit hat bereits Einzug in meine Wohnung gehalten, als mein Magen mich daran erinnert, dass ich noch ein Mensch bin. Auch wenn es sich in diesem Moment nicht so anfühlt. Es ist komisch, diesen Gedanken zu formulieren.

Meine Wohnung. Nur meine. Plötzlich ist das Wort »unsere« in meinem Sprachschatz ganz weit nach hinten gerückt. Blöd nur, dass ich die Wohnung mit dem mickrigen Leiharbeitergehalt nur schwerlich allein unterhalten kann. Andererseits – es fallen nun bestimmt Heizkosten im dreistelligen Bereich weg. Ich sollte rausgehen, feiern, die Sau rauslassen und meine Freiheit genießen. Gab es nicht schon immer Mädels, mit denen ich gern hätte schlafen wollen und wo es nie geklappt hat? Natürlich, jeder Typ in einer Beziehung kennt dieses Phänomen. Wenn man eine Freundin hat, dann sehen einen die anderen Mädels nicht als Bedrohung und schon flattern einem die Angebote ins Haus. Wenn man allerdings wieder Single ist, war alles Schall und Rauch. Es ist Zeit, gegen diesen Trend anzukämpfen. Also, mit wem wollte ich schon immer ins Bett? Wer steht auf meiner 15-Minuten-extra-unter-der-Dusche-Liste ganz weit oben?

Klar – Mila Kunis oder Angelina Jolie. Am besten zusammen. Aber die wohnen in Hollywood. Das wäre ein langer Flug und, wenn ich es mir recht überlege, ziemlich unrealistisch. Allein an die Türklingel zu kommen, sollte ein Ding der Unmöglichkeit sein. Und selbst wenn, was erzählt man sich so mit einem Hollywoodstar?

»Hey Angelina, ist Brad zu Hause? Nein? Er dreht gerade in Europa und das halbe Dutzend Kinder ist auch bei ihren Nannys? Wie praktisch. Ich bin Andy aus Düsseldorf und gerade wieder Single. Ob ich Zeit für ein Glas Wein hätte? Eigentlich nicht, aber für dich immer, Baby.«

Klar. Und danach befriede ich den Nahen Osten und mache alle Menschen glücklich. Vielleicht sollte ich mich den Mädels widmen, die zwar genauso unrealistisch sind, aber zumindest in annehmbarer geografischer Entfernung. Also Miriam. Aber sie jetzt anzurufen, wäre, als würde man nach sechs Jahren Koma einen Marathon laufen. Ich muss mit einer Kurzstrecke beginnen. Etwas, das schnell zum Erfolg führt. So etwas bringt Selbstbewusstsein! Dafür sollte ich mich erst einmal rasieren, in Schale werfen, Gel in die Haare und dann raus in eine Cocktailbar. Den Marktwert testen, das Leben genießen. Eine großartige Idee. Leider schaffe ich es gerade einmal bis zum Kühlschrank, dann hat mich die Realität wieder eingeholt und schlägt mit all ihrer Lethargie zu. Der Inhalt des Kühlgerätes spiegelt den generellen Zustand meines Befindens wider. Er ist leer. Gähnend leer. Also wieder auf die Couch. Vielleicht sollte ich mir ein neues Hobby zulegen? Bungeejumping oder so. Mit etwas Glück reißt das Seil. Wieder klingelt es an der Tür und ich schaffe es gerade so, mich aufzuraffen. Sollten Lauras Brüder etwa zurückgekehrt sein?

Als ich den Türöffner betätige, höre ich Bolles Schnauben bereits auf dem Flur.

»Mensch, Andy«, keucht er atemlos. »Du siehst ja schrecklich aus.«

Wenn man das von einem Menschen zu hören bekommt, der geschätzte 25 Kilo Übergewicht hat und nur in Jogginghose rumläuft, muss es schlimm sein. Scheppernd lässt er den Bierkasten, die Einkaufstüte und die Familienpizza auf den Boden fallen und stützt sich am Geländer ab. Wahrscheinlich ist er gerade selbst stolz auf sich, dass er das alles hier hochgeschafft hat. Er fährt sich durch den Vollbart und die längeren, dunklen Haare und zeigt auf mich, als würde er etwas sagen wollen, aber es gerade noch nicht schaffen.

»Hab alles von Hakan gehört. Tut mir echt leid«, seufzt er. »Vielleicht willst du dich besaufen? Oder vollfressen. Ich wäre für beides zu haben.«

Herrlich. Wenn man die Welt schon aus den Fugen reißt, hat man wenigstens Freunde, die einem dabei helfen.

»Du kommst wie gerufen«, antworte ich und helfe Bolle, alles in die Wohnung zu schleppen.

»War lange nicht mehr hier«, stellt Bolle fest und lässt sich direkt auf die Couch fallen. »Hast du umgeräumt?«

»Laura hat umgeräumt. Mit Hilfe ihrer Brüder.«

Bolle legt seine abgetragenen Sportschuhe auf den Tisch und reißt das erste Stück Pizza aus dem Karton. »Ah, verstehe. Na dann.«

Eigentlich sollte ich in diesem Moment etwas zu den Füßen auf dem Tisch sagen, aber warum eigentlich? Hier ist niemand mehr, der sich über die Zustände beschweren könnte. Außerdem kann selbst so ein Misanthrop wie ich in diesem Moment nicht sauer sein.

Bolle blickt mich an, als würde er etwas erwarten. Leider habe ich gerade keine Lust, über meine Gefühle zu reden, und Männer machen das sowieso nicht, wenigstens nicht ohne die Hilfe von mindestens einem halben Kasten Bier. Als Bolle die Karten für das Fußballspiel entdeckt, ist die erste Stunde bereits mit Gesprächen gefüllt. Wir reden über die Fortuna, den baldigen Aufstieg in die Eliteliga und Frauen im Allgemeinen. Nach dem vierten Bier ist es bei mir so weit.

»Sag mal, Bolle. Findest du, dass ich mich selbst sabotiere?«

Er guckt beschämt zu Boden und fummelt aus seiner Einkaufstüte eine Packung Erdnüsse. Das Gespräch kann nicht fortgesetzt werden, bevor er nicht welche im Mund hat und wie ein Raptor zerkaut.

»Keine Ahnung«, sagt er schließlich nachdenklich. »Vielleicht ja, vielleicht bist du aber auch einfach nur faul. Es gibt halt neuralgische Punkte, bei denen du immer wieder versagst. Ein immer wiederkehrendes Phänomen, das du in Perfektion beherrschst. Man könnte von einem Muster sprechen.«

Wow. Das hat gesessen. Egal was man von Bolle denkt, er hat seine eigene Firma und betreut von zu Hause aus als Sicherheitsexperte IT-Systeme. Ein messerscharfer Analytiker war er schon immer. Nur leider hat man Probleme, ihm zu folgen, wenn er anfängt zu reden. Und er redet gern.

»Was meinst du damit?«

Noch eine Handvoll Erdnüsse folgt, dazu öffnet er zwei weitere Biere und gibt mir eine Flasche. »Als du damals dein Informatikstudium geschmissen hast, wolltest du nur ein Semester aussetzen. Klar, du musstest Geld verdienen und wolltest mit Laura zusammenziehen. Aber genau an diesem Punkt hättest du weitermachen müssen.«

Ich schnaufe auf, lehne mich zurück. Warum habe ich diese Frage eigentlich gestellt? Befinden sich noch irgendwelche Stahlteile meines Rovers in meinem Kopf? Hach, mein armes Auto, es ist nun allein und ängstlich auf irgendeinem holländischen Schrottplatz. Nur zu gern hätte ich es mit ins Bett genommen und gekuschelt.

Bolle schnippt mit den Fingern. »Hey, bist du noch bei mir?«

»Ja, klar.«

»Genau das meine ich aber. Wenn es wichtig wird, versagst du. Alter, wir sind beinahe dreißig. Da ist es auch mal an der Zeit, die richtigen Entscheidungen zu treffen. Dieselbe Situation im Callcenter. Seit sechs Jahren höre ich mir von Hakan und dir an, wie scheiße es doch im Callcenter ist und dass sie immer wieder überlegen, die Aufträge ins Ausland zu verlegen. Und ihr bewerbt euch nicht, weil es ja so schön einfach ist. Dabei habt ihr beide echt viel drauf und genauso ist es bei den Frauen.«

Das Gespräch scheint ein wenig abzurutschen. Ich habe keine Ahnung, warum auf einmal eine, gelinde gesagt, latent aggressive Stimmung aufgekommen ist, doch auch mein Ton wird nun schärfer.

»Was erzählst du mir von den Frauen? Wie lange ist es denn her, dass du 'ne Freundin hattest?«

Er nickt, als wüsste er, dass der Spruch kommen würde, und schluckt seinen Ärger herunter.

»Du hättest Laura schon längst einen Ring anstecken können.«

Wie recht er hat, weiß ich erst jetzt. »Ich habe das Gefühl, dass sie immer nach dem perfekten Freund gesucht hat.«

»Ach, der perfekte Freund«, sagt Bolle kauend und spült nach. »Mädels suchen alle nach dem ›ganz normalen Typen‹, aber gleichzeitig sollte er cool und stark sein, sie beschützen können und wenn du den Singlebörsen glauben möchtest, so süß sein wie ein Kätzchen. Aber es darf noch keine Maus getötet haben. Hollywood ist weit entfernt, doch in den Köpfen von Frauen omnipräsent. Leider ist der Mann von heute weder unsterblich, noch fährt er Volvo oder schreibt Arien. Auch Piratenschiffe hat man schon länger nicht mehr in der Karibik gesehen. Frauen wollen Freiheit und gleichzeitig Sicherheit. Ein komplexes Paradoxon.«

»Tolle Rede, Herr Doktor Freud.«

Jetzt ist Bolle in seinem Element. »Du weißt, was ich meine. Jeder Mensch hat eine Idealvorstellung und man sollte den Partner wählen, der am wenigsten davon abweicht.«

Keine Ahnung, warum ich seine Worte gerade so schneidend finde wie das Messer eines Samurais. »Das klingt schrecklich. Wann hast du aufgehört, von deinem Dreamgirl zu träumen?«

»Habe ich nicht, wenn du jemals ein hübsches *World of Warcraft* spielendes Mädchen findest, das mit einem Typen zusammen sein will, der ein paar Kilos zu viel hat, sag mir Bescheid.«

»Die gibt es«, werfe ich ein. »Habe ich im Internet gesehen.«

»Klar, im Internet dauert es auch gerade einmal zwei Minuten, bis sie zum Sex kommen. Das passiert mit den Mädels in der Realität nicht.«

Er hat recht. Pornos suggerieren eine Illusion, die einfach für Normalsterbliche nicht haltbar ist. Es sei denn, man hieße David Hasselhoff und lebte in den Achtzigern.

»Wenn sie auch dieses Onlinegame spielt, könnt ihr ja sogar in der anderen Welt Sex haben.«

Er zuckt mit den Schultern. »Hatte ich schon, wäre nur mal schön, wenn ich mir sicher sein könnte, dass es eine echte Frau ist.«

Endlich ist die Spannung gelöst.

»Übrigens, weißt du noch, wer mich vor Jahren mit dem Spiel angefixt hat? Ich wollte dir deine ganzen alten Sachen mal mitbringen.«

In einer Bewegung leert er die Einkaufstüte auf dem Tisch. Neben unzähligen Coupons findet sich mein altes Toten-Hosen-Album, sowie die erste Ausgabe von *World of Warcraft* wieder.

»Du spielst das immer noch?«

»Klar, ich hab doch erst fünf Figuren auf Level 85, da geht noch etwas. Außerdem sind die weiblichen Rassen echt geil. So eine sexy Untote, nur mit einem Lendenschurz bekleidet – das hat was.«

Das Thema ist mir dann doch ein wenig zu viel.

»Noch ein Bier?«

*

Gegen Mitternacht ist Bolle wieder verschwunden und meine Wohnung riecht wie eine Pizzakneipe. Also mit anderen Worten – sehr lecker. Da ich die letzten zwei Tage mehr im Bett verbracht habe als auf den Beinen, zieht mich nichts in die Federn. Vielmehr hallt unser Gespräch in meinem Kopf wider, sodass ich beinahe automatisch an den Rechner gehe und im Internet surfe. Eigentlich war ich nie der Disney-Typ und auch, wenn die Vorstellung meistens Frauen vorbehalten ist, so würde es mich doch schmerzen, wenn ich wüsste, dass es keine Seelenverwandte oder so etwas in der Art für mich gäbe. Sollte alles Zufall sein und sollten die Scheidungsraten am Ende doch recht behalten? Kein: Und sie lebten glücklich bis ans Ende ihrer Tage? Immerhin wird jede dritte Ehe in Deutschland wieder geschieden. Bei Heirat hat man also eine Quote von 2:3. Das ist mehr als im Casino.

Kurzerhand gehe ich auf eine der vielbeworbenen Singleseiten. Wäre doch gelacht, wenn es für meinen abgebrannten Topf keinen glänzenden Deckel gäbe. Wobei ich lieber der Deckel sein möchte. Doch schon die Fotoauswahl stellt mich vor riesige Probleme. Keins scheint gut genug. Immer habe ich ein Bier in der Hand oder meine Freundin im Arm. Die meisten sind nicht einmal ansatzweise so, dass ich sie dem Urteil der virtuellen Welt preisgeben möchte. Was hilft? Genau. Photoshop.

Gegen ein Uhr bin ich mit meinem eigenen Antlitz einigermaßen zufrieden. Kurz überlege ich, ob ich mir noch einen Waschbrettbauch hinzufügen soll oder mich neben Johnny Depp auf der Black Pearl aufstelle, entscheide mich dann aber dagegen. Das wäre zu viel des Guten. Und ich glaube nicht, dass die Mädels mir abkaufen, dass ich mir jedes Wochenende mit der amerikanischen Schauspielelite die Birne wegsaufe und Poker spiele.

Als Nächstes folgt das Motto. Hier wird es schwierig. Wieso muss jeder Mensch ein Motto haben? Es wird schon seine Gründe haben, warum in den allermeisten Fällen dort so etwas Kreatives wie »Nutze den Tag« steht.

Wie beeindruckend und geistreich! Das ist so, als ob man früher in der Grundschule in das x-te Poesiealbum »In allen vier Ecken soll Liebe drinstecken« schrieb. Den Spruch vom Kleinen Prinzen lasse ich da mal ganz außen vor. Ich beschließe, das zu meinem Credo zu machen, und tippe: »Muss denn jeder ein Motto haben?«

Ich bin mir zwar sicher, dass ich schon der Tausendste bin, der so einen überaus mutigen und frechen Spruch schreibt, aber damit kann ich leben. Dazu noch ein Smiley und gut ist. Die übrigen Angaben fülle ich mit Witz, Charme und Ironie aus. Oder zumindest mit dem, was ich dafür halte, und schließe das Profil. Um diese Zeit ist sowieso niemand online, mit dem man in Kontakt treten möchte, falls man nicht auf eine satanische Messe oder eine ordentliche Enthauptung steht.

Mal überlegen. Was als Nächstes? Immerhin ist die Nacht noch jung und ich bin so frei wie ein Vogel. Nur ärmer, weil die Vögel für ihr Essen nicht bezahlen müssen.

Als würde er mich herausfordern, blitzt mich der Ork von der Verpackung des Computerspiels an. Mal gucken, ob das die Kreditkarte noch packt. Tatsächlich, die paar Euro gibt das Limit wirklich noch her.

Nachdem ich zwei Stunden damit verbracht habe, die neuesten Packs herunterzuladen, kann ich mir endlich einen Charakter erstellen. Vielleicht einen Blutelfen und zwar weiblich. So würde ich wenigstens einen Hauch von Aufmerksamkeit bekommen. Wie viele von den ganzen Nerds sich wohl schon weibliche Figuren geschaffen haben, damit sie mal erleben, wie es ist, wenn ihnen nachgepfiffen wird? Nur zu gern reihe ich mich in diese Schlange ein. Ich hatte schon immer eine Tendenz zur dunklen Seite der Macht, also muss es böse sein. Darth Vader ist definitiv cooler als Yoda. Als Magierin sieht mein Charakter echt sexy aus. Dann wollen wir mal loslegen. Vielleicht spiele ich sie zehn Levels höher und lege das Spiel dann wieder zur Seite. Nur ein wenig Ablenkung von einem beschissenen Tag …

KAPITEL 12

DIE HERRIN VOM MONSTERTEICH

ICH

bin gut. Ich bin verdammt gut! Niemand kann mich aufhalten. Die Sonne wirft ihre Strahlen über einen glänzenden See. Ein leichter Wind weht mir durch das lange Haar, während ich den Pfad entlangschreite. Vom Wäldchen, das sich an den Fuß des Berges schmiegt, ertönt ein kaum merkliches Rauschen. Jede Böe spielt mit den Blättern, streichelt die Äste, als würde sie sie liebkosen wollen. Das volle Gras unter meinen Schuhen ist weich und lädt zum Verweilen ein. Eine traumhafte Szenerie breitet sich vor meinen Augen aus. Doch plötzlich erregt etwas meine Aufmerksamkeit. Da ist dieses Monster. Aus blauen Augen blitzt er mich an. Der Obermurloc. Breitbeinig steht er auf einer Kuppe und verhöhnt mich mit seiner Anwesenheit. Diese fischähnliche Kreatur ist es nicht würdig, in diesem Teich ihre Eier zu legen. Außerdem terrorisiert er die Dorfbewohner. Würde er in Deutschland seine Zelte aufschlagen, bin ich mir sicher, dass es für das Wesen im Bundestag einen Murlocbeauftragten gäbe. Schon zweimal bin ich gescheitert, ein drittes Mal wird mir das nicht passieren.

Ja, weiß er denn nicht, mit wem er es zu tun hat?

Ich bin Buga, die mächtige Magierin! Herrin über den Monsterteich! Zack, der kriegt direkt mal zwei Feuerbälle vor die Stirn geknallt und dazu noch einen Eiszauber, damit er sich nicht bewegen kann. Da siehst du, was passiert, wenn man sich mit mir anlegt. Wir kämpfen minutenlang auf Leben und Tod. So viele von seiner Rasse habe ich bereits niedergestreckt und ich würde es wieder tun, bis dieser Obermurloc seinen letzten Atemzug nimmt. Doch er ist stark. Sehr stark.

Ich muss all meine Magie aufwenden und mehrere Tränke nehmen, bevor diese schleimige Kreatur zu meinen Füßen liegt. Doch schließlich habe ich gesiegt.

Ein weiterer Triumph für die Herrin dieses Landes!

Mein Handy reißt mich aus meinem größten Sieg. Unverschämtheit! Wer ruft denn mitten in der Dunkelheit an. Nicht einmal die Nachtruhe ist den Menschen mehr heilig.

»Der Bezwinger des Monsters am Apparat, Ihr habt jetzt Audienz«, belle ich in den Lautsprecher und sammle gleichzeitig meine Beute ein.

»Alter, bist du das?«

Hakans Stimme klingt irgendwie besorgt. Kann ich gar nicht verstehen. Immerhin habe ich doch ganz allein einen riesigen Murloc besiegt.

»Absolut! Was kann ich für dich tun, Hakan der Weise?«

Einige Sekunden ist Ruhe. Ist wohl in Ehrfurcht erstarrt, der Gute.

»Ich weiß nicht, auf welchem Trip du bist, aber da solltest du mal ganz schnell runterkommen. Wir haben Probleme.«

»Wieso? Greifen die Zwerge wieder unsere schöne Blutelfensiedlungen an?«

Wieder höre ich nichts am anderen Ende der Leitung. Diesmal etwas länger.

»Sag nicht, dass du wieder dieses Onlinespiel zockst? Andreas, wie lange spielst du schon?«

Gute Frage, mal überlegen. »Keine Ahnung. Nicht so lange. Und wieso rufst du eigentlich mitten in der Nacht an?«

»Mitten in der Nacht? Willst du mich verarschen? Wir haben 14 Uhr am Freitag und es ist taghell!«

Seine Worte brauchen ein paar Sekunden länger, bis sie meinen Verstand erreichen. Irgendwie macht sein Einwand Sinn.

Sonst würde im Spiel nicht die Sonne scheinen. Aber wenn ich nicht in ein Raum-Zeit-Kontinuum geraten bin, dann muss ich mir die Frage stellen, wo der verdammte Donnerstag hin ist.

»Jetzt sag mir bitte nicht, dass du seit drei Tagen ununterbrochen dieses Game spielst? Mach mal die Jalousien auf, verdammt!« Hakan klingt jetzt tatsächlich etwas gereizt.

Dabei bin ich derjenige, der verunsichert ist. Während mir die Uhr an der Wand bestätigt, dass es nicht mitten in der Nacht und auch nicht Donnerstag ist, fahre ich mir übers Kinn. Also wenn kein kleiner Kobold in meiner kurzen Schlafphase diese Bartstoppeln angeklebt hat, muss tatsächlich etwas Zeit vergangen sein. Auch der überfüllte Aschenbecher und die leeren Dosen Energydrinks lasse ich als Beweis gelten. Ich muss tatsächlich schon etwas länger hier sitzen.

»Andreas, hast du deine Mails gecheckt?«, will Hakan wissen.

»Klar, ich war eben noch am Briefkasten.«

»Auch in der richtigen Welt?«

»Ach so, das meinst du. Ne, bin nicht dazu gekommen.«

Durch den Lautsprecher höre ich ihn schwer atmen, anscheinend liegt etwas in der Luft und ich habe das Gefühl, dass ich nach dem ersten Schock direkt noch einen bekommen werde.

»Welche Mail sollte ich denn erwarten?«

»Das Callcenter wird nach Ägypten ausgelagert. Dengler muss sich entschieden haben. Heute kam die offizielle Mail.«

Mit einem Ruck stehe ich auf und so ziemlich jeder Knochen in meinem Körper knackt. Dabei schmerzen sie so sehr, als hätte ich wilden Sex mit einer Planierraupe gehabt.

»Alles klar bei dir?«

Vorsichtig versuche ich, mich zu dehnen und meine Muskeln wieder an den aufrechten Gang eines Homo sapiens zu gewöhnen. »Ja, geht schon. Was heißt das für uns?«

Ein leichtes Lachen ist zu vernehmen. »Scheiße, heißt das. Absoluter *bok*. Es ist genau so, wie Miriam gesagt hat. Die festen Mitarbeiter von Herbauer dürfen bleiben, die anderen müssen gehen. Und das Ganze wird in sechs Wochen schon abgewickelt.«

»Sechs Wochen? Wie soll das denn gehen?«

»Anscheinend liefen eine ganze Menge Gespräche im Hintergrund. Selbst Gerd kann davon nichts mitbekommen haben, weil es nicht über die Mails ging.«

Obwohl der Lautsprecher an ist, habe ich mein Handy fest an das Ohr gepresst, während ich nervös in der Wohnung umhergehe. Warum ist es hier eigentlich so verdammt kalt?

»Und was bedeutet das für uns?«

»Tja, mein Lieber. Das heißt, dass wir beide in sechs Wochen keine Jobs mehr haben. Wenn Persopower merkt, dass die uns nirgendwo unterbringen können und mal eben ihr größter Kunde wegbricht, sind wir weg. Einmal Schlange stehen und hartzen.«

Erneut scheint mein ganzer Knochenbau zu knacken, als ich mich auf die Couch fallen lasse. Auf dem Bildschirm wird meine hübsche Magierin gerade von einer Horde Murlocs angegriffen. Wollen wohl Rache. Meine süße Bura hat immer genug zu tun. Schätze aus Burgen holen, Attentate, Kräuter sammeln. Eine Blutelfen-Magierin muss nicht zur Agentur für Arbeit und ihr Profil erneuern. Würde ja auch komisch aussehen, in diesem dünnen, roten Stoff.

»Hör mal, Andreas. Ich muss hier wieder rein. Es gibt noch eine Minimalchance, dass die noch ein paar von Persopower übernehmen. Also, streng dich an, komm Montag zur Arbeit und dann klotzen wir richtig ran. In Ordnung?«

Doch seine Worte erreichen mich fast schon nicht mehr. Geduldig beobachte ich, wie meine Magierin von den Viechern fertiggemacht wird. »In Ordnung.«

»Was ist heute Abend mit Fußball? Dort können wir dann über alles reden. Gucken wir das Spiel in der Kneipe?«

Ein weiteres Mal wird mir bewusst, dass heute Freitag ist. Mein Blick fällt auf die Pinnwand. »Laura hat mir drei Eintrittskarten für die Fortuna geschenkt.«

»Nicht schlecht«, sagt Hakan und pfeift. »Und ich nehme an, dass du uns das in wenigen Minuten mitgeteilt hättest, damit die schweineteuren Fortunakarten nicht verfallen?«

»Aber natürlich doch!«, lüge ich. Hätte er mich nicht dran erinnert, dann wüsste ich nicht einmal, dass die Karten noch existieren.

»Gut, ich ruf Bolle an, wir sind um 18 Uhr bei dir.«

Dann klickt die Leitung und ich sitze allein in der Dunkelheit. Meine Heldin hält sich tapfer, während sich immer mehr von den Kreaturen um sie versammeln. Die Kampfgeräusche legen sich über die Wohnung, als ich die Jalousien öffne. In der Tat – es ist taghell. Hakan hat nicht gelogen. Zu schön wäre es, wenn es draußen dunkel wäre, ich in zwei Minuten eine SMS bekommen würde und Hakan nur einen seiner Streiche durchziehen wollte. Doch das wird nicht passieren.

Als ich mich auf den Firmenaccount von zu Hause aus einlogge, habe ich 38 ungelesene Mails. Und das ist noch wenig. Mich interessiert nur die letzte, mit dem Ausrufezeichen als Dringlichkeitsvermerk vom Chef. Sie besagt genau dasselbe, was Hakan bereits berichtete. Nur mit anderen Worten:

»Bla bla ... aufgrund schwieriger wirtschaftlicher Verhältnisse sind wir gezwungen ... bla bla ... dieser Schritt ist richtig und wichtig für die Konkurrenzfähigkeit ... bla bla ... freuen uns jetzt schon, die Synergieeffekte zu nutzen ... eine tolle Chance für uns alle ... bla bla ... möchten uns bei allen Mitarbeitern für Ihre hervorragende Arbeit bedanken und wünschen Ihnen alles Gute für Ihre weitere berufliche Zukunft ... bla bla

Holger Dengler, Geschäftsführer
Herbauer Callcenter GmbH«

Jetzt ist es also offiziell. Ich bin im Arsch.

Nur leider werde ich selbst meine eigene Kündigung nicht mehr erleben, wenn ich nicht sofort etwas feste Nahrung aufnehme. In den letzten zwei Tagen habe ich mich nur von Müsliriegeln und Energydrinks ernährt. Nicht gerade das, was die Ernährungsexperten als vollwertige Mahlzeit bezeichnen würden. Wie in Trance schreite ich aus der Wohnung und die Treppe hinab. Pah, irgendwie tut mir diese Frischluft nicht gut. Sie bringt meinen konservierten Kreislauf völlig durcheinander. Zum Glück ist der nächste Bäcker nicht weit. Zumindest verhungern werde ich also nicht. Doch als ich bei der Verkäuferin gerade meine Bestellung aufgegeben habe und in meine Geldbörse blicke, holt mich die Realität ein weiteres Mal ein. Wow, 14 Cent.

Was kriegt man in diesem Land noch dafür? Als ich noch bei meinen Eltern gewohnt habe, gab es in der Nähe einen Kiosk, an dem man Esspapier und Weingummi für 2 Cent bekommen konnte. Gibt es den wohl immer noch? Andererseits wären jetzt ein wenig Esspapier und ein paar Colakracher zu wenig, um satt zu werden.

Es bleibt der schwierige Gang zur Bank. Vielleicht finde ich ja ein Konto, das ich noch nicht überzogen habe. Tatsächlich, 100 Euro spuckt der Automat von meinem Giro noch aus. Damit ist der Abend gerettet.

Während ich die Brötchen direkt trocken aus der Tüte mampfe, fällt mir der übervolle Briefkasten ins Auge. Leider wird man hier in Düsseldorf mit Prospekten und Werbung totgeschmissen. Dabei ist es den Zustellern vollends egal, wie viele Aufkleber man an der Klappe befestigt. Das Ergebnis ist jedes Mal das gleiche – ist man ein paar Tage nicht zu Hause, hat man so viel Papier gesammelt, dass dafür mindestens ein halber Wald draufgehen musste. Einige Tageszeitungen liegen bereits auf dem Boden und flattern vor der Wohnungstür umher. Hatte Laura mir nicht mitteilen lassen, dass ihre Zeitschriften nicht mehr hierher zugestellt werden?

Wieder in meiner Wohnung angekommen, werfe ich den Baumfriedhof auf den Tisch. Zwischen Werbung für den neuen Dönerladen und den x-ten Ausverkauf eines Möbelhauses entdecke ich doch tatsächlich einen Brief, der meine Aufmerksamkeit erregt. Er ist von meiner Versicherung. Ist klar. Auf eine meiner Anfragen musste ich drei Wochen warten, aber wenn sie bezahlen müssen, können die ganz schnell Widerspruch einlegen. Na, dann bin ich doch mal gespannt, was die gute BURA mir schreibt. Dass ich bei diesem Laden auch noch versichert bin, ist der blanke Hohn.

Als ich den Brief lese, bleibt mir beinahe das staubtrockene Brötchen im Hals stecken. Im besten Beamtendeutsch erklärt mir mein Superversicherer, der angeblich immer für mich da ist, dass aufgrund von Trunkenheit am Steuer geprüft wird, ob der Schaden überhaupt übernommen werden kann. Eine Klausel würde ich in meinen Vertrag finden, des Weiteren wurde eine Strafanzeige gestellt und der ganze Vorgang zur Prüfung an die juristische Abteilung weitergeleitet. Ich werde also in den nächsten Tagen Post von der Staatsanwaltschaft bekommen.

Brötchen und Brief landen gleichzeitig auf dem Boden. Hatte ich nicht noch vor wenigen Tagen gedacht, dass es nicht schlimmer kommen könnte? Ich muss mich wohl geirrt haben. Und zwar so richtig.

Gern hätte ich jetzt jemanden, mit dem ich reden kann. Eine weibliche Stimme, die zuhört und mir Mut zuspricht. Und die mir vielleicht … nur vielleicht das Gefühl gibt, kein absoluter Loser zu sein. Ich vermisse Laura. Doch selbst das mitfühlendste Mädchen auf diesem Planeten könnte mich jetzt nicht mehr aufbauen. Wäre mein Leben ein Schiff, dann hätte es gerade die letzte von vielen Breitseiten bekommen, mit mir als Hein Blöd am Steuer, der den Kahn auf einen Eisberg zusteuert. Mit vollem Tempo.

Kurz überlege ich, wie wohl das Essen im Knast sein wird. Wenn ich Glück habe, dann nimmt mich einer der schweren Jungs als sein kleines Betthäschen und ich habe es jeden Abend warm ... eine kleine, eiweißhaltige Mahlzeit inklusive.

Augenblicklich wird mir schlecht. Das mag bestimmt an der Energydrink-Müsli-Mischung liegen, die mein Körper aus protest-politischen Gründen jetzt einfach nicht mehr mitmacht. Vielleicht auch an der Helligkeit, die meine weiße Haut zu Staub verfallen lässt. Wahrscheinlich aber an dem riesigen Haufen Probleme, der sich immer weiter vor mir auftürmt.

In diesem Moment begehe ich einen Fehler. Und das Schlimme ist, ich weiß, dass es ein Fehler ist. Den Kühlschrank habe ich schnell geöffnet und das Bier aufgemacht. Trockenes Brötchen mit Alt schmeckt gar nicht so schlecht – nach dem dritten Schluck.

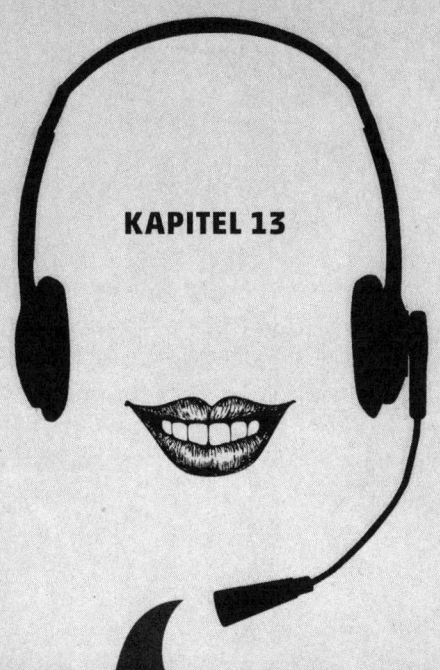

KAPITEL 13

MÄNNER-GESPRÄCHE

JUNGS!

Schön, dass ihr hier seid!« Bester Laune und schon ziemlich angetrunken, öffne ich die Tür. Dann falle ich Hakan und Bolle in die Arme. Die Welt ist auf einmal gar nicht mehr scheiße. Und so schlimm kann es nicht sein, wenn ich noch Freunde habe, die mich zum Fußball abholen.

Außerdem kann ich gar nichts dafür, dass das Bier irgendwann leer war und dieser komische Hirsch mich verführerisch anblickte.

Trink mich. Ich bin lecker.

Hatte er recht, der Hirsch. Oder Zwölfender, wie Dengler sagen würde.

Auf jeden Fall kommen die Jungs genau richtig, der Hirsch hat nämlich Flasche leer.

»Wie siehst du denn aus?«, will Hakan wissen.

»Und wie viel hast du schon getrunken?«, wirft Bolle mit der emotionalen Energie eines Sozialversicherungsfachangestellten nach. »Und wie viel geraucht? Man könnte aus der Luft Blöcke schneiden und ein Nikotiniglu bauen.«

»Ach, nur ein paar Bier zum Warmwerden. Ich würde euch ja gern eins anbieten, aber die sind alle futsch.«

Einen Lidschlag lang lassen die beiden ihren Blick über die leeren Flaschen in der Küche schweifen. Hakan kommt schließlich ganz nah an mich heran und schaut mir in die Augen, als wäre er Humphrey Bogart.

»Und mit futsch meinst du in deinem Magen«, sagt er und beäugt mich kritisch. »Alter, jetzt geh mal duschen, die lassen dich so nie ins Stadion.«

Ts, ich hab im Stadion schon Leute gesehen, die das rote Fortuna-F auf den Rücken tätowiert hatten und deshalb nur in Unterwäsche bekleidet in den Block 42 durften. Und ich soll mit einer leichten Fahne und ein wenig ausdruckslosem Gesicht nicht ins Stadion kommen? Lächerlich. Aber zugegeben, mir würden eine Dusche und eine Rasur bestimmt nicht schaden, wenn die Ordner nicht meinen sollen, dass ich ursprünglich aus der Kreidezeit stamme.

Während ich im Bad bin, gibt es zwischen Bolle und Hakan eine rege Diskussion, ob man das Onlinespiel löschen oder einfach meinen Account bis auf Weiteres sperren lassen sollte. Tatsächlich ist Bolle begeistert, dass ich es in drei Tagen auf Level 40 geschafft habe. Er spricht von einer großen Leistung, die Hakan mit einer Schimpftirade auf Deutsch-Türkisch beantwortet. Sogar als ich mir das Fortuna-Trikot überstreife, sind die beiden noch dabei. Frisch geduscht und parfümiert trete ich meinen Freunden entgegen. Obwohl die Welt heute etwas mehr schwankt als sonst, fühle ich mich ausgesprochen wohl.

Angeheitert zu sein ist und bleibt der schönste Teil eines Rausches.

»So, jetzt ist Schluss mit dieser Diskussion. Das Spiel bleibt drauf, nächste Woche will ich sowieso wieder arbeiten und ihr entscheidet nicht über mein Leben.« Die beiden gucken wie Fische, denen man gerade erklärt hat, dass man Wasser auch trinken kann. »Und überhaupt bin ich kein kleines Kind, das bevormundet werden muss.«

»Andreas … dein Hosenstall ist offen und du hast Creme an der Wange.« Hakan schmunzelt und stupst Bolle in die Seite. »Zumindest hoffe ich, dass es Creme ist.«

Klarer Fall von schlechtem Timing. Fehlt nur noch, dass er ein Taschentuch herausholt, es mit dem Mund anfeuchtet und mir die Wange säubert. Genervt nehme ich die Tickets von der Wand und lasse sie in meiner Tasche verschwinden.

»Danke, Hakan. Können wir?«

*

Ich erinnere mich noch an Spiele, die im guten alten Paul-Janes-Stadion ausgetragen wurden. Die Fahrten nach Düsseldorf-Flingern waren irgendwie immer ein Happening. Mittlerweile ist es anders. Und das wahrscheinlich aus gutem Grund. Vereine sind Wirtschaftsunternehmen geworden. AGs oder GmbHs. Sie besitzen keine Stadien mehr, sondern Multifunktionshallen oder Arenen. Dabei tragen diese nicht die Namen eines früheren Sportlers, sondern von Firmen. Hier ist es nicht anders. Die »ESPRIT arena« ist ein grauer Block aus Glas und Metall. Einige sagen, dass sich das Bauwerk zeitlos in den Wirtschaftsstandort Düsseldorf fügt und von schlichter Schönheit ist. Ich würde sagen, es ist zum Kotzen hässlich.

Die U78 ist zum Bersten gefüllt. Die Linie fährt direkt den südlichen Teil der Arena an, wo ein U-Bahnhof aus dem Boden gestampft wurde. Eins muss man uns Düsseldorfern lassen – wenn es um unser Prestige geht, lassen wir uns nicht lumpen. Und da soll noch einer sagen, wir wären arrogant. Ts, diese Bauern. Keine Ahnung, wo das Gerücht herkommt. Aber hey, Hauptsache, die Stadt gibt Millionen Euro aus, damit der Eurovision Song Contest hier stattfinden kann.

Eigentlich stehe ich schon gar nicht mehr in der Bahn, sondern werde von zwei Kerlen zwischen ihren Schultern in der Luft gehalten. Was mir gar nicht so unlieb ist, da ich diese Inkongruenz zwischen dem Boden und mir jetzt nicht mehr selbst ausgleichen muss. Trotzdem – wenn einem schon schwindelig ist, sollte man nicht auch noch in eine vollbesetzte Bahn gehen. Mal wieder eine tolle Idee von mir.

Hakan und Bolle haben sich vor mich an die Wand gequetscht und öffnen sich ein weiteres Bier, nachdem ich ihnen die ganze Geschichte erzählt und dabei über so ziemlich alles und jeden herrlich abgelästert habe.

»Du bist im Arsch«, antwortet Hakan.

»Aber so was von«, bekräftigt Bolle. »Hast du keine Rechtsschutzversicherung?«

Ich versuche, den Kopf zu schütteln, was mir zwischen den beiden Schränken in rot-weiß doch recht schwerfällt. »Ich dachte nicht, dass ich so etwas jemals bräuchte.«

Ein wenig zu laut schnalzt Bolle mit der Zunge. »Dann wird es teuer.«

»Und was war das im Casino? Hast du deinen Verstand verloren? Wenn du in eine Disco gehst, knallst du doch auch lieber das halbhübsche Mädel, als am Topschuss zu scheitern.«

Bolle lehnt sich zu ihm und setzt eine fragende Miene auf. »Ist das deine Art zu sagen: Lieber den Spatz in der Hand als die Taube auf dem Dach?«

»So ungefähr.«

»Schöner Vergleich. Aber stimmt schon. Du hättest das Geld nehmen sollen und gut ist.«

»Ach, vielen Dank für den Rat«, entfährt es mir. Dann nehme ich den letzten Schluck, zerdrücke meine Dose und lasse sie fallen. »Wenn man mal einen kleinen Mann braucht, der einem im richtigen Moment einen Sack Schrauben vor die Fresse haut, ist er nie da.«

»Ich mach das demnächst«, sagt Hakan grinsend und nimmt sich noch ein Bier.

»Krieg ich auch eins?«

Bolle greift in seine Plastiktüte, während Hakan nur den Kopf schüttelt.

»Du hattest doch heute schon genug, oder?«

Provokativ öffne ich die Altdose vor seinen Augen, wobei etwas Schaum auf sein Trikot spritzt. »Nein, Mama Hakan. Eins trink ich noch und dann geh ich ins Bett.«

Er winkt ab und setzt seine Dose an.

Die Worte, die er in das Behältnis flüstert, kann ich gerade noch so verstehen.

»Das tut mir mehr weh als dir, mein Sohn.«

»Ne, ist klar.«

»Jungs«, schreitet Bolle ein, erhebt einen Arm und versucht, die Meute zu übertönen, welche gerade *10 kleine Jägermeister* anstimmt. Nur, dass sie anstatt »Jägermeister« das Wort »Frankfurtschweine« benutzen. Auch der weitere Text ist geringfügig geändert. Wir Fußballfans sind schon ein sympathisches Völkchen.

»Jetzt lasst mal gut sein«, erklärt Bolle in bester Oberlehrermanier und setzt zum Schluck an. »Immerhin habt ihr dringlichere Probleme, als euch wegen ein paar Flaschen Bier die Köpfe einzuschlagen.«

Da hat er recht und mit einem Mal schwebt das Damoklesschwert des nächsten Arbeitstages wieder über meinem Kopf. Dabei hatte ich es doch so schön mit Alkohol weggescheucht und sofort ist auch meine Stimmung wieder flacher als die Niederlande.

»Sorry«, murmele ich in Richtung Hakan und versuche, mir zumindest ein wenig Platz zu verschaffen. »Ist heute noch irgendwas passiert, von dem ich wissen sollte?«

Hakan schüttelt den Kopf und zieht die Bierdose auf null. Auch ihn scheint die Situation ziemlich mitzunehmen.

»Du hättest mal sehen sollen, wie viele von den Leuten auf einmal auf den Seiten der Agentur für Arbeit waren. Ich bin mir ziemlich sicher, dass die IT-Firmen der Region in nächster Zeit mit Bewerbungen überhäuft werden.«

Bolle schnalzt mit der Zunge, fährt sich durch seinen Vollbart. »Keine schlechte Idee. Auch für euch beide.«

Obwohl er sichtlich Mühe hat, die Meute zu übertönen, dringen seine Worte uns doch klar und deutlich in die Ohren. Hakan und ich blicken betreten zu Boden. Wir wissen, dass er recht hat.

Als die Bahn zum Stehen kommt und eine weiß-rote Masse sich aus den Türen drängelt, ist es wieder Bolle, der uns zurückhält. Wir lassen die feiernden Fans ein wenig ziehen und sind für wenige Minuten allein mit der Polizei, die einen Ring um die Ausgänge geschlossen hat. Die Ordnungshüter in ihren schicken olivgrünen Uniformen filmen uns, während wir ein wenig zur Seite gehen.

»Was ist mit diesem Programm für Verbesserungsvorschläge?«, will Bolle wissen und setzt sich schnaubend auf eine Bank. Muss er sich nur erholen oder sagt er jetzt tatsächlich etwas Geistreiches? Bei Bolle weiß man da nie so genau.

»Was soll damit sein?«

Er holt die letzten drei Biere aus seiner Einkaufstasche und gibt sie uns. »Du hast davon erzählt, Hakan. Wäre das nicht etwas für euch?«

Hakan lacht auf, setzt die Dose an und nimmt einen weiteren Schluck. »Das ist nicht zu einfach. So ziemlich jeder Prozess ist optimiert, alles gesteuert von Systemen. Glaub mir, Herbauer macht auch nichts anderes als alle anderen Callcenter. Ganz davon abgesehen, dass wir eine kleine Scheißklitsche sind und mit ganz lauwarmem Wasser kochen.«

»Sollte unser Großkunde, die BURA Versicherung, wegfallen, sind wir sowieso dicht«, stimme ich Hakan zu. »Sich mal eben einen Verbesserungsvorschlag aus den Rippen leiern ist fast unmöglich.«

Bolle winkt ab. »Möglich ist das immer. Ihr beiden seid doch schon eine gefühlte Ewigkeit in diesem Laden und gehört fast zum Inventar. Unter normalen Umständen müsstet ihr längst übernommen sein.« Mit der Bierdose zeigt er erst auf Hakan. »Nur leider spielst du zu viele kindische Streiche und du, Andy, nimmst die ganze Sache nicht ernst. Niemand kennt die Abläufe besser als ihr beiden. So wären deine Geldsorgen gelöst und für euch würde ein fester Arbeitsvertrag herausspringen.«

»Klar – das wäre wunderschön und mit den anderen beiden Wünschen möchte ich, dass das ganze Stadion voll nackter Frauen ist, die scharf auf uns sind.«

Hakan zieht eine Augenbraue nach oben und kaut auf seiner Unterlippe. Anscheinend gefällt ihm der Gedanke. »Dann hätten wir aber bis Montag zu tun.« Als Nächstes klopft er Bolle auf die Schulter. »Und du würdest auch mal wieder von der Handarbeit wegkommen.«

Anscheinend hat Bolle genug Sauerstoff in seine Lungen gezogen, sodass wir endlich aufbrechen können. »Denkt zumindest einmal drüber nach«, stöhnt er noch, während wir die Treppen zum Stadion, Pardon, zur Arena hochschreiten. »Vielleicht fällt euch noch etwas ein. Die besten Ideen sind meist die einfachsten.«

Keine drei Minuten später stehen wir vor der Südtribüne. »Hast du die Karten?«, fragt Hakan.

Nickend ziehe ich die Tickets aus meiner Tasche und gebe sie den beiden. Dann stecke ich meine unter dem grimmigen Blick des fossilen Ordners mit Schnauzbart in den Automaten. Sieht aus wie ein Walross mit aschfahler Haut, der gute Mann. Er war bestimmt schon Ordner, als die Fortuna zum ersten und letzten Mal Meister wurde. Und das war vor dem Krieg.

Ich will schon weitergehen, als das Drehkreuz mir auf schmerzhafte Weise klarmacht, dass irgendetwas nicht stimmt. Sofort nimmt der Ordner die Karte an sich und zieht sie bis kurz vor seine überdimensionierten Brillengläser. Zwei Kerle in Security-Jacken postieren sich hinter ihm.

»Stimmt was nicht?«, will ich schließlich wissen.

»Falscher Block«, entgegnet der Alte ohne Stimme und gibt mir die Karte zurück.

Während wir von den Securitys höflich, aber bestimmt aus der Schlange gebeten werden, blicken wir drei auf die Eintrittskarten in unseren Händen, als würde dort der Sinn des Lebens draufstehen.

»Stehplatz Unterrang«, flüstert Hakan beinahe ehrfürchtig.

»Block 20, Gästeblock«, fügt Bolle hinzu.

Oh, Scheiße.

*

So unterschiedlich sehen die Trikots von Düsseldorf und Frankfurt gar nicht aus. Trotzdem schließen wir unsere Jacken. Weil uns kalt ist natürlich. Während wir in Richtung Osten gehen, nehmen die Fans mit dem Adler auf der Brust doch erheblich zu. Und damit meine ich nicht die Deutschlandtrikots.

»Was ist passiert?«, will Hakan wissen.

»Mach dir keinen Stress«, entgegnet Bolle. »Wird schon nichts passieren.«

»Alter, ich bin Türke und im Gästeblock. Ich mache mir Stress.«

Auch ich versuche mit gespielter Lässigkeit, meine aufkommende Nervosität zu verbergen. »Wenn die uns anmachen, sagst du einfach, dass sie die Klappe halten sollen, ansonsten holst du deine Brüder.«

Hakan scheint das gar nicht zu gefallen, er blickt in den bleigrauen Himmel und beobachtet genervt die tiefhängenden Wolken.

»Toll. Und nachdem wir mit noch mehr Klischees geworfen haben, bekomme ich vielleicht auch mal eine Antwort.«

»Aber du hast drei Brüder.«

»Die sind aber nicht hier. Also, noch mal: Was ist passiert?«

Ein weiteres Mal gucke ich mir die Karten an. »Keine Ahnung. Es ist ein Spitzenspiel. Laura muss die Karten irgendwoher haben, ohne zu wissen, dass es Gästetickets sind.«

Bolle schmunzelt, schiebt sich direkt in die Schlange für Würstchen und Bier und lässt die Hände in seinen Taschen versinken. »Was für ein schönes Geschenk. Ein Schelm, der dabei Böses denkt. Das könnte interessant werden.«

Eine halbe Stunde später sind wir umringt von Frankfurt-Fans. Die Aufstellung brüllen wir dieses Mal nicht mit. Generell beobachten wir die Partie äußerlich mit der Energie eines Beamten beim Ausfüllen des Dokuments 34 B römisch II.

Leider scheinen bei diesem Spitzenspiel die Düsseldorfer Fans der genau gegenteiligen Meinung zu sein. Aber wir bekommen viele Geschenke. Feuerzeuge, Steine, Ausscheidungen aller Art, Plastikbecher mit Gratisbier und einen tollen Einblick in die straffe Organisation der Landespolizei, die sich mit Hunden vor uns aufbaut. Willkommen im Ligaalltag. Kann ich gar nicht verstehen, warum der Deutsche Fußballbund bemängelt, dass die Fußballspiele nicht mehr familienfreundlich sind. In der 69. Minute ist es dann so weit. Düsseldorf muss den Treffer leider hinnehmen. Während um uns herum die Hölle losbricht, blickten wir drei uns an. Wenn ein Tag schon scheiße läuft, dann so richtig. Bolle holt noch drei Bier, obwohl ich schon arge Probleme habe, den Ball zu erkennen. Aufgrund der widrigen Umstände kann ich mich leider nicht zu 100 Prozent auf das Spiel konzentrieren. Immer wieder schweifen meine Gedanken ab. Hakan scheint es genauso zu gehen. Wenigstens schüttet auch er seinen Frust mit Alkohol runter wie ein echter Mann, anstatt in Selbstmitleid zu zerfließen.

In der Schlussphase steht es immer noch 0:1 und die Hasslieder der Frankfurter kann ich mittlerweile auswendig. Während ich mir den Kopf zermartere, ob mir nicht irgendeine geniale Idee kommen will, spüre ich plötzlich einen Ruck an meiner Jacke.

»Alter, da geht noch was«, sagt Hakan, seine Augen brennen in diesem Moment.

Selbst Bolle bleibt die Wurst im Hals stecken und Senf tropft auf seine Schuhe, als Furuholm im Strafraum von den Beinen geholt wird. Plötzlich schreit die Arena auf. Elfmeter! Den Lärm dürfte man noch bis in die Innenstadt gehört haben. Langeneke tritt an ... drin ist das Ding.

Infernalische Schreie hallen durch das Rund. Nur bei uns im Unterrang ist es still. Ganz still?

Nein, eine kleine Bastion von Düsseldorf-Fans leistet aller Vorsicht vehement Widerstand und liegt sich in den Armen. Und zwar für genau fünf Sekunden, dann bemerken wir unseren Fehler. Nach mehreren Gratisduschen von alkoholhaltigen Kaltgetränken ist es Bolle, der am schnellsten schaltet.

»Jungs, wir sollten gehen.«

»Jep«, antworten Hakan und ich im Chor.

Gut, dass es noch Tumulte auf dem Spielfeld gibt, sodass wir den Unterrang verlassen können. Als wir die Gästekurve hinter uns gelassen haben und die leeren Gänge der »ESPRIT arena« entlangschreiten, dürfen wir unserer Freude endlich freien Lauf lassen. Gemeinsam umarmen wir uns und springen umher, als wären wir auf Schweinegrippe. Während der Schlusspfiff ertönt, lädt Hakan uns zu weiteren Bieren ein.

»Das muss gefeiert werden.«

»Mehr als das«, ergänzt Bolle und legt drei Jägermeister drauf.

Auch ich kann da in nichts nachstehen und bestelle das gleiche noch mal. Die Nacht hat Düsseldorf bereits fest in ihrer dunklen Umarmung eingeschlossen, als die nette Dame uns darauf hinweist, dass sie ihre Bude gleich schließen wird. Sie heißt übrigens Erna und scheint mich ganz süß zu finden. Ich würde so niedlich lallen. Wir verabschieden uns mit Handschlag und versprechen, uns bei Facebook zu adden. Anschließend fragt sie mich noch, ob ich eine Düssel-Card hätte und sie mir die Punkte gutschreiben soll.

Gutschreiben? Punkte? Für Würstchen und Bier? Hakan und Bolle kriegen sich gar nicht mehr ein, während ich meine Rechnung bezahle. Überall in der Stadt könnte man dafür Punkte sammeln und sie nachher gegen Prämien eintauschen, wie Besuche im Zoo. Da würde es natürlich ebenso Punkte geben wie hier in der Arena. Ich hab mich eigentlich immer dagegen gewehrt. Laura hatte so viele Karten im Portemonnaie, dass sie jeden Angreifer mühelos k. o. schlagen konnte. Einen richtigen Barren schleppte sie mit sich herum. Es ist also nicht genug, dass man in jedem Kaufhaus Punkte und Prämien sammeln kann – nein, selbst die Würstchenbude an der Ecke kommt nicht mehr ohne aus. Ts, die Düssel-Card. Haben die Kölner das auch? Die Kö-Card? Und vor allem, was machen die armen Leute in Aschaffenburg? Die Asch-Card? Komische Welt.

Zufrieden und betrunken, torkeln wir die Straße entlang, bis wir die U-Bahn-Station erreichen.

Hakan blickt skeptisch die Straße hinunter. »Hier sieht es aus, als hätte der Grinch gewütet, und draußen scheint noch eine ganze Menge los zu sein.«

»Gibt immer ein paar Bekloppte, die sich noch prügeln wollen.« Bolle atmet schwer und stützt sich an einer Baustellenlampe ab, die ihr oranges Licht auf den Boden wirft. »Wir sollten schnell in die Innenstadt und da noch einen trinken.«

Die Fahrt würde zwar nicht allzu lange dauern, trotzdem meldet sich in diesem Moment meine Blase und weist mich freundlich, aber bestimmt darauf hin, dass sie keine Lust hat, in der U-Bahn durchgeschüttelt zu werden, während sie mehrere Liter Bier mit sich herumträgt. Schnell habe ich Hakan meine Jacke in die Hand gedrückt. Außerdem gehen mir die gute Erna und ihre Treuepunkte nicht aus dem Kopf. In einer blöden Würstchenbude ... wo gibt es denn so etwas? Wenn das so weitergeht, gibt es die bald auch in Callcentern.

Moment mal. Das ist es!

»Wo willst du denn hin?«

»Nur schnell pissen gehen«, sage ich bereits im Gehen. »Wir nehmen die nächste Bahn, bin gleich wieder da. Vielleicht habe ich da eine Idee, die uns retten könnte.«

Selbst an den Polizisten kann ich ohne Probleme vorbeigehen. Es setzt ein leichter Nieselregen ein, während meine Augen die Gegend absuchen. Verdammt, wir haben hier eine hochmoderne Multifunktionsarena und die vergessen, an der U-Bahn ein paar Toiletten hinzubauen. Ich muss mich doch tatsächlich in Richtung des Lärms schlagen, bevor ich ein Gebüsch erwische, das ein wenig Ruhe verspricht. Vielleicht kommt mir der Weg aber auch so lang vor, weil ich Schlangenlinien laufe. Frischluft ist der Feind eines jeden Sünders. Das Universum wackelt heute auch mehr als sonst und meine drei Hosenställe sind kaum aufzukriegen. Ich nehme einfach den in der Mitte und scheine mit meiner Wahl richtig zu liegen, da mir ein kühler Frühlingswind ums Gemächt bläst. Als ich mindestens drei Liter Bier loswerde, stöhne ich auf. Manchmal ist pinkeln sogar besser als Sex. Man muss nur darauf achten, dass das Rinnsal einem nicht über die Schuhe läuft.

Noch mal nachdenken: Treuepunkte, Callcenter. Ja, das ist es! Meine Augen weiten sich, als der kleine Mann in meinem Kopf gerade wie verrückt Befehle in das Mikro schreit, um meine Hirnfunktionen anzukurbeln. Treuepunkte für die Kunden! Das ist eine verdammte Millionenidee. So muss sich Bill Gates gefühlt haben, als er sich eines Abends gedacht hat: Heute baue ich mal einen Computer.

Während ich nicht mehr darauf achte, was mir an der Sohle vorbeiläuft, muss ich trocken schlucken. Meine sowieso schon kalten Finger fangen an zu zittern und kalter Schweiß vermischt sich mit dem Regen auf meinem Rücken zu einer ganz eigenen Mischung. Es könnte tatsächlich funktionieren. Dengler war schon immer ein geldgeiles Miststück und er ist ganz Ohr für Ideen, die noch ein paar Euros einsparen können. Natürlich muss daran noch gefeilt werden, aber ich habe das Gefühl, als wäre es mein bester Gedankengang, seit ich mich entschlossen habe, auf diese Welt zu kommen.

Noch ein paar Minuten stehe ich wie angewurzelt am Gebüsch, kaue auf dem Gedanken herum, dann schließe ich den Reißverschluss und drehe mich nachdenklich auf dem Absatz. Obwohl die Schwerkraft ziemlich gemein zu mir ist und ich mich alle paar Meter am Asphalt abstützen muss, bin ich wie euphorisiert, fast schon ekstatisch.

»Genial, einfach genial«, flüstere ich mit weit aufgerissenen Augen. Tatsächlich, beim Pinkeln hat man immer noch die besten Ideen.

Eine der schlechteren war es übrigens, so viel zu trinken. Mein Magen meldet, dass er für heute seinen Arbeitstag beendet und mit der Verarbeitung von Alkohol aufhört. Zu schade, dass dieses köstliche Toxin jetzt auch irgendwie raus will. Anders gesagt – mir ist speiübel und ich habe die Orientierung verloren.

Ich bin mitten auf der Straße, als der erste Schwall sich meine Speiseröhre hochdrückt. Klatschend landet Bier mit Wurst auf der Straße. Ich muss mich mit einer Hand am Boden abstützen, während ich die Magensäure schmecke und Tränen den Weg in meine Augen finden. Beim zweiten Würgen kann ich sogar den Schnaps riechen und wieder findet Wurst sich auf der Straße wieder. Verdammt große Stücke sind das. Ich sollte besser kauen.

Als ich zur Ruhe komme und wieder stehen kann, fühlen sich meine Beine an, als wären sie aus Knetmasse. Und damit meine ich nicht die feste, wie sie für C4-Sprengstoff benutzt wird, sondern die für Kleinkinder, um lustige Giraffen zu basteln. Und noch etwas ist komisch an diesem Ort. Erstens: Ich kenne ihn nicht. Und zweitens: Ich bin nicht allein.

Während sich rechts eine Hundertschaft der Polizei aufbaut, formieren sich links ein paar nette Freunde der Fortuna. Gut, dass ich gerade das Trikot trage. Das Düsseldorfer Logo war doch das mit dem roten Adler drauf, oder? Der Alkohol scheint nicht nur meine Sinne zu trüben, sondern auch mein Urteilsvermögen. Nach wenigen Sekunden sind auch die anderen zur Stelle und keine 20 Meter vor mir baut sich eine riesige Welle auf. Die Straße hat sich mal eben in ein Tollhaus verwandelt. Also, auf der einen Seite die Jungs aus Frankfurt, links die Düsseldorfer und hinter mir die grünen Jungs in ihren Kampfanzügen. Leider kommen alle sehr schnell näher und plötzlich geht mir richtig die Muffe. So muss sich also William Wallace in *Braveheart* gefühlt haben. Nur, dass ich nicht mein Schwert zücke und »Freiheit!« rufe, sondern mir fast in die Hosen mache. Aus irgendeinem Grund erhebe ich die Hände. Aber das hat schon im Wilden Westen nicht geklappt, dann wird es bestimmt nicht in einem handfesten Streit zwischen Ultras funktionieren. Habe ich nicht mal gelesen, dass die ihre Kriege außerhalb der Stadt ausfechten? Nicht einmal den Hooligans kann man heute noch vertrauen.

Das Nächste, was ich sehe, ist eine von diesen braunen 0,5-Liter-Flaschen, die in hohem Bogen auf mich zukommt.

Dank meiner katzenartigen Reflexe kann ich gerade noch so stehen bleiben. Vielen Dank, lieber Alkohol. Dann höre ich noch ein dumpfes Geräusch, spüre einen stechenden Schmerz an der Stirn und sehe tanzende Treuepunkte vor meinen Augen. Der nasse Asphalt ist auf einmal so unglaublich warm und gemütlich. Nur ein kleines Nickerchen ...

KAPITEL 14

REBOOT

VÖLLIG

entspannt lasse ich mich in den Ledersessel fallen und lege meine Füße auf den wuchtigen Schreibtisch. Die Sonne wirft ihr Licht in mein riesiges Büro und erleuchtet die unzähligen Treuepunkte an der Wand. Ich setze mir die Sonnenbrille auf und drücke auf die Kurzwahltaste der Telefonanlage.

»Frau Weller, kommen Sie mal bitte kurz?«

Nur wenige Sekunden später öffnet sich die Tür und Miriam steht in einer holländischen Polizeiuniform vor mir.

»Was kann ich für Sie tun, Chef?«

»Mich dürstet es nach Bier«, sage ich lächelnd.

Miriam kommt näher, ich kann den Duft ihrer Haut in meine Lungen ziehen, dann zwinkert sie mir zu.

»Ich werde mich sofort darum kümmern.« Sie schnippt mit den Fingern, schon kommt Sibylle Marolt angaloppiert. Auf ihrem Rücken thront Dengler mit einer Flinte und in voller Jägermontur, er reicht Miriam die dunkle Altflasche.

»Bitte schön, Chef.«

Dankend setze ich sie an den Mund und genieße das Bier auf meinen Lippen.

»Und was machen wir jetzt?«, will Miriam wissen und leckt sich dabei verführerisch über die Lippen.

»Ich würd sie knallen«, sagt Hakan, nimmt aus Bolles Plastiktüte eine Dose Bier und beide setzen sich auf die Besucherstühle.

Bolle beißt in seine Wurst, dabei tropft Senf auf seine Schuhe. »Ich auch«, bestätigt er mit vollem Mund.

»Aber du hast doch mich.« Plötzlich steht meine Blutelfe BURA neben ihm, streichelt über seinen Bauch und ihre spitzen Ohren glänzen im Licht der Sonne.

Mein Blick fällt wieder auf Miriam, die langsam ihr Oberteil öffnet und mir über den Schritt reibt.

»Gut, dann können wir beide ja jetzt etwas Spaß haben.«

Ich sage nichts mehr, genieße, wie sie mit ihren Fingern die Konturen meines Gesichts abfährt. Ein langer Kuss folgt, während sie mir meine Jacke abstreift.

»Jetzt ist aber Schluss.« Gerade, als ich den Kuss erwidern möchte, höre ich die Stimme der alten Hilde Bertrahm-Schlakowski durch das Telefon. »Was ist nun mit meinen Problemen, bekomme ich jetzt Support?«

Töscher nimmt den Hörer ab und haut mal wieder ein paar Zitate raus. »Null Problemo, hier werden Sie geholfen.«

»Lass dich nicht ablenken, Andreas«, flüstert Miriam mir ins Ohr und küsst dabei meinen Nacken. »Willst du dich nicht auch ein wenig um mich kümmern?«

»Genauso, wie du es mit mir getan hast?« Mein Blick fährt herum. Laura steht mit verheulten Augen in der Tür. »Außerdem ist es extrem kalt in deinem Büro, ich dreh mal den Thermostat ein wenig höher.«

Wieder spüre ich einen tiefen Kuss von Miriam. Mit ihren schmalen Fingern sucht sie sich einen Weg in meine Hose. »Beachte sie gar nicht. Du bist Single, wir beide sollten etwas Spaß haben.«

Als sie ihre Hand wieder aus meinem Schritt zieht, erkenne ich die Düssel-Card in ihrer Hand. »Bei mir bekommst du übrigens auch Treuepunkte.«

»Entschuldigen Sie!« Die Stimme kommt von ganz weit weg. Miriam und die anderen verschwinden erst allmählich

und mein Kopf fühlt sich an, als würde eine ganze Sambatruppe ihre Übungsstunden dort abhalten.

»Entschuldigen Sie!«

Die Stimme wird eindringlicher. Ich brauche ein paar Sekunden, um meine verklebten Augen zu öffnen und mich
zu orientieren. Aus der Sambatruppe werden plötzlich alle
Lautsprecher der Loveparade, die gleichzeitig aufgedreht
werden.

Schummriges Licht, viel zu harte Bettwäsche, Desinfektionsgeruch liegt in der Luft. Ganz klar – ich bin in einem Krankenhaus. Nicht schon wieder. Ab wann bekommt man eigentlich
für seinen Aufenthalt eine Goldkarte?

»Entschuldigen Sie?«

Das kann ich ja gar nicht leiden. Mich einfach so aus meinem Dornröschenschlaf wecken. Nur schwerlich kann ich
nach links blicken und erkenne einen Mann mittleren Alters,
der beide Arme in Gips hat.

»Wer sind Sie?«

Der Mann schüttelt den Kopf. »Ihr Zimmernachbar.«

»Und was ist?«

»Könnten Sie bitte mit dem Onanieren aufhören?«

Erst jetzt entdecke ich, wo meine Hand ist und was sie eben
noch für Bewegungen gemacht haben muss.

»Verzeihung.«

Damit legt sich der Mann wieder hin. Ist wohl neidisch.
Unter Schmerzen befühle ich meinen Kopf. Ein Verband ist
an der Stelle, wo die Flasche zärtlich meine Stirn geküsst hat.
Obwohl jeder Muskel meines Körpers sich anfühlt, als hätte
ich zwei Wochen Urlaub auf einer Streckbank gemacht, kann
ich den Knopf für die Schwester drücken.

Rasend schnelle 20 Minuten später kommt eine Frau, die
Brunhilde heißen *muss*, durch die Tür und lächelt mich an. Zu
schade, dass die deutschen Krankenschwestern viel zu selten

aussehen wie die Mädels aus den Erwachsenenfilmen, sondern eher wie Wrestler im Ruhestand.

»Wer ist denn da wach geworden?«, flüstert sie langgezogen, als wäre ich grenzdebil.

»Anscheinend ich.« Irgendwie fällt mir da kein besserer Spruch drauf ein. »Was ist passiert? Wo bin ich?«

»Sie befinden sich in guten Händen.«

»Das kann ich mir denken, aber wo bin ich?«

»Sie befinden sich im Dominikus-Krankenhaus und keine Angst, es ist nur eine leichte Gehirnerschütterung. Erst dachten wir, dass es etwas Schlimmeres ist, aber es ist wirklich nur eine Platzwunde.«

Die sich zwar anfühlt, als hätte ein Dumdumgeschoss meinen Kopf getroffen, aber gut.

»Wir möchten Sie trotzdem diese Nacht noch hier auf der Station behalten, Ihre Angehörigen wurden bereits informiert.«

Ich versuche, mich aufzurichten, dabei drückt Brunhilde, die sich als Schwester Marta zu erkennen gibt, mich sanft wieder in die Kissen und legt ihre Hand auf die meine.

»Sie müssen sich ausruhen. Die beiden netten jungen Herren haben Sie begleitet und Ihre Eltern informiert. Sobald die Besuchszeit wieder anfängt, bin ich mir sicher, dass sie hier sein werden.«

Oh nein, nicht auch noch das. Das Letzte, was ich jetzt gebrauchen kann, ist meine Mutter, die weinend am Bett steht, und Vater, der die ganze Zeit so Sachen sagt wie: »Der Jung ist alt genug und weiß, was er tut.«

»Ich möchte entlassen werden«, schießt es sofort aus mir heraus und ich versuche aufzustehen.

Unter anderen Umständen hätte ich das zum Anlass genommen, mich für acht Wochen krankschreiben zu lassen. Mindestens. Aber außergewöhnliche Situationen fordern bescheuerte Maßnahmen.

Jetzt wird Brunhilde doch tatsächlich etwas pampig. Mit ihren kräftigen Armen drückt sie mich zurück ins Bett. »Sie bleiben die Nacht noch hier. Am Vormittag haben wir ein paar weiterführende Untersuchungen für Sie angeordnet, Herr Seifeld. Dann können Sie mit dem Arzt sprechen, der Sie dann auf eigenes Risiko entlassen kann.«

»Früher komme ich nicht an Ihnen vorbei?«

»Nein!«

»Und was ist, wenn ich mich rausschleiche?«

Oh, wohl ein schlechter Zeitpunkt für Scherze. Brunhildes Gesicht verfärbt sich augenblicklich rot, in ihren Augen lese ich tiefen Hass und generell habe ich das Gefühl, dass hinter ihr auf einmal das Feuer der Hölle lodert. Ich könnte schwören, dass ich gerade einen spitzen, roten Schwanz und einen Pferdehuf gesehen habe.

»Herr Seifeld, ich kann auch anders.«

Klar, die gute Frau könnte sich auf mich drauf setzen. Dann würde ich nirgendwo mehr hingehen. Genervt winke ich ab.

»Dann schicken Sie mir morgen einfach den Doc rein, sobald er da ist.«

Brunhilde grinst breit. »Natürlich … gleich morgen früh. Als Allererstes.«

Damit hat sie mich erwischt. Warum müssen die Krankenschwestern auch immer am längeren Hebel sitzen.

»Ich komme ganz am Schluss der Visite dran, oder?«

Sie grinst noch breiter. »Ja.«

*

Ich hatte noch nie etwas für Krankenhäuser übrig. Mit dem Mann neben mir rede ich kein einziges Wort mehr und versuche, ein wenig Schlaf zu finden. Leider versucht sich der Mann alle zwei Minuten zu drehen, was nicht gerade förderlich für meine REM-Phase ist. Wie er dies mit den Verbänden macht, ist mir schleierhaft, wahrscheinlich will er nur nicht, dass ich einschlafe und wieder den einarmigen Banditen spiele.

Ich bin überglücklich, als um zehn Uhr Hakan und Bolle ins Zimmer treten. Sofort breitet sich ein wohliger Alkoholduft im Krankenzimmer aus, der mit jeder Hafenkneipe mithalten könnte. Die Begrüßung ist herzlich und nach etlichen blöden Sprüchen, die meinen Zimmernachbarn veranlassen, den Raum zu verlassen, sind wir endlich allein.

»Scheiße, warum bist du einfach abgehauen.« Hakans Augen funkeln vor Zorn. Anscheinend ist er wirklich sauer. »Wir haben dich wie bescheuert gesucht und dann plötzlich inmitten dieser Idioten gefunden.«

Jetzt erst verschwinden die Schleier des gestrigen Tages und mein Verstand beginnt zu arbeiten. Eigentlich wäre an dieser Stelle eine Entschuldigung angebracht. Nicht gerade meine Stärke. Mehrmals räuspere ich mich.

»Hört mal, Jungs, wegen gestern ...«

Sofort winken die beiden ab und Bolle öffnet die mitgebrachten Chips. »Mach dir deswegen keinen Stress. Schon vergessen.«

Puh – gerade noch mal drum herumgekommen. Wenige Lidschläge lang schweigen wir, dann wirft Bolle kommentarlos die *Bild* auf mein Krankenbett. Der Lokalteil ist bereits aufgeschlagen.

Randale beim Zweitligaspiel: Mehrere Verletzte

Ich muss meinen Blick schärfen, aber tatsächlich erkenne ich ... mich selbst. Zumindest, wenn man genau hinsieht. Blutüberströmt schlafe ich auf der Bahre eines Krankenwagens. Mehrere Sanitäter stehen um mich herum, sogar Bolle und Hakan sind zu erkennen.

Hakan klopft mir auf die Schulter. »Alter, du bist berühmt!«

»Klar, ich komme gleich nach dem grenzdebilen Idioten, der bei *Frauentausch* ausgerastet ist, und dem siebten Komparsen bei *Tatort*. Ich warte nur noch auf den Anruf von Dirk Bach, dass ich beim nächsten Dschungelcamp dabei bin.«

»Ne, ich meine richtig berühmt. Immerhin stehst du in der Zeitung. Leider nicht gut getroffen.«

Bolle nimmt das Tagesblatt an sich und stopft sich ein paar Chips in den Mund. »Ich sehe irgendwie dick auf dem Foto aus.«

»Das liegt an den Längsstreifen deiner Jacke, nicht an dir«, scherzt Hakan.

Als Bolle die Zeitung wieder auf mein Bett wirft, ist die Stimmung endlich gelöst. »Also Andy, was war das für eine Idee, von der du geredet hast?«

Das hatte ich ja beinahe vergessen. Zum Glück hat weder die Flasche noch der Alkohol die Gehirnzellen vernichtet, die dafür zuständig sind, so etwas zu speichern.

»Treuepunkte«, sage ich triumphierend und voller Stolz. Stille. Wären wir in einem Western, wäre jetzt der Zeitpunkt gekommen, wo der Wind einen Busch durchs Bild pustet. Die beiden gucken mich an, als hätte ich ihnen gerade erklärt, dass ich vorhabe, eine Mäusemolkerei aufzumachen. Mit Katzen.

»Treuepunkte?« Hakan lehnt sich nach vorne, zieht die Stirn in Falten. »Sag mal, wie hart hat dich die Flasche getroffen? Sind die Ärzte sicher, dass du okay bist?«

»Treuepunkte für Kunden.«

Na, wenn es jetzt nicht klingelt.

Selbst bis hierhin kann ich das Knuspern von Bolles Chips hören. »Das gibt es schon«, erklärt er, während sich ein paar Krümel in seinem Bart verfangen. »Sogar ziemlich häufig. Sorry, Andy. Damit kommst du ein wenig zu spät.«

»Nein, ganz anders. Also ihr kennt doch diese Bonussysteme, die es überall gibt?«

Skeptisches Kopfnicken in unserer Dreierrunde, doch auf einmal bin ich voll in Fahrt.

»Genau das machen wir bei uns im Callcenter auch. Vor dem Anruf müssen die Anwender ja immer auswählen, wo ihr Problem liegt. Ihr wisst schon: Hard- oder Software, und so weiter. Da fügen wir einfach noch einen Punkt hinzu. Kunden können vor dem Anruf auswählen, wie versiert sie sind, was die Technik betrifft. Diese Anrufe können dann schnell bearbeitet werden und dauern nur wenige Minuten. Im gleichen Zug wird ein Bonussystem eingeführt. Kunden können bestimmen, wie wichtig ihr Anruf ist; wenn sie sich selbst eine niedrige Priorität geben und länger in der Warteschleife hängen, bekommen sie am Ende Boni in Form von Punkten, die sie dann in einem eigenen Shop einlösen können. Versteht ihr?«

Anscheinend habe ich die beiden kalt erwischt, selbst Hakan hat den Mund halb geöffnet und zieht die Stirn in Falten. »Nicht so ganz.«

»Es ist ganz einfach. Je länger die Kunden freiwillig in der Warteschleife hängen, desto mehr Punkte bekommen sie. Man kann zum Beispiel auswählen, dass das Problem nicht so hoch priorisiert werden soll, dann bekommen sie noch mehr Punkte und sie freuen sich mit jeder Minute, in der sie länger in der Warteschleife sind. Dann muss man nur noch einen kleinen Webshop erstellen und schon können die Anrufer Geschenke auswählen. Kugelschreiber für zehn Punkte, Mousepads, vielleicht Bücher oder Taschen für 40 Punkte – die Dinger kosten Centbeträge. Alles von der BURA Versicherung. Das steigert die Kundenzufriedenheit und das Corporate-Identity-Gefühl.« Immer noch höre ich kein Wort. »Versteht ihr denn nicht? Die würden sich auf das Warten freuen und sind selbst glücklich, am Ende mit Taschen der BURA Versicherung rumzulaufen. Das ist der feuchte Traum eines jeden Marketingleiters!«

Es dauert einige Lidschläge, bis Hakan seine Stimme wiederfindet. »Damit könnte eine Menge Geld gespart werden.«

»Oder zumindest die Anruferunzufriedenheit«, stellt Bolle fest und greift in die Chipstüte. »Und da ihr dieses Verbesserungsvorschlagsprogramm habt, bekommst du einen Batzen Geld und wärst deine Probleme los.«

Ich schlage die Hände zusammen, als würde ich beten. »Außerdem würden feste Jobs für uns rausspringen.«

Hakan pfeift anerkennend und lehnt sich zurück. »Nicht schlecht. Jetzt musst du es nur noch dem Dengler vorstellen. Vielleicht sollte ich auch mal einen Kopfball mit einer Bierflasche machen.«

*

Nach zwei Stunden schafft es tatsächlich ein richtiger Mediziner, mich zu besuchen. Ein Hoch auf das deutsche Gesundheitssystem. Ganz davon abgesehen, dass es wirklich eins der besten der Welt ist, liefert es doch immer wieder genug Projektionsfläche für solche Gedanken.

Während wir die ganze Zeit an der Idee gefeilt haben, hat Bolle zwei Tüten Chips und Hakan drei Flaschen Wasser vernichtet. Schließlich geben die beiden mir noch den Rat, dass ich das nicht versauen darf und ich für Montag vielleicht sogar meinen Anzug bügeln sollte. Dann verabschieden wir uns und ich bin mit dem Doc allein.

Etliche Untersuchungen später bekomme ich mein Mittagessen und endlich den Wisch, dass ich gegen den Rat eines Arztes das Krankenhaus verlasse. Obwohl der Doc mich gefühlte ein Dutzend Male darauf hinweist, dass er es für *die blödeste Idee nach der Atombombe* hält, habe ich mich innerhalb von zwei Minuten in meine blutigen und stinkenden Klamotten geworfen. Zumindest das Mittagessen nehme ich noch mit. Anschließend erkläre ich meiner Mutter am Handy, dass alles nur ein Missverständnis war und sie auf gar keinen, überhaupt keinen Fall jetzt ins Krankenhaus kommen soll. Wie ich sie kenne, hat sie bereits für die nächsten zwei Wochen Essen eingekocht, weil die Nahrung hier ja nicht gut für ihren Jungen ist. Da sollte sie sich mal mit Ivan von der Pommesbude bei mir um die Ecke unterhalten. Immerhin bin ich da Stammgast.

Nach rekordverdächtigen 15 Minuten habe ich sie überredet, dass sie mit Vater tatsächlich zu Hause bleibt, und ich komme endlich in meine Wohnung, um mir einen Plan für Montag zu überlegen. 15 Minuten! Ihr in dieser Zeit etwas auszureden ist absolute Lichtgeschwindigkeit. Immerhin habe ich fast drei Tage gebraucht, um ihr zu erklären, dass die alte Schreibmaschine weg ist und sie Briefe endlich am PC tippen sollte.

Als ich in der Bahn sitze, fällt mir plötzlich ein weiteres Mosaiksteinchen einfach so in den Schoß. Kleider machen Leute! Wenn ich Dengler meine Idee unterbreiten will, muss ich seriös aussehen. Ich muss zu einem von denen werden, die ich immer gehasst habe. Diese ganzen überkandidelten Teamleiter und Büroterroristen in all ihrer Herrlichkeit. Nur, weil sie den Funken von Macht besitzen und die Dienstpläne machen dürfen. Anpassung, Infiltration und Zersetzung – das wusste schon Chuck Norris und der hat ja bekanntlich immer recht. Verdammt, wenn der hier wäre, dann würde nicht das Callcenter nach Ägypten verlegt, sondern Ägypten hierhin und ich könnte meinen Job behalten. Aber ich muss das wohl oder übel allein regeln.

In der Innenstadt steige ich aus und besorge mir eine Brille mit Fensterglas, dazu noch zwei Anzüge, fünf Hemden und ein Paar Schuhe. Hier kommt der neue Andreas, Version 2.0. Die verbesserte Variante, ohne die blöden Sprüche und mit guten

Ideen. Alle Bugs wurden entfernt, ab jetzt gibt es nur noch Features. Oder so ähnlich.

Auf jeden Fall ist es an der Zeit, etwas zu verändern, und mit mir fange ich da am besten an. Die andere Möglichkeit wäre, die Welt vor mir zu beschützen, doch einen Bunker habe ich gerade nicht griffbereit, deshalb ist Angriff in diesem Fall die beste Verteidigung.

Das Ganze geht gerade noch auf die Kreditkarte, die nur für Notfälle gedacht ist und einen Zinssatz hat, der an Straßenraub erinnert, aber das ist mir derzeit völlig egal. Wenn ich meine Karten richtig ausspiele, habe ich bald Kohle satt.

Zu Hause angekommen, lösche ich als Erstes das Onlinespiel, nehme mir einen Block und schreibe alle Ideen, die wir drei im Krankenhaus beim After-Kater-Brainstorming hatten, auf. Anschließend wird die Wohnung richtig ausgemistet. Nicht weniger als zwei Müllsäcke voller Energydrinkdosen, Pizzaschachteln und anderem Unrat bringe ich nach unten. Anschließend staubsauge und putze ich alles blitzblank. Laura hatte recht, der Boden auf dem Balkon ist weiß und nicht eidotterfarben. Gegen Abend gehe ich tatsächlich einkaufen. Also so richtig, mit Obst und Gemüse, das ich vorher nur als Unkraut kannte. Armer Ivan. Ich bin mir sicher, dass er sich bereits Sorgen macht. Bestimmt sind meine Portion Pommes und die Currywurst schon auf dem Tresen. Aber darauf kann ich leider derzeit keine Rücksicht nehmen.

Es ist schon erstaunlich, was man alles kochen kann. Die Karte in der Pommesbude hat nur dreißig Gerichte. Aber im Internet gibt es anscheinend Tausende. Ich entscheide mich für Hühnchenfleisch und Salat und setze mich an den Rechner. Gar nicht schlecht. Vielleicht sollte ich das öfter machen, dieses Kochen.

Während die feierwütige Masse in die Düsseldorfer Innenstadt pendelt, um sich an der längsten Theke der Welt die Kante zu geben, sitze ich den ganzen Abend am Rechner. Großzügig kopiere ich die neuesten Kinofilme auf meine Festplatte und brenne sie auf DVD. Sogar die neuesten Cover drucke ich aus und packe alles zusammen fein säuberlich in Hüllen. Gegen Mitternacht habe ich ein Dutzend Filme zusammen und bin selbst froh, dass ich endlich unter die Dusche kann. Zum Schlafen werfe ich noch zwei Aspirin rein und schmiede Pläne für den morgigen Tag.

*

Sonntag erwache ich bereits früh und als ich unter der Dusche stehe, sprühe ich vor Tatendrang. Jetzt kann ich diese ganzen Esoterikfreaks verstehen, mit ihrem Carpe-Diem-Blödsinn. Ein weiteres Mal telefoniere ich mit meiner Mutter und schaffe es sogar, meine Eltern zu besuchen. Dabei bekomme ich so viel Sauerbraten auf den Teller, dass es für eine ganze Fußballmannschaft gereicht hätte. Geschlagene zwei Stunden muss ich die Sache mit Laura erklären, die anderen Geschehnisse verschweige ich absichtlich. Während mein Vater alles mit einem gewissen Missmut aufnimmt, überschlägt sich meine Mutter in Floskeln.

»Drum prüfe, wer sich ewig bindet.«

»Du bist noch jung und es gibt noch viele andere Fische im Teich.«

»Andere Mütter haben auch schöne Töchter.«

Ich könnte diese Liste mühelos fortführen. Alles in allem war Laura ein sehr nettes Mädchen und meine Mutter hätte es gern gesehen, wenn ich ihr einen Ring an den Finger gesteckt hätte.

Sorry Mum, aber das wird nichts.

Schließlich verabschiede ich mich, mit dem Versprechen, mich *auf jeden Fall* öfter als bisher zu melden. Zu Hause angekommen, mache ich per Internet einen Crashkurs zum Thema Jagen und lese so ziemlich jede Rezension der neuesten Kinofilme, die mir in die Finger kommt. Gegen Abend dusche und rasiere ich mich und falle schließlich erschöpft ins Bett.

Trotzdem kann ich nicht richtig einschlafen. Während der Mond sein schummriges Licht in das Schlafzimmer wirft, schlage ich die Augen wieder auf. Irgendetwas fehlt. Fünf Jahre lag Laura dort, störte mich penetrant mit ihrem nächtlichen Gemurmel und jetzt kann ich nicht einschlafen, weil es mir fehlt.

Kurz überlege ich, ob es dafür nicht auch eine App gibt, verwerfe den Gedanken schließlich. Es gab nicht oft Nächte, in denen ich allein schlafen musste. Und selbst wenn ich auswärts gepennt habe, weil ich zu betrunken war, nach Hause zu kommen, waren da immer noch Hakans Schnarchen oder Bolles morgendliche Fressattacken, die eine gute Hintergrundkulisse abgaben. Nur hier ist nichts.

Nur Totenstille.

Ob es ihr genauso geht? Bestimmt liegt sie gerade in ihrem alten Kinderzimmer und heult sich die Augen aus dem Schädel. Oder sie ist gerade mit ihren Mädels feiern und genießt ihre neu gewonnene Freiheit. Vielleicht wird sie in diesem Moment von einem von diesen Spinnern mit Modeschals durchgenommen. Meine Gedanken spielen va banque, ich kann nur verlieren. Wut steigt in meinem Körper hoch und vermischt sich mit diesem ganzen Brei aus Neid- und Minderwertigkeitsgefühlen zu einer ganz eigenen Komposition. Jetzt erst wird mir klar, dass es vorbei ist. Für immer. Ich bin zwar nicht der erste Mensch, der eine gescheiterte Beziehung hinter sich hat, und werde auch nicht der letzte sein. Trotzdem tut es scheißeweh.

So einfach ist das.

Um zumindest ein paar Hintergrundgeräusche zu haben, stelle ich den Fernseher an. Noch nicht einmal ein Erotikfilm läuft um diese Uhrzeit. Das war früher auch mal anders. Irgendwann in der Nacht verlangt die Müdigkeit endlich ihren Tribut und ich schlafe ein.

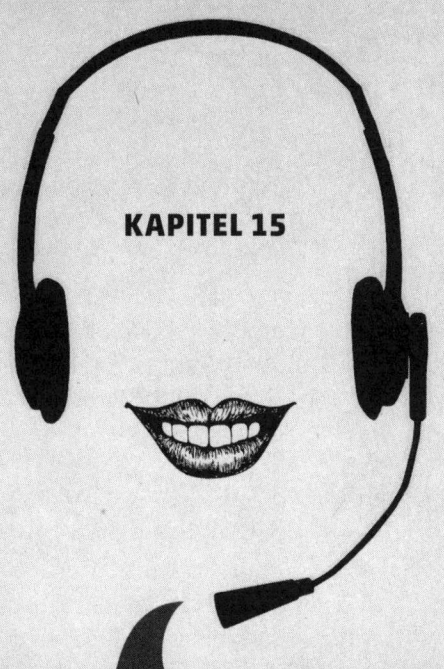

KAPITEL 15

ANDERER MIST, DIESELBEN FLIEGEN

DIESE

Brille macht mich in der Tat gleich 15 IQ-Punkte klüger. Zumindest fühle ich mich so. Es muss Jahre her sein, dass ich so geschniegelt zur Arbeit gegangen bin. Um genau zu sein, war es das Bewerbungsgespräch bei Persopower. Danach nie wieder.

Zufrieden betrachte ich im Spiegel die Gesamtkomposition, welche die nette Frau vom Bekleidungsladen für mich zusammengestellt hat. Eine Krawatte wäre zu viel und ich bin mir sicher, dass die anderen sich nass machen würden vor Lachen. Wenn die schon ihre Tranny-Witze reißen, dann will ich dabei wenigstens gut aussehen.

Die Bahn kommt pünktlich, sodass ich ein paar Minuten zu früh bei Herbauer eintreffe.

Da wären wir also wieder.

Die Sonne ist noch nicht ganz über die Düsseldorfer Dächer gekrochen, als ich meine Zigarette in dem überfüllten Aschenbecher ausdrücke und den Code eingebe, um die Tür zu öffnen. Auf der linken Seite des Flures steht der kleine Tisch mit den Hochglanzwerbeprospekten für unsere Kunden. Auf den Bildern sieht man freundliche Männer und Frauen mit feinen Anzügen und dem perfekten Blend-a-med-Lächeln, die sich über jeden Anruf fast schon kindisch zu freuen scheinen.

Doch diesmal gibt es diese Leute wirklich. Ich bin einer von ihnen und topmotiviert. Ja, ich sehe sogar wie einer von ihnen aus!

Die Sprüche der Kollegen lasse ich über mich ergehen, ein kurzes Gespräch mit Hakan in der Teeküche muss heute reichen. Schließlich habe ich noch etwas zu tun. Wieder gehe ich die Gänge entlang und erreiche meinen neuen Lieblingsarbeitsplatz, das Outboundcallcenter. Freundlich begrüße ich die Kollegen und setze mich an den fettverschmierten Platz. Da muss wohl jemand gewütet haben wie Hannibal vor den Toren Roms. Ohne Eile desinfiziere ich Platte, Tastatur und Maus sowie alles andere, was mit diesen kontaminierten Fingern in Berührung kommen konnte. Anschließend starte ich das System und überfliege die neuesten Mails, die für den Job heute wichtig sind.

Was können die Kunden denn dieses Mal Tolles gewinnen? Oh, die Traumreise nach Hawaii hat ausgedient, es ist nun ein neuer BMW. Schick. Und ich rufe auch nicht mehr im Namen der Deltacall GmbH, sondern für das Efrit Institut an.

Rein interessehalber google ich den Namen Deltacall und es stellt sich heraus, dass die Firma nach nur drei Monaten nicht mehr existiert.

Natürlich war es auch keine deutsche Gesellschaft mit begrenzter Haftung und 50.000 Euro Mindesteinlage, sondern eine englische *Limited* mit beinahe keinem Gesellschaftsvermögen. Rein rechtlich gesehen muss das Kürzel »Ltd.« natürlich im Namen geführt werden, aber da waren die Inhaber bei der Übermittlung wohl etwas ungenau. Gegründet wurde sie übrigens auf Malta. Dafür braucht man nicht einmal einen Notar, sondern muss nur bequem übers Internet einen Antrag stellen und schon hat man eine Firma gegründet. Sicherlich bekommt niemand der Gläubiger je auch nur einen Cent zu sehen und die deutschen Inhaber haben schon drei neue *Ltds* aus dem Boden gestampft.

Manchmal werden sogar Firmen gegründet, die nur der Informationsbeschaffung dienen. Die Daten werden dann weiterverkauft an Firmen, die nur existieren, um anderen Unternehmen den Auftrag zu geben, mit diesen Daten Befragungen oder Gewinnspiele durchzuführen. Die Ergebnisse werden dann an eine dritte Firma weiterverkauft, welche die Daten schlussendlich einer anderen wieder zur Verfügung stellt. Interessanterweise ist die Geschäftsführerin von Firma eins die Ehefrau von Unternehmer drei, der wiederum ist der Bruder der zweiten Ltd. Die Aufträge werden also untereinander verteilt, das ist gut für die Steuer und es bleibt ja in der Familie. Al Capone wäre stolz auf manche Unternehmer.

Klingt zu unglaubwürdig? Ganz bestimmt. Nur komischerweise tauchen immer dieselben Namen bei Ermittlungen auf, die sich mit solchen Themen befassen. Es lebe der europäische Gerichtshof, der solche wunderbaren Urteile verabschiedet hat. Man kann völlig legal den Verwaltungssitz einer in einem EU-Land errichteten Gesellschaft in jedes beliebige andere EU-Land verlegen und damit auch oder gar ausschließlich in diesem anderen Land geschäftlich tätig werden.

Wenn zumindest Herbauer sein Stück vom Kuchen bekommen hat, dann bin ich ja zufrieden. Nun telefoniere ich also für das Efrit Institut. Der Mist ändert sich, die Fliegen bleiben gleich. Eine innere Stimme flüstert mir zu, dass dieses tolle Institut auch gerade erst gegründet wurde und in nicht allzu langer Zeit seine Pforten wieder schließen wird. Mit einem ordentlichen Reibach für die Geschäftsführer natürlich.

Wie dem auch sei. Nicht mein Problem.

Mit wenigen Klicks starte ich das System und die Telefonanlage läuft.

»Hallo?«, empfängt mich eine junge Stimme am anderen Ende der Leitung.

Beim Blick auf die Maske muss ich ein Lachen unterdrücken. Das Schicksal hat Sinn für Humor.

»Spreche ich mit Herrn André Titular aus Aschaffenburg?«

»Jep«, antwortet er verschlafen.

Kurz überlege ich, ob ich ihn nicht fragen soll, ob er eine Asch-Card besitzt, konzentriere mich dann aber wieder auf das Wesentliche.

»Herr Titular, schön, dass ich Sie erreiche. Ich rufe im Namen des Efrit Instituts an. Sie gehören zu den glücklichen Gewinnern, die berechtigt sind, an unserer Sonderverlosung teilzunehmen. Dabei haben Sie die Möglichkeit, einen nagelneuen 5er BMW zu gewinnen, und die Chancen stehen für Sie gar nicht schlecht.«

Eine kurze Pause entsteht, ich kann seine Hirnwindungen praktisch durch mein Headset arbeiten hören. Soll er einfach auflegen oder es versuchen? Wie groß ist seine Gier?

»Oh, ich weiß nicht. Was muss ich dafür tun?«

Diesmal spiele ich meine Karten anders. Ich will gewinnen, verdammt.

»Eigentlich gar nichts. Die Verlosung wird in einigen Tagen stattfinden und bis jetzt gab es sehr wenige Rückmeldungen. Sie wissen ja, die ganzen Callcenter haben einen miesen Ruf. Da fällt es keinem mehr auf, wenn einem wirklich mal das Glück hold ist.«

»Okay«, stammelt er langgezogen.

Ich habe ihn. »Dies ist praktisch die erste Gewinnmitteilung. Beim nächsten Anruf kann der BMW schon Ihnen gehören. Wollen Sie mir kurz Ihre Daten zur Bestätigung noch einmal geben?«

Die Gier ist größer. Sie ist mein Verbündeter und wir haben gesiegt.

»Klar, was brauchen Sie?«

Mechanisch arbeite ich seine Daten herunter, bis ich sogar seine E-Mail-Adresse ins System eintragen kann. Tatsächlich gibt es Extrapunkte, wenn man die Daten von Kunden ergänzt oder aktualisiert, damit diese mit Newslettern zugebombt werden können.

Weiter geht es. Ich mutiere zum perfekten Callcenteragenten und wende alle Regeln des Telefonmarketings an. Mit anderen Worten – ich werde zum kaltblütigen Verkäufer, der selbst einer 100-Jährigen noch eine Lebensversicherung aufschwatzen würde.

»Herr Titular, das hätten wir schon. Vielen Dank, dass Sie sich die Zeit genommen haben. Wenn Sie möchten, können wir Ihre Gewinnchancen noch erhöhen, indem wir noch eine Umfrage machen. Da haben noch weniger Leute dran teilgenommen, aber das muss nicht sein.«

»Doch, doch, fragen Sie mich.«

»Sind Sie sicher? Es würde ein wenig dauern. Andererseits sind Ihre Chancen dann schon richtig hoch.«

Er stimmt auch hier zu. André Titulars Beruf ist Schlosser, er lebt allein, konsumiert am liebsten Fertigpizzen einer ganz bestimmten Marke und geht dreimal die Woche einkaufen. Dazu ist er Raucher, trinkt aber wenig Alkohol und hat ein Jahreseinkommen von circa 24.000 Euro. Eine Freundin hat er auch und ich bekomme sogar ihre Nummer. Damit kann ich eine neue Kundenkartei aufmachen und noch mehr Punkte vom System kassieren. Alles in allem gibt er mir also seine gesamten Daten. Freiwillig.

Ob er das Auto gewinnen wird? Zumindest ich habe selten etwas von einer Gewinnausschüttung gehört. Liegt vielleicht daran, dass die Firmen so schnell abgewickelt werden. Die Chefs machen dann erst einmal Urlaub auf den Malediven, da bleibt keine Zeit mehr, um Autos zu übergeben.

Nach 20 Minuten ist der Spuk vorbei. André Titular ist hellwach und muss jetzt erst einmal zur Arbeit. Vielleicht wird er heute noch ein paar Mal an den glänzenden 5er BMW denken. Was nun mit seinen Daten passiert, daran denkt er nicht.

Mein Gewissen ist ausgeschaltet. Ich laufe auf Autopilot im höchsten Gang. Die nächsten zwei Stunden reiße ich so viele Calls runter, dass ich die Abschlussgrenze des heutigen Tages schon längst erreicht habe. Über acht Befragungen habe ich erfolgreich durchgeführt, dazu noch etliche Kundendaten aktualisiert.

Endlich wird Töscher auf mich aufmerksam, steht auf einmal hinter mir und klopft mir auf die Schulter.

»Hey Ändy, du bist ja *on fire* heute! Und einen schicken Anzug trägst du auch. *Nice, nice.*«

Ich spiele erschöpfter, als ich eigentlich bin, und lege das Headset auf den Tisch.

»Ja, von nichts kommt nichts. Außerdem hatte ich ein schlechtes Gewissen, weil ich letzte Woche krank war.«

»Mann, da hast du ja eine krasse Beule am Kopf.«

»Ach ... passiert«, winke ich ab und greife in meine Tasche. Wie zufällig lege ich die gebrannten DVDs auf die andere Seite des Schreibtischs. »Ich lag die ganze Zeit im Bett und konnte nichts anderes machen als Filme zu gucken.«

Töschers Augen weiten sich mit einem Mal. »Die hast du alle gesehen?« Sofort ist er am Stapel und überfliegt die Titel.

»Ja, ich hatte nichts anderes zu tun. Ich weiß gar nicht, was ich mir da alles runtergeladen habe. Ist auf jeden Fall alles DVD-Qualität.«

Sein Kopf nickt wie wild und ich erkenne das Glitzern, das ich erhofft hatte.

»Ändy, hör mal ... meinst du, dass ich mir die mal ausleihen und kurz brennen könnte? Ich meine, so unter Buddys?«

»Die wollte ich heute eigentlich Hakan ausleihen«, flüstere ich, als ob es mir leidtun würde, verschränke die Arme hinterm Kopf und lasse mich in die Lehne zurückfallen. Ich lasse ihn einige Sekunden zappeln und stöhnte schließlich auf, als ob ich gerade entschieden hätte, wer bei einem Flugzeugabsturz überlebt oder stirbt. »Gut, nimm mit. Aber die hast du nicht von mir, wenn wer fragt.«

Ein weiteres Mal spüre ich seine Hand auf meiner Schulter. »Danke, Ändy. Und keine Angst – kein Wort wird über meine Lippen kommen.« Dabei formt er mit der Hand eine Pistole und feuert auf mich.

Diesmal schieße ich zurück. »Ach, Hartmut. Eine Sache noch. Kann ich kurz zu Dengler, ich habe da ein paar Fragen.«

»Klar, mach nur«, entgegnet Töscher, während er sich im Gehen die Rückseiten der DVDs durchliest. Gut, einem tiefgründigen Gespräch über die Filme, die Regie und jegliche Darsteller bin ich entgangen. Dass es so einfach geht, hätte selbst ich nicht gedacht.

Das wäre erledigt.

Sofort stehe ich auf und verlasse das Outboundcallcenter. Mein erster Weg führt mich allerdings nicht zum Chef, sondern in den Stall des Pferdes. Sibylle Marolt sitzt wie immer vor ihren drei Monitoren und beobachtet mit Argusaugen die Statistiken der Mitarbeiter. Dabei funkeln ihre blutunterlaufenen Augen, als ob sie gerade überlegt, wessen Kopf als Nächster rollen soll. Höflich klopfe ich an und warte, bis sie aufblickt. Mit meinem besten Lächeln deute ich eine kleine Verbeugung an.

»Frau Marolt? Darf ich Sie kurz sprechen?«

Sie nickt und bietet mir sogar einen Platz an. Anscheinend ist auch sie irritiert, dass hier jemand freiwillig herkommt. Vielleicht erwartet sie ein Attentat oder einen Selbstmordanschlag. Beides wäre nicht so unglaublich unrealistisch bei ihrem Führungsstil.

»Frau Marolt, ich wollte mich noch einmal in aller Höflichkeit für die vorletzte Woche entschuldigen. Sie hatten natürlich absolut recht. Und jetzt, da das Callcenter nach Ägypten verlegt wird, haben wir ja nicht mehr so viel Zeit, in der ich Ihnen das sagen kann.« Innerlich könnte ich kotzen. Irgendwo in der hintersten Ecke meiner Seele sitzt gerade mein Gewissen und schlägt seinen Kopf gegen die Wand. Selbsthass muss für mich neu definiert werden. Diese schleimigen, manipulativen Idioten, die den Leuten in den Arsch kriechen, habe ich immer gehasst. Und nun muss ich selbst einer von ihnen werden.

Sibylle Marolt antwortet erst mal nicht, blickt mich versteinert an. Schließlich höre ich sie mehrmals atmen, bevor sie ihre Stimme wiederfindet.

»Es war natürlich äußerst bezeichnend, dass Sie nach Ihrer Versetzung zum Outbound erst einmal eine Woche krank gewesen sind. Aber die Wunde an Ihrem Kopf spricht Bände. Was ist passiert, Herr Seifeld?«

Und jetzt beginnt mein Seelenstrip. Ich erzähle ihr vom Schlussmachen meiner Freundin, dramatisiere, wo es nur geht, berichte von mehreren Steinen und Flaschen, die auf mich eingeschlagen wurden, und hasse mich mit jedem Wort ein wenig mehr. Dann spanne ich den Bogen zu ihrer Arbeit und wie viel Respekt ich doch vor ihrem Job habe. Am Ende meines Monologs zwingt sie sich tatsächlich ein hauchzartes Lächeln ab. Wenn nichts mehr hilft, hilft Mitleid.

»Wissen Sie, Herr Seifeld. Ich finde es vorbildlich, dass Sie den Mut haben, sich zu entschuldigen. Eigentlich finde ich es sogar recht schade, dass unsere Wege sich trennen. Ich kenne Sie nun schon sehr lange und denke tatsächlich, dass Sie ein Mann mit Potenzial sind. Zu schade, dass Sie sich oftmals selbst im Weg gestanden haben.«

Dann passiert etwas Merkwürdiges. Sie verzieht ihr Gesicht zu einer Schnute, die wahrscheinlich so etwas wie Sympathie ausdrücken soll. Dabei sieht es aus, als hätte der Joker sich mit seinen Klingen ein weibliches Ebenbild schnitzen wollen.

Ich lächle zurück und liege damit goldrichtig.

»Na ja, noch sind die sechs Wochen ja nicht um«, erklärt sie sibyllinisch und nimmt wieder ihre Maus in die Hand. »Wer weiß, was da noch alles passieren kann. Übrigens – Sie haben eine tolle Statistik heute Morgen. Weiter so!«

Hat die Marolt mich gerade wirklich gelobt? Wie kann das sein? Sind die Grundgesetze des Universums außer Kraft gesetzt? Passiert das wirklich?

Etwas zu unterwürfig bedanke ich mich, verlasse ihr Büro und gehe erst einmal nach draußen.

Nachdenklich stecke ich die Zigarette in den Mund und blase Rauch in den Himmel. Plötzlich gewinnt diese eindimensionale Figur der Sibylle Marolt an Tiefe. Mein ganz persönlicher Antagonist, die Nemesis eines jeden Callcenteragenten, ist tatsächlich so etwas wie ein Mensch. Na ja, das wäre vielleicht zu viel gesagt, aber zumindest ein Cyborg, bei dem für den Bruchteil einer Sekunde der Gefühlschip aktiviert wurde.

Braucht sie nur ein wenig Aufmerksamkeit und Verständnis für ihren Job? Ist das wirklich so einfach? Ein paar nette Worte des Dankes, mehr nicht?

Sofort verwerfe ich den Gedanken wieder. Die Schwäche ist der Feind eines jeden Plans und da ich mich schon wie der letzte Kotzbrocken fühle, muss ich mich auch so benehmen, ansonsten wird alles scheitern.

Schnell ist die Zigarette ausgedrückt und ich stehe vor Miriams kleinem Büro. Wenn es etwas gibt, auf das ich mich gefreut habe, dann ist es, sie wiederzusehen.

Sie sieht sogar geil aus, wenn sie sich langweilt. Miriam hat ihr Gesicht auf einer Hand abgestützt, während sie lustlos ein Onlinegame spielt. Doch als sie mich sieht, wirft diese Traumfrau, diese Orchidee in einer kalten und grausamen Welt, ihre blonde Mähne zurück und ein Lächeln huscht über ihre Wangen.

»Andreas, wie siehst du denn aus?« Entweder bekommt sie jetzt einen Lachanfall, oder … »Super, richtig sexy«, haucht sie, kommt auf mich zu und zupft an meinem Anzug.

Innerlich bete ich, dass sie es dabei nicht belässt, und lege ein dümmliches Grinsen auf. »Ja, mal etwas anderes.«

»Mal etwas Heißes«, korrigiert sie mich, dann fällt ihr Blick auf meine Kopfwunde. »Ich hab mir echt Sorgen gemacht, weißt du?«

Nein, wusste ich nicht. Hätte ich es gewusst, dann hätte ich dich zum Duschen eingeladen.

Miriam streichelt mir zärtlich über den Arm und legt ein Gesicht auf, als hätte man mir die Beine amputiert.

»Ich hab gehört, was mit dir und Laura passiert ist. Tut mir echt leid. Und dazu noch die Kopfwunde beim Fußballspiel.«

»Da wird wohl eine Narbe zurückbleiben.«

»Macht nichts. Narben machen sexy und einen hübschen Mann kann nichts entstellen. Außerdem hat es auch Vorteile, Single zu sein, glaub mir, ich weiß das.«

Etwas zu großspurig lasse ich die Hände in meine Taschen gleiten, während sie sich wieder auf ihren Platz setzt.

»Und die wären?«

»Na, vielleicht wirst du das noch rausfinden, Sweetie.«

Sweetie? Selbst der kleine Mann in meinem Kopf weiß gerade nicht, welche Knöpfe er drücken muss. Nicht, dass es wichtig wäre, wie sie mich nennt, solange sie weiter mit mir auf diese Weise redet. Von mir aus bin ich auch ihre kleine, grüne Sumpfkröte, aber Sweetie?

Da allerdings aus diesen wundervoll geschwungenen Lippen jedes Wort nach purem Sex klingt, versuche ich, es nicht allzu nah an mich rankommen zu lassen, und komme zum geschäftlichen Teil.

»Kannst du mir verraten, ob Dengler da ist?« Dabei gehe ich bereits ein paar Schritte auf seine Tür zu.

Miriam strahlt mich mit großen Augen an. »Was willst du denn bei ihm? Bleib doch lieber hier und wir quatschen ein wenig.« Nur zu gern. Wenn du willst, bis ans Ende aller Tage, aber nicht jetzt.

»Klar, aber erst muss ich mit dem Chef reden, Sweetie.« Nicht schon wieder! Immer, wenn diese Frau in meiner Nähe ist, verlässt nur gequirlter Mist meinen Mund.

Merke – wenn sie das sagt, ist das sexy. Wenn ich das sage, ist das schwul. So einfach ist das. Was das angeht, haben Frauen einfach einen Vorteil. Dafür dürfen sie nicht pupsen und dann lachen.

»Ich hab da eine Idee, die ich ihm gern vorstellen würde«, schiebe ich fast entschuldigend hinterher.

Wieder stützt sie sich auf ein Handgelenk und blitzt mich an. »Oh, das klingt interessant. Was Großes?«

»Könnte ein wenig Geld sparen.«

»Versuch, ihn richtig vom Hocker zu hauen. Es wäre doch zu schade, wenn du auf einmal nicht mehr hier wärst. Dann würde mir echt etwas fehlen.«

Das gibt es doch nicht, flirtet sie tatsächlich mit mir? Mein Frauenradar scheint nicht nur eingerostet, sondern schon eine Fehlfunktion zu haben. Sie doch nicht. Andererseits … vielleicht gehört sie zu den Frauen, die einfach zu gut aussehen und nicht angemacht werden, weil die Typen sowieso denken, dass sie einen Korb kriegen. Hm – klar. Und jetzt sollte ich aufhören zu träumen und versuchen, mein richtiges Leben in Ordnung zu bekommen.

»Meinst du, dass ich einfach mal reingehen kann? Immerhin wird er viel zu tun haben mit der Verlegung und so.«

»Ach geh nur«, flüstert sie, lehnt sich zurück und schlägt die Beine übereinander. »Ich finde alles gut, was dabei hilft, dass du hierbleiben könntest. Außerdem hat er immer Zeit, wenn es ums Geldsparen geht.«

Ich nicke und klopfe an der Tür.

»Und, Sweetie?«

Noch einmal drehe ich mich um.

»Viel Glück.«

Als sie diese Worte wispert, muss ich aufpassen, dass ich keine Erektion bekomme, bevor ich vor den Sonnengott trete. Könnte falsch verstanden werden.

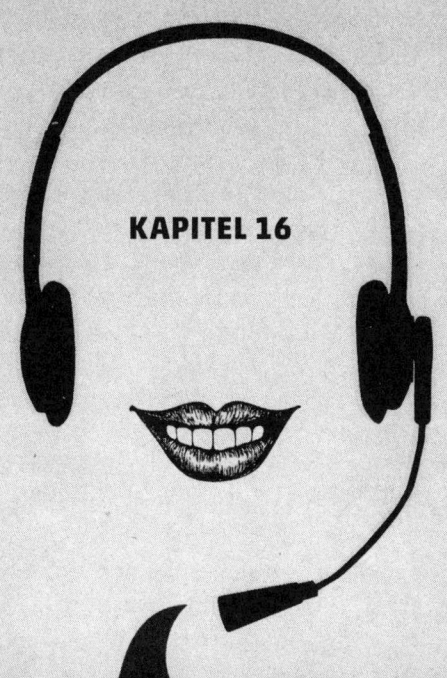

KAPITEL 16

FLURFUNK UND HERZKLABASTER

ZWEI

Stunden später sitze ich zufrieden in der Kantine und stochere in den Resten meines gestrigen Essens herum. Tatsächlich schmeckt es doch anders als Pizza. Irgendwie gesünder, man könnte auch sagen – lecker.

»Andy, wie hast du das denn geschafft?«

Ich schrecke auf, als Miriam sich neben mich setzt und Hakan im Schlepptau hat.

»Wie ist es gelaufen?«, will er wissen.

»Wie es gelaufen ist? Der Chef redet die ganze Zeit von nichts anderem mehr.« Miriams Augen glühen, als sie ihren Teller mit Suppe neben meinem Auflauf platziert. Dabei berührt sie mit jeder Bewegung meinen Arm. Hakan bleibt nur der Platz gegenüber. »Der Dengler meinte, dass diese Idee mehr als interessant sei.«

»Ich hatte doch noch gar keine Zeit, sie ihm richtig vorzustellen«, werfe ich ein. »Wir haben die erste Viertelstunde nur über die Jagd und die beste Zeit für eine Hasenhatz geredet, danach war er so mit Telefonieren beschäftigt, dass er nur mit halbem Ohr zugehört hat.«

Miriam schüttelt den Kopf als wäre sie gerade äußerst genervt. »Glaub mir, er hat alles verstanden. Auch wenn du deinen Vorschlag nur umreißen konntest, so ist er doch Feuer und Flamme.« Dabei legt sie ihre Hand auf meinen Arm und wendet sich wieder an Hakan. »Andy hat morgen ein Meeting mit dem Dengler. Zwei Stunden lang nimmt der sich Zeit, dabei

soll Andy die Vorschläge alle ausarbeiten und ihm vorstellen.«
Bei einem kurzen Lachen blitzen ihre makellosen Zähne. »Er
ist jetzt schon sehr gespannt, wie der Verbesserungsvorschlag
des Herrn Seifeld im Einzelnen aussieht.«

Dabei imitiert sie Denglers Stimme gar nicht schlecht. Hakan grinst breit und zwinkert mir zu.

»Sauber gemacht, Andy. So sicherst du unsere Jobs und
kriegst einen Berg voll Kohle.«

»Du weißt, was das für eine Idee ist?«, will Miriam wissen.

Beinahe desinteressiert zuckt Hakan mit den Schultern.
»Klar, könnte eine große Sache werden.«

»Erzähl«, bittet Miriam und kommt dabei so nah an mich
heran, dass mir ganz schwindelig wird.

»Frau Weller!«

Sofort schießen alle Köpfe in der Kantine herum. In der
Tür steht das Pferd, ihre Hufe sind beschlagen, der Blick so
grausam und unbarmherzig wie Höllenfeuer. Sie ist wieder
bereit zum Lostrampeln. Vorbei ist der Anflug von Mensch-
lichkeit. Zumindest weiß ich jetzt, dass sie auch die richtigen
Mitarbeiter von Herbauer so behandelt, wenn sie nicht gerade
ihre einfühlsame Zehntelsekunde hat.

»Frau Weller, haben Sie die Kopien bereits angefertigt? Diese Verträge müssen heute noch raus.«

Jetzt wandelt sich auch Miriams Blick zu Eis.

»Noch nicht, Frau Marolt. Aber gleich nach dem Essen ist
es das Erste, was ich tun werde.«

Die elektrische Spannung in der Mitte ihrer Blickfelder ist
beinahe sichtbar.

Noch einige Herzschläge funkeln die beiden Frauen sich an,
dann galoppiert das Pferd davon.

»Wie ich diesen Job hasse«, flüstert Miriam schließlich und
atmet tief. »Kopien und Anrufe, dazwischen Leerlauf, ich bin
nichts anderes als eine bessere Praktikantin.«

»Du machst einen guten Job und du bist hier fest angestellt«, versuche ich, sie zu besänftigen. »Das ist eine ganze Menge mehr, als wir von uns behaupten können.«

Hastig löffelt Miriam ihre Suppe und schüttelt den Kopf. Selbst jetzt sieht sie scharf aus.

»Ich mache einen Job für kleine Kinder. Jeder Pavian, der eine Nuss knacken kann, könnte das machen. Verdammt, ich muss hier dringend mal raus und etwas anderes sehen.«

Der Teller ist zwar noch halb voll, trotzdem steht sie auf und geht.

»Also Jungs, wir sehen uns. Und dir, Andy, viel Glück für morgen. Die Brille steht dir übrigens echt gut.«

Mit diesen Worten verlässt Miriam die Kantine. Hakan und ich blicken ihr nach, ziehen die letzten Impressionen ihrer Anwesenheit in uns hinein.

»Also echt, wenn ich es nicht besser wüsste, würde ich sagen, dass die scharf auf dich ist.«

»Tja, nur leider hat sie einen Freund.«

»Hat sie nicht.«

Gabel und Messer landen im Auflauf, mein Herz setzt für einen Moment aus.

»Und wann hattest du vor, mir diese völlig unwichtige Information mitzuteilen?«

»Ist das von Belang für dich?«, entgegnet Hakan gereizt. »Seit letzter Woche sind die beiden getrennt. Aber ich glaube, du hast derzeit andere Sorgen, als eine unnahbare Schönheit zu beeindrucken. Mann, Andy, denk mal nach. Wenn du den Job und die Kohle kriegst, hast du genug Zeit, mit ihr anzubandeln. Konzentrier dich jetzt auf diese Scheißpräsentation und hau den Dengler vom Hocker.«

Fuck! Er hat recht. Ich muss diesem alten Jägersmann das Ding so um die Ohren hauen, dass er gar keine andere Möglichkeit mehr hat, als uns die Jobs zu geben.

Kopfschüttelnd schnippt Hakan vor meinen Augen. »Hey, Andy, hör mal auf zu träumen. Musst du nicht langsam wieder arbeiten?«

»Ja, Papa«, entgegne ich genervt. »Aber nicht mehr lange, wenn alles so funktioniert, wie ich denke.«

»Was meinst du denn damit?«

»Der Dengler meinte, dass ich dieses vielversprechende Projekt ausarbeiten soll. Und wenn seitens unserer Kommunikationstrainerin und des Teamleiters Töscher nichts dagegen spricht, bin ich freigestellt.«

»Çüs. Da scheint sich aber jemand Gedanken gemacht zu haben.«

»Was so eine Bierflasche alles ausmachen kann …«

In einer Bewegung stehe ich auf, hole mir einen Handschlag von Hakan ab und verlasse die Kantine. Die Köder sind ausgeworfen, es wird Zeit, dass jemand anbeißt. Und damit meine ich einen 100-Kilo-Brocken namens Dengler. Im Outboundcallcenter setze ich mich wieder an meinen Platz und starte das System. Nach drei erfolglosen Befragungen steht auf einmal Frau Marolt hinter mir.

»Herr Seifeld?«

Beinahe hätte ich mich an der Cola verschluckt. Wie konnte sie sich nur schon wieder so an mich heranpirschen? Sind die Kopfhörer der Headsets wirklich so dick? Gut, teilweise hat man einen Tinnitus, wenn man die Dinger abnimmt, aber ihr Trampeln zu überhören scheint mir doch unrealistisch. Vielleicht hat sie sich für ihre Hufe Pantoffeln besorgt. Nimm vier, bezahl zwei, oder so.

»Herr Seifeld, ich habe eben einen Anruf von Herrn Dengler erhalten. Anscheinend sind Sie für ein Sonderprojekt eingeteilt worden. Meinen Glückwunsch.«

Yes! Nicht zum ersten Mal leisten meine Schutzengel fantastische Arbeit. Wenn ich einmal sterben muss, werde ich von hier unten einen Geschenkkorb mit hoch nehmen. Falls es nach oben geht.

»Wir sollen Ihre weitere Beschäftigung mit dem Teamleiter absprechen. Aber wenn Sie mich fragen, ist das nicht weiter von Belang.«

Während das Pferd bereits durch das Großraumbüro stapft und sich mit festem Blick dem Tisch des Teamleiters nähert, habe ich Mühe, ihr zu folgen.

»Warum sollte das nicht von Belang sein?«

Sibylle Marolt blickt mich kurz an. »Seine Stimme wird hier bald kein Gewicht mehr haben. Die Zahlen sind nicht gut und anscheinend schreit die Stelle nach einer Neubesetzung, wenn nichts Außerordentliches mehr passiert.«

Meine ganze Downloadaktion war also umsonst. Töscher wird abgesetzt. Natürlich, es ist nur logisch. Bevor die Firma ins Ausland verlegt wird, trennt sie sich von unliebsamen Angestellten. Bei Leiharbeitern ist das ganz einfach. Ein Anruf und sie sind weg. Festangestellte haben es da schon etwas besser. Aber auch nur ein ganz klein wenig. Da in Callcentern die bloße Erwähnung des Begriffs »Betriebsrat« fast mit dem Tode bestraft wird und jegliche Informationsbroschüren zur Gewerkschaftsanschließung von der Geschäftsführung weggeschlossen werden, als wären es Geheimdokumente des Vatikans, ist es äußerst schwierig, sich gegen eine Entlassung zu wehren. Nun, grundsätzlich sind Klagen beim Sozialgericht kostenlos. Doch wer möchte schon in einer Firma arbeiten, die einen so schnell wie möglich loswerden will? Aufhebungsverträge sind an der Tagesordnung und ich habe so ein Gefühl, dass es nicht die letzte Auflösung ist, die der Dengler bald unterschreiben wird. Ganz klar – er will die Firma schlank halten für die Übergabe. Weniger Kosten, mehr Profit.

»Das heißt, die Stelle wird in absehbarer Zeit frei?«

»Durchaus möglich.«

»Aber warum sagen Sie mir das? Verstößt das nicht gegen irgendein Recht?«

Wieder ist da dieser klägliche Versuch eines Lächelns. Mir läuft es kalt den Rücken herunter.

»Herr Töscher ist bereits informiert und der Flurfunk dürfte diese Information jetzt schon verbreitet haben.«

Da hat sie wahrscheinlich recht. Eine amerikanische Studie hat gezeigt, dass mehr Informationen an Wasserspendern weitergegeben werden als per E-Mail. Als diese Studie veröffentlicht wurde, fanden interessanterweise eine ganze Menge der gluckernden Geräte den Weg vor das Büro der Chefs. Schön in Hörweite. Gut, dass ich nur in Ausnahmefällen Wasser trinke. Wieso auch? Da ficken doch Fische drin.

»Tja, dann werden Sie bald einen neuen Teamleiter für die Outboundabteilung brauchen.«

Marolts Stimme ist gedämpft, als wir Hartmut Töschers Schreibtisch erreichen. »Es sieht so aus.«

Das wäre die perfekte Stellenbeschreibung für Hakan. Er hat eine große Klappe und kennt die Abläufe hier genau. Außerdem weiß er, wie man Leute motiviert. Ich mache mir eine Gedankennotiz und stelle einmal mehr fest, dass Arschkriechen gar nicht so schlimm ist. Nase zu, Gewissen aus und ab in den braunen Salon!

Marolts Stimme reißt mich aus meinen Tagträumen.

»Herr Töscher, haben Sie etwas dagegen, wenn Herr Seifeld ab sofort an einem Projekt für den Chef arbeitet?«

Sofort schüttelt der den Kopf. »Nein, natürlich nicht. Von mir aus kann er gern …«

»Gut«, trampelt ihm das Pferd über den Mund. »Er wird den Arbeitsplatz in den nächsten zwei Tagen für die Ausarbeitung nutzen.«

Damit ist alles gesagt und Sibylle Marolt stapft davon. Gemeinsam gucken wir ihr hinterher.

»Was denn für ein Spezialprojekt?«

»Ach, nichts Wichtiges.« Ich zucke mit den Schultern und winke ab. Die letzte Person, die ich mit Details über meinen Plan versorgen würde, wäre Hartmut Töscher. Dieses Waschweib würde selbst Atombombencodes in der Duma ausplaudern.

»Klingt ja *very interesting*.«

»Ist es aber nicht. Du, ich gehe mal wieder zu meinem Platz.«

»Mach das.«

Ja, mache ich, du Pappnase.

*

Kurz vor Feierabend habe ich die Präsentation beinahe fertig. Ich bin sogar mit den ganz lustigen Bildern zufrieden, die ich, natürlich völlig legal, aus dem Internet gezogen habe und nun für meine Zwecke nutze. Ich will gerade noch ein paar ganz süße und total wichtige Pfeile einfügen, als Miriam einen Stapel Kopien auf Töschers Tisch legt. Mit aller Macht drücke ich mein Kreuz durch und versuche eine Mischung aus total wichtig aussehend und auf der Suche nach Aufmerksamkeit sein. Geschäftsmäßig kneife ich die Augen zusammen und lege meinen Kopf auf zwei Finger, während ich sie aus dem Augenwinkel beobachte. Mist. Miriam geht einfach an mir vorbei. So einfach wird das wohl doch nicht.

Sofort springe ich auf und hetze ihr hinterher. Leider scheint mein Kreislauf noch nicht mitbekommen zu haben, dass ich gerade im Walkingmodus bin. Ich muss mich im Gang abstützen, als ich sie endlich einhole. Sieht nicht gerade sexy aus, wie ich da hechle.

»Hey, Miriam, na wie geht es dir so?«

Wow, was für ein toller Spruch. Geht es noch ein wenig kreativer?

»Danke«, sagt sie lächelnd. »Und bei dir alles klar? Du siehst blass aus. Fühlst du dich nicht wohl?«

»Die Kopfverletzung nimmt mich noch mit.« Wenigstens eine ziemlich männliche Lüge. Zumindest hört es sich gut an. Nun, wie bringe ich das Gespräch jetzt auf Heiraten, Hauskaufen und Kinderkriegen?

»Und sonst, alles gut?«

Das gibt es doch nicht. Bekomme ich in Anwesenheit dieser Frau nicht einen vernünftigen Satz heraus? Hänge ich in einer Endlosschleife? Da könnte selbst Will Smith als Date-Doktor nichts mehr machen.

»Danke«, sagt sie lachend. »Ein wenig langweilig. Was macht dein Spezialprojekt?«

Da ich sowieso nichts Geistreiches zustande bekomme, setze ich alles auf eine Karte. »Alles gut. Hör mal … ich bin ja in sechs Wochen hier weg.«

»Vielleicht …«

»Vielleicht. Und ich dachte, dass wir eventuell etwas trinken gehen könnten. Nur so … als Kollegen…« Und nachher unsere schweißbedeckten Körper in wilder Ekstase im Liebesakt vereinen. »… vielleicht. Also, wenn du Lust hast.«

Genau zweimal muss sie blinzeln. »Klingt gut.«

Oh, ein Hörsturz mit gleichzeitiger Gehirnblutung. Anders kann ich mir die Worte nicht erklären, die gerade vom Gehörgang zum Großhirn weitergeleitet wurden.

»Wie bitte?«, frage ich vorsichtig nach.

Sie zuckt mit den Schultern und tut so, als wäre es keine große Sache.

»Können wir gern machen. Gemeinsam etwas trinken und eine Kleinigkeit essen.«

Komisch, zweimal dieselbe Fehlfunktion. Vielleicht haben sich Splitter von der Altflasche in meinen Kopf gebohrt und ich halluziniere jetzt. Oder ich bin Opfer eines perversen Experi-

ments, das die Alphawellen des Gehirns manipuliert. Oder …
sie hat tatsächlich gerade zugesagt.

»Wie wäre es um sieben im Drink In? Heute?«, schlägt sie
vor.

»Klar, ich werde da sein.«

»Ich auch.«

Noch ein letztes Lächeln, dann ist sie wieder verschwunden.
Und ich stehe kurz vorm Kammerflimmern.

KAPITEL 17

ITALY MEETS
RUSSIA

AM ENDE

wird alles gut und wenn es noch nicht gut ist, ist es auch noch nicht zu Ende. Hab ich auf einer öffentlichen Toilette gelesen, die in Düsseldorf »City-Pissoir« heißen. Kosten ja auch nur 50 Cent. Eine Mark! Früher hätte man dafür zwei Kugeln Eis bekommen, mittlerweile nicht einmal mehr die Waffel.

Ich vermisse die Zeiten, als man die Mädels auf ein Eis einladen konnte und dann war die Sache geritzt. Gut, damals war ich acht und habe vielleicht ein Küsschen von meiner Angebeteten bekommen. Heute muss man selbst für ein Lächeln mehr tun. Die Frau von heute ist anspruchsvoll und das zu Recht. Immerhin wird sie durch diese ganzen Hollywood-filme dafür sensibilisiert, was ein Mann alles leisten muss. Was die Frauen dabei vergessen, ist die Tatsache, dass all die DiCaprios, Blooms und McGregors zu Hause auch die Hand in der Hose haben und am liebsten im Jogginganzug auf der Couch rumlümmeln. Hoffe ich zumindest.

Doch darüber kann ich mir jetzt keine Gedanken machen. Immerhin muss ich meine Traumfrau erobern und sollte zu einem charmanten, romantischen, tiefgründigen, intellektuellen, aber trotzdem bescheidenen Traummann werden. Innerhalb von anderthalb Stunden.

Ich stehe nackt vor dem Spiegel, habe die Arme vor der Brust verschränkt und begutachte skeptisch mein eigenes Spiegelbild. Meine Haut strahlt mit der weißen Wandfarbe um die Wette. Seit diversen Vampirfilmen soll so etwas ja unglaublich sexy sein. Aber leider fange ich bei Sonnenlicht nicht an zu schimmern wie ein Glossy Mascara und einen Volvo habe ich auch nicht, ja, nicht einmal mehr ein Auto. Des Weiteren will ich nicht bis zur Ehe warten, bis ich Sex bekomme. Wie kann man nur so bescheuert sein? Da lebt man eine Ewigkeit, geht immer noch zur Schule und entsagt der fleischlichen Lust. Wäre ich unsterblich, dann würde ich nur noch saufen und rumhuren. Bin ich aber nicht. Ist vielleicht auch besser so für die Welt.

Gut, also ich sollte dringend mal unter die Sonnenbank und ein wenig trainieren. Durch Ivans freundliche Mithilfe sind auch eine ganze Menge von Currywürsten direkt auf meinen Hüften gelandet. Ich würde mich nicht als dick bezeichnen, aber ein paar Kilo von Fett in Muskelmasse umzuwandeln wäre schon nicht schlecht. Nur zu schade, dass ich so ziemlich jeden Sport verabscheue, wenn ich ihn nicht gerade gucke oder er mit körperlicher Unzucht zu tun hat. In diesem Moment fällt mir auf, dass tatsächlich die geringe Chance besteht, dass ich heute Abend Sex habe. Das erste Mal seit fünf Jahren mit einer anderen Frau als Laura. Wie oft habe ich es mir schon vorgestellt. Und heute könnte es endlich passieren. Ich sollte sie nur ein wenig abfüllen, damit sie über meine muskulären Unzulänglichkeiten großzügig hinwegsieht.

Fuck! Sie wird bestimmt erwarten, dass ich sie zum Essen einlade. Gehört sich ja auch so. Beim Blick in meine Geldbörse sieht es leider eher nach Zwiebelleder aus. Es ist zum Heulen. Gerade einmal 30 Euro kriege ich noch zusammen. Allein eine blöde Vorspeise im Drink In kostet acht Euro. Und nur mit Wasser dürfte es schwierig werden, ihre Sinne zu trüben. Mir bleiben wenige Alternativen. Und da ich nicht gut genug aussehe, um meinen Körper hinterm Bahndamm zu verkaufen, gehen mir die Optionen aus. Hastig ziehe ich mir etwas an, was ich für cool und hip halte, sprühe die halbe Flasche Parfüm auf meinen Hals und hetze aus der Wohnung.

Die Straßenbahnen kommen heute zum Glück pünktlich, sodass ich innerhalb von 20 Minuten vor dem Universitätsklinikum stehe. Schnell frage ich mich zur Blutspendezentrale durch. Während auf den Gängen das Neonlicht sich flimmernd auf meine Augen legt und Desinfektionsgeruch in meine Nase dringt, überlege ich, einen Krankenhausführer zu schreiben. Dafür, dass ich diese großen Blöcke eigentlich verabscheue, bin ich in letzter Zeit recht häufig da. So ein Buch dürfte für viele Menschen von Interesse sein. »Essen gut, Behandlung mittelmäßig, aber die Schwestern sind scharf.«

Nur zu schade, dass sich die meisten Menschen nicht aussuchen können, in was für ein Krankenhaus sie gebracht werden. So weit sollte es dann doch nicht kommen, dass nach einem schweren Unfall der Patient in mein kleines Büchlein guckt. »Bringen Sie mich nicht ins Hospitaner, ich will zum Dominikus, dort soll das Licht freundlicher sein.«

Schnellen Schrittes gehe ich auf die ältere Rezeptionistin im *Scrubs*-Outift zu.

»Ich möchte spenden«, entfährt es mir. Dabei hasse ich Nadeln und kippe eigentlich schon beim Gedanken daran um. Doch der Zweck heiligt die Mittel.

»Blut, Blutplasma, Vollblutspende?«, will sie mit ernster Miene wissen.

Das ist ja schlimmer als bei den Fastfoodketten.

»Alles, was geht. Holen Sie aus mir raus, was Sie möchten.«

»Haben Sie denn schon einmal gespendet und einen Termin vereinbart?«

In den Filmen läuft das normalerweise anders. »Nein, habe ich nicht. Aber ich bin mir sicher, dass ich tolles Blut habe, schön rot und so.«

Anscheinend versteht die Gute meinen Witz nicht, greift zum Hörer und murmelt unverständliches Zeug. Wenn Blicke töten könnten, hätte ich jetzt die eine oder andere Fleischwunde abbekommen. Ein Lächeln gab es im Gegenzug überhaupt nicht, das hat diese Göttin des Gesundheitssystems bestimmt zu Hause liegen gelassen.

»Sie haben Glück, der Spendearzt hat gerade etwas frei, Zimmer 30.«

Schon bin ich in einem kleinen Kabuff, das der Arzt vor mir fälschlicherweise mit dem Behandlungszimmer verwechselt haben muss. Während mir der Doc die verschiedenen Arten der Blutspende erklärt, schalte ich auf Durchzug. Schon bei der Überprüfung meiner Werte geht mir gehörig die Flatter. Der Arzt ist jung, ich denke mal, jünger als ich, und benötigt drei Anläufe, um mir Blut abzuzapfen.

»Ich mach das auch nicht so häufig«, sagt er lächelnd und setzt erneut an. »Bin nur die Vertretung.«

Yeah! Das sind Worte, die man von einem Arzt hören möchte. Hau mir einfach die Nadeln in den Arm und gut ist. Das sollte ich mich mal im Callcenter trauen. »Ja, Ihr Problem ist mir bekannt, ich kann es aber gerade nicht lösen. Warum nicht? Nun, eigentlich mache ich nur Kennwörter, für Hardware bin ich echt der Falsche. Aber ich versuche es dreimal, vielleicht fahren wir den PC ja nicht völlig gegen die Wand.«

Kurz überlege ich, ob ich ihm sagen soll, dass ich armer Tropf das nur mache, um Kohle zu haben, damit ich ein Mädchen ausführen kann, entscheide mich aber dagegen, weil er gerade bei der psychologischen Komponente des Spendenvorgangs ist und ich ihn in seiner nicht vorhandenen Konzentration nicht auch noch stören möchte. Ich entscheide mich schließlich für die Vollspende und lege mich ein wenig zittrig auf die Bahre. Langsam schließe ich die Augen und der Stress der letzten Stunden fällt von mir ab. Gleich treffe ich mich mit ihr. Denk an Miriam, nur an Miriam. Kein anderer Gedanke soll meinen Geist beherrschen.

Wir liegen am Strand, ich spüre ihre makellose Haut, die seidigen Lippen schmiegen sich an meine Wangen, ihr Haar kitzelt meine Nase …

Doch meine Autosuggestionskünste sind bei Weitem nicht so gut, wie ich dachte.

Miriam küsst mich, ich schließe die Augen. Als meine Lider wieder hochfahren, umspielt ihr Gesicht ein diabolisches Grinsen und sie jagt mir mit voller Wucht eine Nadel in den Arm. Die Spitze kommt auf der Rückseite wieder heraus.

»Oh, sorry. Ist mein erstes Mal. Ich versuche es gleich noch mal.«

Als die Nadel dann tatsächlich meinen Arm durchbohrt, entfährt mir ein gellender Schrei. Unglaublich unmännlich. Das sollte ich gleich in den Griff kriegen.

50 Minuten später stehe ich vor dem Klinikum und bin um 40 Euro reicher. Dazu scheint die Welt viel langsamer geworden zu sein. Alles ist irgendwie schummrig und auch die Farben sind blasser. Dazu dröhnt mir noch die Stimme des Arztes im Ohr: »Kein Alkohol, keine körperliche Anstrengung. Legen Sie sich einfach zu Hause hin.«

Werde ich, aber nur mit Miriam in meinen Armen. Wäre doch gelacht, wenn ich jetzt aufgeben würde. Hat Neil Armstrong aufgegeben? Er hat nicht den Fuß auf den Mond gesetzt und gesagt: »Ein kleiner Schritt für mich und jetzt gehe ich wieder rein, mir ist kalt.«

Trotz Schwindelgefühl fange ich an zu joggen, um die Bahn noch zu erwischen. An der Haltestelle wünsche ich mir, dass mein Kreislauf genau so angespannt ist wie ich. Ist er aber nicht. Ist wahrscheinlich gerade zu sehr damit beschäftigt, neues Blut zu produzieren. Ich bin mir sicher, dass der Arzt nicht nur eine Vertretung war, sondern es auch mit der Menge des Blutes nicht so genau genommen hat. Vielleicht kriegen die ja auch Bonuspunkte, wenn sie eine gewisse Quote erreichen. Das Gesundheitswesen und die Callcenter liegen gar nicht so weit auseinander. Beide versuchen, mit möglichst wenig Einsatz möglichst viel Geld zu scheffeln. Ich ahne Schlimmes, als ich das Drink In 10 Minuten zu spät erreiche. Miriam sitzt allein am Tisch und studiert die Karte. Ich bin verschwitzt, mir ist schwindelig und ich sehe aus, als hätte mich mal wieder eine Meute Frankfurter gejagt. Sie hingegen strahlt in einem knappen Kleid und sieht aus wie aus dem Ei gepellt. Als hätte sie nicht heute denselben Arbeitstag wie ich hinter sich, sondern käme gerade von der Beautyfarm. Ein toller Beginn für ein perfektes Date.

»Hey, entschuldige bitte«, sage ich außer Atem und deute auf meinen blaubefleckten Arm. »Ich musste noch Blut spenden.«

Ha, sehr gut! Schwächen in Stärken umwandeln ist der Schlüssel für eine erfolgreiche Beziehung.

Tatsächlich gibt sie sich beeindruckt.

»Du steckst voller Überraschungen, Andreas«, antwortet sie und haucht mir einen Kuss auf die Wange. »Ich freu mich, dass du es geschafft hast. Ist schön, dich mal außerhalb des Callcenters zu sehen.«

Wenn der Abend so weitergeht, muss ich ihn mir noch rot im Kalender anstreichen. Der erste Small Talk geht mir erstaunlich gut über die Lippen. Ich bestelle mir erst einmal ein Bier, sie einen Wein.

»Solltest du wirklich Alkohol trinken? Immerhin hast du gerade Blut gespendet.«

»Ach, das macht nichts«, winke ich ab. »Die übertreiben.« Gut so, auf diese Weise kann ich meine Männlichkeit unter Beweis stellen. Zumindest bei den Höhlenmenschen hat das funktioniert. »Ich hab mal gelesen, dass Alkohol die Blutproduktion steigert.«

Habe ich nicht, aber ich muss von meiner grottenschlechten Auge-Hand-Koordination ablenken. Schwer atmend lehne ich mich zurück und versuche, die Flasche Bier zu greifen. Ich brauche mehrere Anläufe und bemerke im selben Moment, wie die Schwärze sich langsam vor meine Augen zieht.

»Dann sollten wir tatsächlich einen trinken.«

Miriam erhebt ihr Glas. Kalter Schweiß breitet sich in meinem Nacken aus und mir ist so schwindelig, als hätten die Naturgesetze plötzlich keine Wirkung mehr. Wo ist die verdammte Schwerkraft, wenn man sie einmal braucht?

Jetzt reiß dich zusammen, Andreas. Es geht nur darum, mit ihr anzustoßen. Meine Bierflasche zittert gewaltig, als ich viel zu kräftig gegen das Weinglas proste. Helles Klirren durchbricht die Bar, während der Weißwein über den Tisch läuft.

Und was macht Miriam? Nach kurzer Irritation bekommt sie einen Lachkrampf. Doch es ist keine Verhöhnung wie in einem schlechten Highschool-Film, bei dem der Loser sich um das Mädchen bemüht, sich lächerlich macht und am Ende doch gewinnt. Sie lacht, weil sie die Situation lustig findet, hilft mir sogar, meine Hose abzutupfen.

»Da ist aber jemand übereifrig«, haucht sie und zwinkert mir zu. »Aber kein Problem. Ich mag Männer, die leidenschaftlich sind.«

Als ich den Versuch starte, die Weinflecken von meiner Hose zu wischen, kann auch ich mir ein Grinsen nicht verkneifen. »Leidenschaft habe ich genug. Siehst du, wir sehen uns keine fünf Minuten privat und schon ist meine Hose nass.«

Auch sie streicht sich über den Rock. »Da bist du nicht der Einzige«, sagt sie augenzwinkernd. »Ich bin anscheinend auch ein wenig feucht geworden.«

FUCK! Sie muss ein Engel sein, den Gott hier auf Erden vergessen hat. Diese zweideutige Bemerkung macht mich fast wahnsinnig. Die sollten bei Frauen generell verboten werden.

Wissen die denn nicht, was sie uns damit antun? Als die Kellnerin ein neues Glas Wein bringt, lehne ich mich etwas zu schnell nach vorne und werde schmerzlich daran erinnert, dass mein Körper gerade zur Ader gelassen wurde. Die Dunkelheit greift immer mehr um sich und zieht mich mit herab. Ich schlucke trocken, meine Kehle fühlt sich an, als würde Wüstensand jedwede Feuchtigkeit aus mir saugen. Meine Lippen bestehen aus Schmirgelpapier.

Sofort geht mein Griff zum Bier. Ich leere es mit wenigen Zügen.

Miriam guckt verdutzt, aber amüsiert. »Hast du es eilig?«

»Nur einen trockenen Mund«, antworte ich und ordere neu.

Das Eis ist gebrochen und nach dem zweiten Bier fühle ich mich auch durchaus gelöster. Besonders, als sie mir eröffnet, dass sie schon gegessen hat und sich gern aufs Trinken und Quatschen beschränken will. Kommt mir sehr gelegen. Quatschen mache ich schließlich beruflich und Trinken … na ja, nebenberuflich.

Das Knurren meines Magens ignoriere ich beflissen, als sie erst einmal beginnt, herzlich über Dengler zu lästern. Ich könnte ihr bis ans Ende aller Tage zuhören. Tatsächlich fällt mir der eine oder andere geistreiche Kommentar ein und ich habe das Gefühl, als würde dieses Date doch nicht das reinste Debakel werden. Nach etlichen Bier und Wein schlägt sie vor, dass wir es uns etwas gemütlicher machen und an die Bar gehen sollten.

Die nächste Hürde scheint genommen. Während uns im schummrigen Licht nur noch wenige Zentimeter trennen, entfaltet der Alkohol seine Wirkung. Leider merken alkoholisierte Menschen oft gar nicht, wie sehr sie lallen. Aufgrund bisheriger Erfahrungen plus leerem Magen plus Blutentnahme schätze ich, dass es bei mir sehr schlimm sein muss. Aber auch Miriams Artikulationskünste sind nicht mehr ganz auf Top-Niveau.

»Sach ma, Andreas, was ist das für eine Idee, die du dem Dengler morgen vorstellen willst? Ist das wirklich so groß?«

»Könnte es werden«, gröle ich und bestelle noch Bier und Wein. »Eigentlich ist es ganz einfach. Ein Punktesystem für die Anrufer im Callcenter.«

Miriam lehnt sich halb auf den Tresen, beginnt ein wenig, im Takt der Musik mitzuwippen. »Verstehe ich nicht. Das musst du mir erklären.«

In einem Monolog zeige ich ihr auf, was man alles mit der Neuorganisation und dem Punktesystem machen könnte. Dabei lasse ich keinen Aspekt aus und gehe sogar auf den Webshop ein. Nachdem ich meinen Vortrag beendet habe, bestellt sie noch eine Fuhre.

»Und die Leute können dann ihre Punkte einlösen, die sie sich beim Warten verdient haben?«

»Genau so«, antworte ich voller Stolz. »Aber nicht weitersagen!«

»Werde ich nicht.« Einige Sekunden vergehen schweigend, Miriam wirkt ungewöhnlich nachdenklich und ihre Stimme ist gedämpft.

»Ich wünschte, dass ich so Einfälle hätte. Dann müsste ich nicht die ganze Scheißarbeit für die anderen erledigen.« Mit großen Augen blitzt sie mich an. Sie glitzern feucht im fahlen Schein der Lampen. »Weißt du, als was ich mich damals beworben habe? Als Projektkauffrau. Ich wollte große Events organisieren, mich hocharbeiten, um knallhart zu verhandeln und richtig dicke Deals abzuschließen.« Tatsächlich. Eine Träne löst sich, die schnell weggetupft wird. »Ich wollte nie Pferde und Glitzer, habe mir viel lieber Filme angesehen, bei denen die Frauen stark und unabhängig sind. Also bin ich direkt nach dem Gymi in die Ausbildung gegangen und was mache ich jetzt? Kopieren und Kaffee kochen. Genau so eine wollte ich nie sein.«

Es dauert nur Sekunden, bis sie sich wieder fängt und ihre Wangen abtupft. Ausnahmsweise tue ich das Richtige und halte einfach meinen Mund, bis sie sich wieder gesammelt hat.

»Entschuldige, mein Frust vermischt mit Alkohol ist keine gute Idee.«

»Du musst dich nicht entschuldigen. Du kannst immer noch wahnsinnig viel machen. Guck dir mich an. Ich musste erst ein paar Mal auf die Fresse fliegen, um meinen Arsch hochzukriegen. Und ich weiß noch nicht einmal, ob das gelingt. Dann sollte es bei dir doch wohl kein Problem sein. Setz die Ellenbogen ein, hau beim Dengler auf den Tisch und sag, was du möchtest.«

Ein trauriges Lächeln huscht über ihr Gesicht. Dann umarmt sie mich.

»Danke schön«, haucht Miriam mir ins Ohr. Wenn jemals von einem perfekten Augenblick die Sprache war, dann ist es dieser. Er könnte eine Ewigkeit andauern und wäre trotzdem viel zu kurz. Sie hält meine Hand, als sie sich wieder gegen die Theke lehnt.

»Du bist echt ein toller Typ, Andreas.«

»Danke. Um ehrlich zu sein, bist du der einzige Grund, warum ich nicht jeden Tag im Callcenter Amok laufen möchte.«

Tatsächlich – ein Lächeln.

»Und was ist mit Hakan?«

»Klar, der auch. Aber auf ihn hole ich mir unter der Dusche keinen runter.«

Schon beim nächsten Herzschlag wird mir klar, was ich gerade gesagt habe. Doch sie lacht und schüttelt den Kopf.

»Ach, du bist süß.«

»Süß? Eigentlich würde ich das als pervers und chronisch untervögelt bezeichnen. Genau wie 99,9 Prozent der weiblichen Bevölkerung es definieren würden. Aber süß?«

Wir beide legen unsere Ellenbogen auf die Theke und betrachten die unzähligen Spirituosen an der Wand.

»Tja, dann gehöre ich wohl zu den 0,01 Prozent. Danke, Andreas. Es tut echt gut, mit dir zu reden.«

Das ist er! Der richtige Zeitpunkt für den finalen Kuss. In einem Liebesfilm würden wir uns jetzt am Ende befinden. An der Stelle, wo der Loser doch noch die Cheerleaderin kriegt. Das Licht wird gedimmt, hauchzarte Musik setzt ein und unsere Lippen müssen sich treffen. Magie liegt in der Luft, die Atmosphäre und alle Gesetze verlieren ihre Gültigkeit.

Ich lehne mich langsam zu Miriam herüber, blicke scheu zu Boden und schließe die Augen. Jetzt ist es so weit!

»Hey, ihr beiden!«

Meine Träume sind unterbrochen, die Symphonie verstummt und auch das Licht scheint wieder heller. Ein attraktiver Typ im schwarzen Designeranzug lächelt Miriam an.

»Hey du«, entgegnet sie freudestrahlend und schenkt ihm einen tiefen Kuss. Der war doch eigentlich für mich gedacht! Sie umarmen sich innig.

Moment, das läuft jetzt gehörig falsch. Das war so im Drehbuch nicht eingeplant. Dort stand irgendwas von Kuss, Heiraten, Haus bauen, Kinder kriegen und Baum pflanzen. Glücklich bis ans Ende ihrer Tage und so. Und nicht: doof daneben stehen, während sie einem anderen die Zunge in den Hals schiebt. Eigentlich sollte ich doch der Mann sein, der ihre seidigen Lippen spürt.

»Andreas, das ist mein neuer Freund Maik«, erklärt Miriam. »Wir sind erst seit letzter Woche zusammen, also noch ganz frisch.«

Maik? Was ist das denn für ein Name?

Ich hasse diese vier Buchstaben schon jetzt. Obwohl ich wahrscheinlich jeden Namen verflucht hätte, den sie genannt hätte.

»Hallo Andreas«, sagt Mister Perfect und reicht mir die Hand. »Ich habe schon viel von dir gehört. Freut mich, dass ich dich endlich einmal kennenlernen kann. Miriam und ich kennen uns schon etwas länger, aber erst, als sie wieder solo war, hat es gefunkt.«

»Am Ende ging alles ganz schnell«, bestätigt sie.

»Ich bin entzückt.« Meine Worte sind so hart wie Eis und die Stimmung geht so ungefähr in Richtung Weltuntergang.

»Kann ich euch einen ausgeben? Ich hoffe, ich störe nicht?« Miriam schüttelt den Kopf und schmiegt sich an ihn. »Nein, auf keinen Fall.«

Doch, auf *jeden* Fall. Maik ist hier ungefähr so willkommen wie ein gerissenes Kondom beim ersten Mal.

Halbherzig trage ich noch den einen oder anderen Kommentar zum Gespräch bei. Maik ist übrigens ein erfolgreicher Immobilienmakler und falls ich mal eine neue Wohnung bräuchte, sollte ich mich auf jeden Fall bei ihm melden. Natürlich ... wenn die Hölle zufriert und dem Teufel Schneeflocken auf der Nase tanzen, dann mach ich das. Leider ist er auch ziemlich nett und das, was Frauen wohl als charmant bezeichnen. Ich schaffe es nicht einmal, ihn richtig zu hassen, weil er drauf besteht, die Hälfte der Rechnung zu zahlen, und sich freundlich von mir verabschiedet. Als Miriam mich umarmt, kann ich es nicht einmal mehr genießen. Los, zerplatzt ihr Seifenblasen mit meinen Träumen.

Nur Sekunden später ist der Spuk vorbei und ich sitze allein an der Theke. Der Schwindel ist der Übelkeit gewichen und mein Ego ist nicht nur angeknackst, sondern in unzählige Scherben zerbrochen. Obwohl ... wie konnte ich eigentlich denken, dass ich bei ihr eine Chance hätte? Manche Mädels sehen halt gut aus *und* sind wirklich nett. Das sind die gefährlichsten. In die verliebt man sich nämlich. Und danach tut es weh. Es ist nicht so, wie bei Britta Opleder in der vierten Klasse, in die ich mich auch unsterblich verliebt hatte. Nachdem ich ihr einen Brief geschrieben hatte, ob sie mit mir gehen will, hat sie ihn in der kompletten Klasse rumgezeigt. Es war einfach, Britta danach zu hassen. Aber bei Miriam klappt nicht einmal das. Im Endeffekt bin ich *nur ein guter Freund*. Es gibt nichts Ungevögelteres als einen *guten Freund*. Und nichts Schlimmeres für einen Typen.

Sollte es einen Knopf geben, mit dem man die Welt zerstören könnte, so sollte dieser jetzt besser nicht in meiner Nähe sein.

Torkelnd nehme ich meine Jacke und verlasse die Bar. Was nun? Soll ich mich komplett abschießen und morgen die Präsentation versauen? Es würde passen. Oder sollte ich meinen Frust anderweitig abbauen? Vielleicht laufe ich einfach so lange, bis ich keine Kraft mehr habe. Ich könnte meine gesamte Energie darauf verwenden, die Weltherrschaft an mich zu reißen. Sicher würde Miriam mich dann toll finden. Aber das ist bestimmt eine ganze Menge Arbeit und hat schon letzte Woche nicht geklappt.

Während leichter Nieselregen den Düsseldorfer Asphalt zu einem Parkett der Trauer macht, schlage ich den Kragen meines Mantels um. Wie von selbst brennen sich die pinken Neonröhren eines zwielichtigen Clubs in meine Augen. Die Schilder, die das Etablissement als Tabledance Bar identifizieren, sind vergilbt und blättern an der Seite bereits ab. Ich bin mir sicher, dass auch der Club seine besten Zeiten schon hinter sich hat. Andererseits habe ich heute Abend eine ganze Menge Geld gespart und was würde das Ego mehr aufbauen als ein ordentlicher Fick?

Als ich den Club betrete, fällt mir siedend heiß ein, dass ich gar nicht weiß, was jetzt passiert. Natürlich – so schwer kann es nicht sein, aber ich hätte mir schon gern vorher eine Bedienungsanleitung aus dem Internet durchgelesen. Rauchige Nebelschwaden hängen in der Luft, die ältere Puffmutter mit weißen Haaren und blauen Strähnen zieht ein dreckiges

Spültuch über noch dreckigere Gläser, während sie mich aufmerksam mustert. Dabei sieht die Einrichtung aus, als wäre sie vom Sperrmüll eingesammelt und das vor dreißig Jahren. Auch die Damen sind nicht mehr taufrisch. Zwei Männer in Handwerkerkluft lassen sich von drei Mädels bezirzen. Die Frauen dürften über dreißig sein und bestimmt Kinder zu Hause haben, die garantiert Cedrik und Malte heißen, aber die Narben des Kaiserschnitts fallen gar nicht auf, insofern würde ich fast zuschlagen. Messerscharf stelle ich fest, dass sich mittlerweile wohl jeder Hafenpuff Club nennen darf. Verängstigt wie ein Welpe in einer neuen Umgebung setze ich mich an die andere Seite der Theke.

»Was darf es denn sein?«, will die Puffmutter wissen und kommt auf mich zu geschlurft.

»'n Bier«, murmele ich und blicke mich nach einer Preisliste um. Natürlich finde ich keine. Die schale Plörre dürfte ungefähr so viel kosten wie der Saufabend nach einem Fußballspiel, aber was solls, in drei Tagen gibt es ja Geld. Warum ist am Ende des Geldes nur immer so viel Monat übrig?

Während ich an meinem Bier nippe, beobachte ich die illustren Pärchen am anderen Ende der Theke. Die Verhandlungen sind wohl in der letzten Phase, als die Männer ihr Bier kippen und mit allen drei Frauen schließlich verschwinden. Das gibt es doch nicht. Nicht einmal eine Frau wollen die mir übrig lassen. Ich bin allein mit der Puffmutter und meinem Bier. Ein jämmerliches Bild.

»Keine Angst, Kleiner. Gleich kommt Fabrizia aus Rom. Die wird dir gefallen.«

Ahh, geht doch. Fabrizia – das klingt nach Leidenschaft, einer schwarzhaarigen Schönheit, nach Sex pur und einem schlanken, sinnlichen Körper, der mir den Verstand raubt. Italien ist Wein, schöne Frauen und »la Dolce Vita«. Genau richtig, um mich und meinen kleinen Freund ein wenig aufzurichten.

Während ich mich noch meinen Träumen hingebe, steht die Putzfrau bereits in der Tür und plauscht mit der Puffmutter. Die Arme sieht müde aus. Doch als sie auf mich zusteuert, werde ich zunehmend nervös.

»Hallo, ich bin Fabrizia aus Italien«, eröffnet sie mit stark russischem Akzent. »Du bist nicht gern allein, oder?«

In diesem Moment schon. Diese Frau macht den Job aber auch schon etwas länger. Gefühlte vierzig Jahre würde ich sagen. Kein Wunder, an einem Montagabend. Aber warum muss diese Panzersperre sich genau vor mich setzen und mir jede Fluchtmöglichkeit nehmen. Plötzlich werde ich nervös wie ein Linker auf einem Parteitag der NPD und blicke in Richtung der Tür, durch die die anderen Mädels verschwunden sind. Kommt da vielleicht noch etwas?

»Möchtest du mich nicht auf einen Ladydrink einladen?«

Was zum Teufel ist denn ein Ladydrink? Ich bekomme doch auch ein Bier und werde doof angeguckt, wenn ich ein Herrengetränk bestellen würde. Schon steht der Piccolosekt vor ihrer Nase und sie öffnet gekonnt die Schraubflasche.

»Wie wäre es mit ein wenig Spaß?«, sagt sie und kommt näher. Sie beugt sich provokativ über den Tresen und präsentiert im Ausschnitt des Seidenhemdes ihre Fallobst-Theke. Dabei streichelt sie meinen Oberschenkel.

Natürlich – keine Zeit verlieren. Wir kommen direkt zum Geschäft. Und nichts anderes ist das hier. Ich bin ein Opfer und leichte Beute. Das sieht man daran, dass ich mein Bier festhalte, als ob der Boden gleich unter mir zusammenbrechen würde.

So hatte ich mir das nicht vorgestellt. Sollte nicht ein Dutzend rattenscharfe Mädels mich umgarnen, bis ich mich für eine entscheide und sie mir den Fick meines Lebens gibt? Stattdessen sitze ich hier mit Mütterchen Olga aus dem Ural und schweige. Als ich den Kopf schüttle, wird sie auch noch pampig.

»Was ist jetzt? Raus oder rein?«

»Am liebsten beides und schnell hintereinander, aber das ist heute schlecht.«

»Wieso? Bist du schwul?«

Fabrizia leert den Piccolo in einem Zug und auch die Puffmutter wirkt extrem unentspannt.

»Na, das macht man aber eigentlich nicht«, wirft dieser grauhaarige Zirkusbomber ein. »Die Dame erst anlocken und dann kneifen?«

Dame? In diesem Moment fühle ich mich wie ein kleiner Bub, der gerade etwas ausgefressen hat und von Mutter und Großmutter böse angeguckt wird. Instinktiv rutscht mir ein »Tschuldigung« raus.

Doch als die Puffmutter den zweiten Piccolo in der Hand hält, legt sich in meinem Kopf ein Schalter um. Ich will diese Frau nicht. Ich will gar keine Frau, nur Miriam. Und sie bekomme ich nicht. Dies ist mal wieder ein Akt der Selbstsabotage, den ich mittlerweile in Perfektion beherrsche.

»Tut mir leid, mir ist schlecht«, behaupte ich schließlich und stehe auf.

Sofort ist Fabrizia verschwunden und die Puffmutter kommt mit der Rechnung. Ich lege alle Scheine hin und muss sogar mein Kleingeld zusammenkratzen, damit es stimmt. Als ich wieder auf die Straße trete, schlägt mir die kühle Luft des Morgens entgegen.

In diesem Moment wird mir der kleine, aber umso wichtigere Unterschied zwischen Sex und miteinander schlafen klar. Fabrizia ist nicht Miriam und Fick ist nicht gleich Fick. Auf die richtige Frau kommt es an. Gut, anscheinend will es die Welt auf die harte Tour. Normalerweise hätte ich nach so einer Niederlage gesoffen. Aber nicht mit mir. Ich will einfach nur nach Hause und morgen die Präsentation rocken. Ausrasten kann ich dann immer noch.

KAPITEL 18

ABSTÜRZE

EINE SCHLACHT

wurde verloren, der Krieg aber noch lange nicht. Natürlich habe ich einen Kater und heute Morgen musste ich erst einmal eine Flasche Wasser auf null ziehen, aber im Großen und Ganzen bin ich fit für den heutigen Tag. Wäre da nicht dieses dumme Gefühl, gleich zwei Frauen verloren zu haben. Das mit Laura hat sich abgezeichnet, aber durch Miriam wäre ich von den Trauergefühlen direkt in die rosa-rote Welt der ersten drei Monate gerutscht. Gut, dann eben nicht. Mund abwischen, weitermachen.

Das Gespräch ist um zehn Uhr, also habe ich noch Zeit für ein ausgiebiges Frühstück am Platz. Heute bin ich derjenige, der die Arbeitsplatte mit Krümeln dekoriert. Um mich herum herrscht geschäftiges Treiben, während ich die mitgebrachten Brötchen vertilge. Zumindest dafür hat es noch gereicht. Selbst Töscher ist heute nicht da, was meine Laune noch einige Nuancen höher steigen lässt. Wahrscheinlich wurde er schon abgesägt. Hat gestern noch den Aufhebungsvertrag unterschrieben und ist dann nach Hause.

Nachdem ich mein Frühstück beendet habe, befreie ich den Anzug von den Resten der Backwaren, stehe auf und atme mehrmals durch. Wieder sind unzählige Gesichter hinzugekommen. Ein paar ältere Damen versuchen in der hintersten Reihe des Großraumbüros ihr Glück. Nach zwei Stunden Einarbeitungszeit dürfen sie schon allein Befragungen vornehmen. Bei den technischen Hotlines im Inboundcallcenter dauert es natürlich länger. Ob man einen Neuling am Telefon hat, merkt man übrigens daran, wie oft er sich entschuldigt und einen Kollegen fragen muss.

An sich ein lustiger Vorgang. Auf der Telefonanlage gibt es zwei Möglichkeiten, den Anrufer warten zu lassen. Der Knopf oben rechts schiebt den Call wieder in die Warteschleife, am anderen Ende des Hörers ertönt Musik, bis er wieder in die Leitung gelegt wird. Oder man macht einfach sein Mikro aus. In diesem Fall hört der Anrufer zwar nichts mehr, der Callcenteragent kann jedoch alle Worte verstehen. Von wilder Lästerei bis hin zu Petting mit der gerade anwesenden Freundin und gefühlsduseligen Worten an die Angebetete habe ich schon alles gehört.

Ein älterer Herr ist vor zwei Jahren mal auf Toilette gegangen, während ich das Mikro deaktiviert hatte. Leider kein kleines Geschäft. Drei Minuten lang hörte ich mir an, wie der Mann mit sich kämpfte, um mich dann, kurz bevor er einen Bob in die Bahn lenkte, wieder zu melden. Obwohl ich sogar den großen Platscher mitbekam, tat er natürlich so, als würde er nicht gerade auf der Schüssel sitzen. Ich konnte nicht umhin, ihn zu bitten, dass er sich etwas immens Wichtiges aufschreiben muss. Mittlerweile hatte ich Hakan und etliche andere Kollegen dazugerufen. Wir konnten nun über den Lautsprecher hören, wie er mit heruntergelassener Hose und halb erledigtem Geschäft wieder an seinen Platz schlurfte. Ein Wahnsinnsspaß!

Leider einer der wenigen Lichtblicke, denn ansonsten wurden die letzten Jahre durch schlichte Monotonie beherrscht. Das würde sich nun ändern.

Schon von Weitem sehe ich ihn. Den Sonnengott im Gespräch mit dem Pferd. Was für eine Mischung. Der König und die Henkerin. L'État, c'est moi! Oder zumindest die Firma. Sein gebräuntes Gesicht spiegelt sich in den aufgehenden Sonnenstrahlen. Der feine Anzug spannt über seiner Wampe und in der Hand hält er die neueste Ausgabe von *Jagd mit Hund*. Sibylle Marolt nickt, während er spricht, und lehnt sich gegen die Wand. Im Augenwinkel erkenne ich, dass Miriams Büro leer ist. Auch Hakan habe ich heute noch nicht gesehen. Dann muss ich meinen Feldzug wohl allein bestreiten.

»Guten Tag zusammen«, eröffne ich und versuche, selbstsicher zu wirken. Dabei muss ich mich konzentrieren, dass ich den USB-Stick mit der Präsentation in meiner Hand nicht zerdrücke.

»Seifeld, was machen Sie denn hier?«, will Dengler mit tiefer Stimme wissen.

Das fängt ja gut an. »Entschuldigen Sie, ich dachte, um zehn Uhr soll ich Ihnen meine Entwürfe präsentieren.«

Dengler lässt die Hände in die ausgebeulten Taschen der Anzughose fahren und nickt in sich hinein. »Ach stimmt, die Präsentation. Seifeld, ich bin ganz ehrlich zu Ihnen, wir haben heute schon eine unglaubliche Idee gehört. Diese würden wir dann gern als Erstes umsetzen.«

Ich glaube, mich verhört zu haben. Was soll denn besser sein als ein Punktesystem mit Webshop, bei dem man die Kundenzufriedenheit in ungeahnte Höhen schraubt?

»Wir haben nur noch wenige Wochen, um diese Idee umzusetzen«, fährt er fort. »Damit sparen wir nicht nur Kosten, sondern machen auch die Jungs vom Marketing mehr als glücklich. Aber kommen Sie doch in ein paar Wochen noch einmal zu mir. Dann können wir gern drüber reden.«

Ich versuche zu lächeln, was mir nur schwerlich gelingt. Dabei muss ich aussehen wie ein russischer Gewichtheber, der beim Reißen gerade Durchfall bekommt.

»Herr Dengler, ich weiß nicht, ob ich noch ein paar Wochen habe.«

»Ach so, Sie sind ja von Persopower.«

Hilfesuchend blickt er in Marolts Gesicht.

»Vielleicht schreiben Sie uns einfach eine Mail mit den Ideen und hängen die Präsentation an«, wirft sie ein, diese alte Schleimerin. »Aber Sie werden sicherlich verstehen, dass wir mit der Umsetzung der ersten Idee und der Verlegung des Callcenters gerade genug zu tun haben.«

Dengler nickt, Marolt nickt und ich stehe mit offenem Mund da und bete, dass es ein Traum ist, aus dem ich gleich aufwache. Obwohl mein Blutdruck gerade *Need for Speed* spielt und meine Atmung so impulsiv beschleunigt, dass die Lungen Überstunden anmelden, bleibe ich ruhig. Zumindest vorerst und unter völliger Missachtung meines Gewissens, das gerade nach Vergeltung schreit.

Ein letzter Versuch: »Herr Dengler, ich kann Ihnen wirklich versprechen, dass Sie das interessieren wird. Es ist ein Bonussystem für Anrufer, die länger in der Warteschleife hängen. Punkte werden gutgeschrieben und diese kann man dann in einem neu aufgebauten Webshop wieder einlösen.« Ich weiß, dass ich noch verzweifelter klinge als ein Gefangener vor dem Erschießungskommando, doch welche Wahl bleibt mir?

»Wenn Sie sich das nur einmal kurz ansehen würden, ich brauche nicht lange. Aber die Idee ist wirklich gut.«

Dengler runzelt die Stirn und blickt mich von oben bis unten an. »Das klingt aber ziemlich genau, wie die geniale Idee, die uns gerade schon vorgestellt wurde.«

»Natürlich, es ist meine Idee«, platzt es aus mir heraus.

»Herr Seifeld, ich weiß nicht, wo Sie das her haben oder wo Sie das aufgeschnappt haben, aber die erste Präsentation wirkte bei Weitem ausgefeilter.«

»Aber Sie haben meine doch nicht einmal gesehen!«

Dengler schüttelt den Kopf und holt sein Handy raus.

Das gibt es doch nicht. Jemand hat mir meinen Vorschlag geklaut.

»Wer war es?«, zische ich mit weit aufgerissenen Augen. »Herr Seifeld?«

»Wer hat Ihnen die Idee vorgestellt?«

Dengler hebt beschwichtigend die Hände. »Ich bitte Sie, das spielt doch wirklich keine Rolle. Wichtig ist, was für eine großartige Möglichkeit wir durch diese Änderungen haben. Nur das Unternehmen zählt. Wir wären damit ...«

»BULLSHIT!« Wie von außen sehe ich mir dabei zu, wie ich mir an den Kopf fasse und wie wild im Flur umgehe. Schweiß steht auf meiner Stirn und das Blut kocht in meinen Adern. »Das ist doch alles scheiße! Was meinst du eigentlich, wer du bist!« Die Wut hat vollends die Oberhand über meinen Körper gewonnen. Ich bin ein Berserker auf Blutrausch. Wenn ich hier schon den Hammer abgeben soll, dann kann ich ihn auch noch mal richtig kreisen lassen. »Das war meine Idee. Ich habe sie ausgearbeitet. Seit sechs Jahren reiße ich mir hier den Arsch auf für dich und was ist der beschissene Dank?«

»Herr Seifeld«, versucht mich das Pferd zu beruhigen. »Nun lassen Sie mal gut sein.«

»Einen Scheiß lasse ich. Ihr Teilzeitdiktatoren wisst doch gar nicht, was im Callcenter richtig abläuft.«

»Ich weiß sehr wohl, was in einem Callcenter abläuft«, brüllt Dengler. Mittlerweile haben sich die anderen Mitarbeiter des Aquariums im Flur versammelt. »Immerhin führe ich ein Unternehmen.«

»Einen verlogenen Haufen Mist führst du! Du bist doch öfter auf deinen ›Geschäftsreisen‹, wobei doch jeder weiß, dass du wehrlose Tiere abschlachtest.«

In jedem meiner Worte brennt Hass, ich kann nicht mehr denken, fühle nichts mehr. So muss es sich anfühlen, wenn man den Verstand verliert. Wie ein Tiger gehe ich im Flur umher.

»Herr Seifeld, ich möchte Sie bitten ...«

»Ja, ich weiß«, schreie ich, nehme eins dieser lächerlichen Wandbilder von Monet ab und donnere es gegen den Kopierer. »Ich bin gekündigt und darf leider, leider nicht mehr in diesem von Regeln zerfressenen Callcenter arbeiten.«

Mit jeder Silbe donnere ich das Wandbild weiter gegen den Kopierer. Erst als ich die Glasscheibe zerbrochen habe, ziehe ich hastig Luft in meine Lungen.

»Und was guckt ihr so?«, raune ich in Richtung der versammelten Meute. »Müsst ihr nicht Leute abwimmeln, damit der Sonnengott noch mehr verdienen kann? Oder euch vom Pferd einen Einlauf verpassen lassen, damit die ungevögelte Kuh meint, wichtig zu sein?«

»Alter!« Durch den Schleier aus aufgestauter Wut erkenne ich Hakan. Er bahnt sich seinen Weg durch die Mitarbeiter und kommt mit besorgtem Gesicht auf mich zu. Dabei hält er seine Hände flach vor sich und versucht, mich zu beruhigen. »Was ist denn los mit dir?«

»Oh, was mit mir los ist? Mein feiner, bester Freund scheint mir ein wenig zuvorgekommen zu sein mit dieser tollen Idee.«

»Ich …«

»Niemand anderes wusste davon und Miriam ist heute nicht da«, unterbreche ich ihn. »Kannst dir schön die Provision einstreichen und ich denke mal, dass das nicht wenig wird. Damit kannst du dann deine ganzen Ficktouren bezahlen.«

Hakans Augen funkeln, plötzlich stehen wir uns gegenüber. »Andreas, ich glaube, du solltest …«

»Was sollte ich? Mich beruhigen? Ich bin so ruhig wie nie.« Mir ist klar, dass mein Lachen gerade ein wenig verrückt klingt.

»Komm mal runter, Mann.«

»Sonst was? Schlägst du mich dann?«

Sein Blick ist ernst, die Augen zusammengekniffen. »Wenn du dich weiter so aufführst, auf jeden Fall. Irgendwer sollte es tun.«

Uns trennen nur noch wenige Zoll, die Luft zwischen uns scheint elektrisiert. Dann verlassen drei Silben meine Lippen, die das Fass zum Überlaufen bringen.

»Verräter!«

Mit diesem Wort lege ich alle meine Kraft in den Schlag. Hakan versucht auszuweichen, kann sich im letzten Moment zur Seite drehen, sodass ich ihn nur am Kinn touchiere. Er taumelt zurück und kann sich schließlich am lädierten Kopierer abstützen.

Ich atme schwer, habe die Hand immer noch zur Faust geformt, während ich zu meinem Arbeitsplatz stapfe. Die Mitarbeiter haben tatsächlich Angst vor mir und machen Platz. Hakan lächelt und fasst sich ans Kinn.

»Hey Andy!« Für einen Moment bleibe ich stehen, blicke ihn jedoch nicht an. »Du schlägst wie ein Mädchen.«

Ohne etwas zu erwidern, gehe ich die Flure entlang, zurück auf meinen Platz. Ich starte ein Onlinespiel und starre auf den Bildschirm.

Nach fünf Minuten ist die Polizei da, lässt mich noch meine Sachen packen und begleitet mich nach draußen. Die Kündigungsunterlagen drückt mir Marolt beim Hinausgehen persönlich in die Hand.

So habe ich mir den Morgen nicht vorgestellt.

*

Nach zwei Stunden auf der Wache und einer Befragung durch einen Psychologen darf ich wieder gehen. Tatsächlich meinten die Polizisten sogar, dass so was öfter vorkommt, als man glaubt. Besser so, als dass die Leute wirklich austicken und plötzlich mit einer Pumpgun im Büro stehen. Der Doc stellt fest, dass ich keine Gefahr für die Allgemeinheit bin, rät mir allerdings zu einer Gesprächstherapie.

Am Mittag bin ich schon wieder zu Hause, werfe Anzug und Tasche auf die Couch, stelle den Thermostat auf die höchste Stufe und setze mich nackt auf den Sessel. Erst dann läuft mein Gehirn wieder im normalen Modus. Was ist in den letzten vier Stunden passiert, verdammt? Noch bevor ich ein grausiges Resümee meines emotionalen Amoklaufs ziehen kann, vibriert mein Handy. Eine SMS von Hakan.

»Du bist so ein Idiot! Du weißt, dass ich dir das niemals angetan hätte. Meld dich, wenn du wieder klar im Kopf bist. Hakan

PS: Eben kam noch eine offizielle Mail. Miriam ist Teamleiterin im Outbound geworden ... falls es dich interessiert.«

Wie von selbst schließe ich die Augen und knalle meinen Kopf auf die Tischplatte. Und hier ist er wieder! Der große Andini! Als nächsten Trick lasse ich mein Leben verschwinden. Und zwar für immer! Dafür benötige ich nicht einmal eine bezaubernde Assistentin, das schaffe ich ganz allein.

Tusch, Applaus, der Vorhang fällt und die Leute gehen zufrieden nach Hause. Nur ich sitze allein in meinem Sessel. Ja, ich bin ein Idiot. Und zwar der König der Idioten. Im Lexikon müsste mein Name neben dem Begriff stehen.

Miriam! Meine Zähne mahlen aufeinander. Schnell öffne ich eine neue SMS und schreibe nur ein Wort an sie.

»BITCH!«

Das muss reichen. Anschließend stelle ich mein Handy aus, verriegele die Tür und klemme das Haustelefon ab. Niemand soll mich stören. Es ist schon faszinierend, was man alles in wenigen Stunden zerstören kann. Noch vor ein paar Tagen hatte ich doch wirklich so etwas wie ein Leben. Natürlich nicht das, was die Menschen im Fernsehen führen, aber hey, wir können nicht alle Gewinner sein. Ein paar Leute muss es auch geben, die am Straßenrand stehen und jubeln. Eigentlich war ich mit dieser Rolle doch ganz zufrieden. Ich hatte einen schlecht bezahlten Job, eine Freundin, es gab hin und wieder Sex und am Wochenende hatte ich einen Tag, um mit den Jungs rauszugehen.

Jetzt habe ich den Arsch voller Schulden, einen Prozess wegen Trunkenheit an den Hacken und meinen besten Freund in die Fresse gehauen. Ach so … und nicht mal mehr einen Job. Da war die destruktive Seite in mir aber ganz schön fleißig. Wenigstens bin ich konsequent. Nachdem ich mein soziales Leben im virtuellen Raum durch diese Tranny-Geschichte zerstört habe, konnte ich nun auch mein richtiges pulverisieren. Gut gemacht, Andy.

Wie von selbst gehe ich zum Kühlschrank. Kein Bier mehr da. Mist. Nicht einmal gepflegt abschießen kann man sich hier.

Gut, dann müssen halt die Spirituosen und der Wein dran glauben. Also mit anderen Worten, die ganzen Geschenke, die man von Freunden bekommt und welche man so lange lagert, bis diese eine zentimeterdicke Staubschicht angesetzt haben. In den Händen halte ich eine Flasche Valpolicella vom Italiener. Also ganz was Feines. Tatsächlich schmeckt das Gebräu, als wären die Trauben von einer Armee von Käsefüßen zerstampft worden. Hauptsache es knallt. Schließlich soll das Zeug nur den Zweck haben, dass ich mich selbst leichter ertragen kann. Ich mache mir nicht einmal mehr die Mühe, ein Glas zu nehmen, und schalte den Fernseher an.

Weltklasse! Nachmittagsshows, die auch ganz bestimmt total supi real sind. Mein Gott, die Schauspieler sind so schlecht, dass man Angst um den deutschen Film bekommt. Wo kriegen die solche Leute nur her. Bestimmt sind die alle arbeitslos, Alkoholiker und haben keine Freunde.

Vielleicht sollte ich mich da einmal bewerben?

*

Gegen Abend hat mich die Realität wieder eingeholt. Sprich – ich habe Hunger. Fast zwei Flaschen von diesem billigen Fusel machen aber auch Appetit. Der Kühlschrank sieht aus wie mein Konto. Nämlich gähnend leer, sodass mir gar keine andere Möglichkeit mehr bleibt, als auswärts essen zu gehen. Doch selbst zu Ivan zieht mich heute nichts. Zu schmerzlich sind die Erinnerungen, die sich wie ein dunkles Tuch über mein Gemüt legen und jeden Atemzug zu einer Qual machen. Ich will unter Menschen, sie beobachten. Vielleicht finde ich ja auf diese Weise heraus, was ich falsch gemacht habe. Schnell sind zwei Flaschen Wein in meinem Rucksack verstaut, ich ziehe mich an, noch eine Kappe auf und die Kapuze meiner Jacke darüber. Jetzt kann es losgehen.

Während ich in der Bahn sitze, breitet sich vor meinen Augen das komplette Panoptikum der Düsseldorfer Gesellschaft aus. Coole Jugendliche, die viel zu laut mit ihren Handys protzen, Leute im Anzug, die von der Arbeit nach Hause kommen, und Mädels in engen Röcken. Aus ihren Gesichtern kann ich nicht lesen, ob sie glücklich mit ihrem Leben sind. Ob sie selbst einmal am anderen Ende der Warteschleife waren? Vielleicht habe ich sogar mit einigen von ihnen telefoniert. Privatkunden, deren Hardware defekt ist. Die Menschen im Callcenter haben ein kurzes Gedächtnis. Auch mein Platz wird morgen schon wieder neu besetzt sein. Man wird noch einige Tage über meinen kleinen Ausraster reden, dann wird er in den Strom der Vergessenheit geraten, genau wie alle Geschichten, die dem Gesetz des Aktuellen unterliegen. Nächste Woche wird ein anderer Mitarbeiter den Satz aussprechen, der mich jahrelang begleitet hat: Willkommen im Benutzer-Service-Center, mein Name ist Andreas Seifeld. Wie kann ich Ihnen helfen?

Vielleicht wird derjenige, der diesen Satz circa siebzig Mal am Tag sagen muss, Peter heißen oder Michael. Weitere sechs

Wochen später dann Khalid oder Ayman. Nichts ist so alt wie die Zeitung von gestern.

In der Innenstadt steige ich aus und schon steht da der kleine Mann mit dem Hammer, der immer kommt, wenn Alkohol auf Frischluft trifft. Mehrmals muss ich die Augen zusammenkneifen, um aus den Silhouetten wieder Menschen zu machen. Selbst heute hat es die Massen an die längste Theke der Welt gezogen. Die ersten milden Abende locken die Besucher an wie die Motten das Licht. Auch wenn die Discos noch nicht geöffnet haben, die Bars und Kneipen hier dürften sich freuen, wieder dicke, schwarze Zahlen zu schreiben. Ich torkele in eine der unzähligen Dönerbuden in der Seitenstraße und vertilge gierig den Kebab. Dazu setze ich mich auf eine Parkbank, öffne mir die erste Flasche Wein und blicke nachdenklich in die Menge.

Wie konnte es nur so weit kommen?

Wie konnte ich nur so abstürzen?

Während ich mir mein Gehirn zermartere, welche Fehler ich gemacht habe, schießt ein spezieller Gedanke in meinen Kopf. Um eine Geschichte zu verstehen, muss man zu ihrem Anfang zurück. Der Beginn des Absturzes, mein ganz persönlicher Fall. Und der trug sich vor wenigen Tagen zu, als diese Tussi anrief. Wie hieß sie noch?

Blödefeld-Schabatzki? Bethlehem-Schikowski? So etwas in der Art. Ich weiß bis heute nicht, warum diese alte Schachtel Hochverfügbarkeitssysteme benötigt, für ein kleines, wahrscheinlich schlecht laufendes Anwaltsbüro. Bestimmt vertritt sie nur ein paar alte Freunde, alle über achtzig. Ich bin mir sicher, dass sie sich diese Computer hat aufschwatzen lassen, plus einen astronomisch hohen Wartungsvertrag von Herbauer. Diese in Wolldecken eingepackte Senilität jenseits zweistelliger Dioptrienwerte hat ohne zu zögern unterschrieben und darf nun Tausende Euro jeden Monat abdrücken, weil ab und zu mal ein Monitor das Löffelchen reicht.

Aber genau mit ihr fing alles an. Darauf folgte die Versetzung ins Outbound, das Ende mit Laura, der Ideenklau von Miriam und die Auseinandersetzung mit Hakan. Es war dieser eine Anruf, auf den sich mein kompletter Niedergang reduzieren lässt. Tief in meine Gedanken versunken, schmeiße ich die Verpackung des Döners in den Mülleimer und nehme ein paar tiefe Schlucke. Die Menschen um mich herum lachen, sind ausgelassen. Ja, müssen die morgen denn nicht zur Arbeit, irgendwelche armen Callcenteragenten mit ihren Problemen nerven?

Zu gern würde ich mich ihnen anschließen. Würde auch lachen und feiern und mir einbilden, dass alles in Ordnung ist. Doch das ist es nicht.

Nur schwerlich schaffe ich es, die Weinflasche an meine Lippen zu setzen. Mittlerweile bin ich ziemlich sicher, dass ich mir ohne Mühe ein ziemliches Alkoholproblem ansaufen könnte. Die Entziehungskliniken der Krankenkasse sollen sehr schön sein. Vollpension im Westerwald, viele Suchtkurse, neue Menschen kennenlernen – mal etwas anderes. Aber bevor ich Alkohol und Selbstmitleid mein Leben bestimmen lasse, habe ich noch eine Aufgabe. Bei weiteren Schlucken reift der Gedanke in meinem Kopf und verdrängt immer mehr den Verstand:

Blutrache.

Eine Vendetta!

Wenn ich abstürze, dann nehme ich noch ein paar von ihnen mit. Oder zeige ihnen zumindest, wie sehr der harte Asphalt der Realität beim Aufschlag schmerzen kann.

Als ich mich erhebe, will diese böse Schwerkraft mich vehement nach unten ziehen. Ich trinke noch einen Schluck, Wein läuft mein Gesicht herab und ich weiß, dass die Leute mich anstarren. Wenn ich meinen Blick verschärfen könnte, würde ich Abscheu lesen, vielleicht sogar Ekel. Doch das ist mir egal. Ich bin zu betrunken, als dass mich so etwas noch kümmern würde. Vom Alkohol benebelt, stütze ich mich auf dem vollbesetzten Tisch einer Cocktailbar ab. Es muss lächerlich aussehen, wie ich versuche hochzuklettern. Doch schließlich stehe ich breitbeinig auf dem Holz und halte die Flasche hoch, wie Miss Liberty ihre Fackel. Von den Gästen kassiere ich dumme Sprüche und spöttische Gesten. Wenigstens habe ich ihr Gehör.

»Heute ist mein Tag der Rache«, schreie ich der Meute entgegen. »Sie werden leiden! Selbst wenn ich untergehe, werde ich einige mit ins Verderben stürzen. Sie können mir alles nehmen, nur nicht meine Freiheit!«

Mit der letzten Silbe werfe ich meinen Rucksack in die Menge und breite die Arme aus, als würde ich gerade Gottes Willen empfangen. Das war mal ein Statement. Komischerweise missverstehen einige meinen Aufruf, fangen an zu schreien und laufen in alle Richtungen davon. Amüsiert und irritiert beobachte ich die Situation, bis ich mehrere harte Berührungen spüre, die sich am ehesten mit dem Aufprall eines Vorschlaghammers vergleichen lassen. Nur Herzschläge später liege ich auf dem Bauch, meine Gliedmaßen werden auseinandergedrückt und ich höre die Worte:

»Sie sind verhaftet.«

KAPITEL 19

VENDETTA

INTERESSANT.

Anscheinend reagiert die Düsseldorfer Polizei allergisch auf vermummte Gestalten, die Rucksäcke in Menschenmengen werfen und dabei etwas von Freiheit schreien. Krankenhäuser und Polizeistationen besuche ich in letzter Zeit recht häufig. Das sollte ich in meinem Profil in der Singlebörse unter Hobbys angeben: »Wenn ich nicht gerade Mist baue oder in Onlinewelten versinke, vertreibe ich mir die Zeit in Hospitalbetten oder bei Befragungen mit der Exekutive des Staates.«

Aber die Polizei kennt mich ja bereits. Nach der Befragung und einem starken Kaffee herrscht bei den Beamten eine rege Diskussion, ob ich diese Nacht in der Ausnüchterungszelle verbringen soll. Vielleicht haben sie einfach keine Lust auf den Papierkram, doch nachdem ich meine Geschichte erzählt habe und mehrmals beteuere, dass alles nur ein Versehen war, darf ich meine Tasche nehmen und das Polizeirevier verlassen. Natürlich erhalte ich einen Platzverweis für die Innenstadt, aber da wollte ich heute sowieso nicht mehr hin. Mein Kopf dröhnt, ich habe Schürfwunden an den Händen und auch die Verletzung an meinem Kopf schmerzt plötzlich wieder.

Es ist beinahe Mitternacht, als ich draußen versuche, die Glasscherben aus der Tasche zu fummeln. 10 Minuten später gebe ich es auf und werfe den nach Rotwein stinkenden Rucksack einfach in den Mülleimer. Er war sowieso von Laura. Befreiung von Altlasten würden die Psychologen das nennen. Und was ich jetzt vorhabe: eine Kurzschlussreaktion.

Immerhin habe ich noch eine Aufgabe zu erledigen und die dürfte nicht ganz einfach werden. Gut möglich, dass ich die netten Herren der Polizeiwache heute noch das ein oder andere Mal sehe.

Wenn man einmal ganz unten angekommen ist, lebt es sich eigentlich ganz gut.

Der Weg ins Gewerbegebiet kommt mir wie ein Ausflug in die Vergangenheit vor – wie eine Rückblende, nur ohne die schöne Musik. Als ich mein Ziel erreiche, atme ich mehrmals tief durch. Ein komisches Gefühl, den Parkplatz von Herbauer so leer vorzufinden. Die Sichel am nachtschwarzen Himmel deutet mir den Weg zu der Tür, durch die ich sechs Jahre lang gegangen bin, um mich der Tretmühle des Callcenters auszuliefern. Ich weiß, dass es weder Überwachungskameras noch Bewegungsmelder gibt. Wäre ja alles zu teuer. Nachdem ich den Türcode eingegeben habe, begrüßt mich ein allzu bekanntes klickendes Geräusch und schon bin ich im Bauch der Bestie. Die ganze Firma … nur für mich!

Ein diabolisches Grinsen huscht über meine Lippen. Andy allein zu Hause. Und ich habe vor, böse zu sein. Sehr böse.

Fahles Licht legt sich über die Gänge. Im Hintergrund werfen die Rechner ihr surrendes Geräusch in den Raum. Es soll die Ouvertüre sein zu meiner Symphonie der Rache. Bei Tag ist dieser Ort ein Hort der Geschäftigkeit, nachts allerdings schweigen die Telefone. Lediglich die Äste hämmern gegen die Außenfassade und tauchen die Büroräume in eine gespenstische Kulisse. Schritt für Schritt bahne ich mir meinen Weg tiefer in das Callcenter. Das Blut in meinen Venen rauscht, jeder Muskel ist angespannt und ich spüre, wie meine Atmung sich beschleunigt. Reiß dich zusammen, Andreas. Du bist schon hundert Mal hier gewesen.

In diesem Moment hallen Hakans Worte in meinem Verstand wider. Diese alberne Legende vom toten Gärtner, der auf der Toilette einen tödlichen Unfall hatte, lässt mir einen Schauer über den Rücken kriechen. Nachts soll er hier über die Gänge schleichen, immer noch das Seil um den Hals. Dieser Flachbau ist alt, erst jetzt fällt mir auf, wie sehr jedes Geräusch weit über die Flure getragen wird. Ab und zu knackt es in den Wänden und die aufblinkenden Dioden zaubern flackernde Schatten daran.

Plötzlich zucke ich zusammen. Hat das Blut in meinen Adern eben noch gerauscht, gefriert es nun. Ich stelle das Atmen ein, drohe in der Dunkelheit zu verschwinden. Ich weiß nicht, ob es dem Alkohol geschuldet ist oder ob es Spätfolgen der Verletzung sind, doch als ich die Umrisse vor mir sehe, wird mein Mund staubtrocken. War das ein Schatten? Dazu noch ein Geräusch? An diesem unheiligen Ort stimmt etwas nicht, dessen bin ich mir sicher.

Augenblicklich ziehen vor meinem geistigen Auge sämtliche Horrorstreifen der letzten Jahre vorbei. Mit mir in der Hauptrolle. Nur zu gern würde ich das Licht anschalten, doch das würde zu viel Aufmerksamkeit auf sich ziehen und an eine Taschenlampe habe ich natürlich nicht gedacht. Ich bin allein in der Firma, wahrscheinlich sogar im gesamten Gewerbegebiet. Von weither findet der Glockenschlag den Weg an meine Ohren. Es ist halb eins. Geisterstunde.

Vorsichtig setze ich einen Fuß vor den anderen. Die Geräusche um mich herum werden übermächtig und drohen, mich zu verschlingen. Ich nehme allen Mut zusammen und gehe weiter, bis ich das Fenster zur Kantine erreiche. Heute müssen noch die Handwerker gekommen sein. Etliche Werkzeuge, Pinsel und Wandfarben liegen auf Tapeziertischen und warten darauf, den Räumen ein jüngeres Gesicht zu geben. Aufhübschung des Callcenters, vielleicht für den nächsten Mieter dieses verfluchten Gebäudes. Warum dort eine Rohrzange liegt, ist mir schleierhaft, trotzdem nehme ich sie an mich. Mit dem Stahl in meinen Händen fühle ich mich augenblicklich sicherer.

Ich versuche, mir selbst einzureden, dass ich übertreibe, dass der Alkohol die Sinne benebelt und meine Wahrnehmung trübt. Nur langsam gehe ich weiter, bis ich die Tür zum Keller erreiche. Plötzlich ist da wieder dieser Ton und mein Kopf fährt herum.

Als ob eine Katze ihr einsames Lied klagen würde.

Nach der Schockstarre findet meine Hand den Weg zur Tür. Sie ist nur angelehnt – gut für mich. War es oben noch gruselig, müsste man für den Keller bei Nacht einen neuen Superlativ erfinden. Eine karge Beleuchtung weist mir den Weg die Treppe herunter, ab und zu flimmert eine Birne und macht diesen Ort noch gruseliger, als er ohnehin schon ist. Ich muss trocken schlucken, befühle die Rohrzange mit meinen Fingern. Meine Schritte sind vorsichtig, zaghaft.

Wieder bleibe ich wie angewurzelt stehen.

Da war doch ein Geräusch von oben. Ich hab es gehört, verdammt. So etwas kann man sich nicht einbilden. Dann folgt ein Klacken. Für mich besteht kein Zweifel mehr, dieses Gebäude ist verflucht und ich war dumm genug, den toten Gärtner in der Finsternis aufzusuchen. Realität und Wahn scheinen zu verschwimmen, mir ist gleichzeitig heiß und kalt, als ich mich zwinge weiterzugehen und meinen Blick von der Treppe abwende.

Endlich erreiche ich mein Ziel. Anna – das Herz der Firma. Auch der Serverraum ist offen. Die Rechnerschränke sind in bläuliches Licht getaucht. Überall blinken Dioden und die Rechner surren monoton vor sich hin. Dieser Raum ist kühl und trotzdem scheint mein Gesicht zu brennen. Ich gehe weiter und blicke mich einen Moment lang um. Es wäre so einfach, die Hauptleitungen zu zerstören und einige Rechner ins ewige

Datennirwana zu schicken. Ich bin mir sicher, dass es Backups gibt und auch Systeme, die einspringen könnten. Trotzdem würde es Ausfallzeit bedeuten. Zumindest wenn ich hier richtig wüte ... und das habe ich vor. Es ist mein Abschiedsgeschenk für Herbauer – ein freier Tag für die Mitarbeiter.

Langsam erhebe ich die Rohrzange. Meine Haut wird angestrahlt von den Lichtern, als ich meine Muskeln anspanne. Im letzten Moment dringt erneut ein Geräusch an meine Ohren. Schritte – feste, dumpfe Schritte sind auf der Treppe zu hören. Nein, das kann ich mir nicht mehr einbilden. Dazu höre ich ein trauriges Lied, das vom Flur in meine Ohren dringt. Ich zweifele an meinem Verstand und meine Lungen fühlen sich an, als würde eine eiserne Faust sie zusammenpressen. Ich ziehe so schnell Luft in mich hinein, dass mir schwindelig wird. Die Schritte kommen näher, dazu die schrille Stimme. Dann sehe ich einen Schatten, er hält inne, bemerkt anscheinend, dass die Tür zum Serverraum offen steht. Ich erhebe die Rohrzange, als die Silhouette näher kommt.

Das war es. Der Gärtner wird mich holen, als Rache, dass ich in sein Reich eingedrungen bin. Schmerzhaft presse ich die Lippen zusammen und halte die Luft an. Ich bin bereit zum Schlag, als der riesige Schatten auf mich zukommt.

»Andreas, bitte tu Anna nichts.«

Wieso kennt der tote Gärtner meinen Namen?

Nur schwerlich erkenne ich das Gesicht der Gestalt.

»Gerd?«

»Klar, wen hast du erwartet?«, antwortet er locker und schiebt sich ein Stück Fertigpizza in den Mund. Das Shirt spannt über seinem Bauch und wieder ist seine fahle Haut zu sehen. Dazu trägt er Hausschuhe und eine weite Jogginghose.

»Was machst du hier?«

»Arbeiten.« Gerd lächelt, kommt auf mich zu und begutachtet meine Wunden. »Im Gegensatz zu anderen.« Er bleibt vor mir stehen, senkt den Kopf und blickt mich dann wieder an. »Ich habe es heute gelesen. Du bist ganz schön ausgetickt, oder? Es gab eine ganze Menge Mails zu dem Thema.«

»Oh, es war halb so wild.«

»Halb so wild ist gut. Es gab Mails mit dem Betreff: ›Andreas ist im Irrenhaus! Der ist komplett eskaliert!‹«

Ja, so könnte man es ausdrücken. Ich kann gar nicht anders, als die Rohrzange sinken zu lassen.

»Du willst hier alles kurz und klein schlagen«, stellt er ruhig fest und beißt erneut in seine Fertigpizza. »Dein ganz persönlicher Racheplan an Herbauer?«

Ich seufze laut auf. Wenn man schon in flagranti erwischt wird, sollte man wenigstens die Eier haben, es auch zuzugeben.

»So etwas in der Art. Ich hatte gehofft, dass ich den Backbone erwische, vielleicht den Exchangeserver und die Telefonanlage.«

Beinahe anerkennend, nickt Gerd. »Guter Gedanke. Erst die Hauptleitungen kappen, dann die Kommunikation verhindern und schließlich die Telefonanlage zerstören. So hätte ich es auch gemacht. Nur stehen die da drüben.« Der Hüne nickt in die andere Richtung des Raums, wo mehrere Serverschränke vor sich hin blinken. »Du stehst vor meinem eigenen Fileserver. Da sind zwar etliche Terabyte an Filmen und Musik drauf, aber nichts Wichtiges.«

Großartig! Trotz meines Blutrausches wäre es nicht einmal aufgefallen, dass ich hier war. Selbst zum Kaputtmachen bin ich zu blöd.

»Und was jetzt? Rufst du die Polizei, wenn ich hier losschlage?«

Gerd schüttelt den Kopf, beißt in seine Pizza und ist schon auf dem Weg zur Tür. »Nein. Das werde ich nicht. Aber ich bitte dich trotzdem, ihr nichts zu tun. Sie ist alles, was ich noch habe.«

Es muss ihm schwerfallen, diese Worte auszusprechen, sie klingen leise, durchzogen von Schmerz.

Ich starre immer noch auf die Tür, als er schon längst gegangen ist. Die Rohrzange in meiner Hand fühlt sich auf einmal unendlich schwer an. Ein metallisches Geräusch erfüllt den Raum, als sie mir aus der Hand gleitet und auf den Boden fällt. Mit bleiernen Schritten verlasse ich den Serverraum. Nein, ich werde *ihr* nichts tun.

Eigentlich will ich jetzt schnell nach oben, mir einen anderen Plan ausdenken. Doch irgendetwas hält mich an diesem Ort. Vielleicht sind es die Fragmente aus der Vergangenheit, die auf mich einprasseln. Wortfetzen aus den wenigen Gesprächen mit Gerd. Bilder, die sich an der Schwelle meines Unterbewusstseins mit aller Macht den Weg in die Realität meines Verstands bahnen. Wie von Seilen gezogen, öffne ich die Tür zu Gerds Büro und stelle mich vor seinen Schreibtisch. Eine längst vergessene Metal-Band flüstert ihre traurigen Texte.

»Wieso bist du immer noch hier?«, will ich wissen.

»Wieso nicht? Ich fahre ein Update für die Server, das dauert seine Zeit.«

Er sagt diese Worte mit einer Selbstverständlichkeit, die mich ins Grübeln bringt. Das Stück Pizza hat er schnell vertilgt und es entsteht eine Gesprächspause. Wieder pochen die Erinnerungen in meinem Kopf. Irgendwas will mein Unterbewusstsein mir sagen. Doch ich schaffe es einfach nicht, die Puzzleteile richtig zusammenzusetzen. Worte, die er einmal gesagt hat, Bilder, die ich einmal gesehen habe, formen sich zu einer nebulösen Masse, aus der ich einfach nicht schlau werde.

Als mein Blick abschweift und an einer ganz bestimmten Stelle auf seinem Schreibtisch hängen bleibt, schrillen bei mir alle Alarmglocken. Oh Gott! Ich Arschloch!

»Du bist nicht freiwillig hier, oder?«, wispere ich leise, aber gerade noch hörbar und beobachte den riesigen Mann auf seinem Sessel.

Er scheint keineswegs überrascht, sieht mich erst an, weicht dem Blick schließlich aus und streicht gedankenverloren über die Tastatur. Seine Stimme zittert. »Zu Hause ist doch niemand. Das Haus ist kalt und leer. Da kann ich auch hier arbeiten. Das lenkt ab.«

Auf einmal verstehe ich alles und ich fühle mich noch schlechter, als ich es ohnehin schon tue.

»Wie ist Anna gestorben?«

Als die Worte meinen Mund verlassen, wird ein loser Gedankengang zu knallharter Realität.

»Ein Autounfall«, flüstert er leise nach einigen Sekunden. Gleichzeitig wandern unsere Blicke zu der Fotografie auf seinem Schreibtisch. Der goldene Rahmen wirkt abgenutzt, als würde er oft in die Hand genommen werden. Das Foto zeigt eine hübsche, brünette Frau und jemanden, der so aussieht, als wäre er die stark verbesserte Version von Gerd. Der Mann auf dem Foto hat bestimmt 40 Kilo weniger auf den Rippen, volleres Haar und eine gesunde Gesichtsfarbe. Es muss eine Ewigkeit her sein, doch vor Jahren hat irgendwer mal so eine Andeutung gemacht. Erst, als ich die Aufnahme sah, konnte ich alles richtig zuordnen.

»Sie ist schon lange tot«, sagt Gerd leise. »Vor acht Jahren wollte sie mich von hier abholen. Weißt du, wir hatten gerade das Haus gekauft, sie war schwanger und deshalb hatten wir nur einen Wagen. Die Straßen waren nass und es war bereits dunkel.« Er ist nun ganz tief in seinen finsteren Gedanken verschwunden. Jede Silbe ist getränkt von Trauer und jetzt erst erkenne ich die tiefen Narben der Vergangenheit in seinen Handlungen, die immer noch nicht verheilt sind und wahrscheinlich nie verheilen werden. »Ich wartete draußen vor

Herbauer, dachte, dass sie bald schon auftauchen würde. Sie verspätet sich bestimmt nur. Ich wartete lange, doch irgendwann wurden aus Minuten Stunden ...«

Dann versiegt seine Stimme wie die letzten Tropfen Wasser an einem heißen Tag in der Wüste und aus seinen Augen löst sich eine Träne, die langsam über die dicken Wangen läuft. Mir wird alles klar. Er muss sich in die Arbeit gestürzt haben, schaffte es ganz allein, ein Netzwerk am Laufen zu halten, und kompensierte die Trauer durch Essen und Arbeit. Warum auch nach Hause gehen, wenn einen dort nichts erwartet außer die dunklen Erinnerungen vergangener Tage. Vor mir sitzt nur der Schatten von dem Mann, den ich auf dem Foto erblicke. Ein düsteres Zeugnis von Schmerz und Trauer.

»Es tut mir leid, Gerd.«

Jetzt treffen sich unsere Blicke. Er weiß, dass ich es ehrlich meine, und lächelt mit feuchten Augen.

»Danke, Andreas.«

In einer Situation, in der Worte keine Gültigkeit mehr haben, gehe ich auf ihn zu und reiche ihm die Hand. Seine Pranke umschließt meine Finger.

»Alles Gute.«

»Danke, das wünsche ich dir auch.«

*

Noch immer wiegt die Nacht das Callcenter in Dunkelheit, als ich wieder das Erdgeschoss erreiche. Man kann den Menschen immer nur vor die Stirn gucken, was in ihren Köpfen vorgeht, bleibt den meisten verborgen. Hin und wieder vergessen die Leute, die hier anrufen, dass am anderen Ende der Leitung ein Mensch sitzt. Und auch, wenn der Computer gerade nicht läuft und man unglaublich wichtige Daten versenden muss, so ist die fremde Stimme doch ein Wesen mit Gefühlen und einer

Vergangenheit, keine Maschine, die man mit angestautem Frust überladen kann.

Ich brauche ein paar Herzschläge, um meine Gedanken wieder zu sortieren. Nein, Anna werde ich nicht anfassen. Das Netzwerk gehört Gerd und nur ihm. Und trotzdem will ich von meinem Plan nicht abweichen, ein kleines Abschiedsgeschenk zu hinterlassen. Während ich auf dem Weg zu Denglers Büro bin, fällt mir erneut der Tapeziertisch ins Auge und plötzlich entspringt meinem Geist eine Idee. Schnell habe ich die schwarze Überdeckfarbe an mich genommen und stehe mit Pinseln bewaffnet im Büro des Chefs. Eigentlich bin ich ja strikt gegen körperliche Arbeit. Aber hier mache ich eine Ausnahme, weil ich denke, dass dieser Arbeitsraum dringend einen neuen Anstrich vertragen kann.

Tatsächlich macht es mir sogar Spaß, ein wenig umzudekorieren. Dabei müssen nicht nur die Wände dran glauben, das Schwarz macht sich auch auf den Geweihen und dem Schreibtisch gut. Schließlich nehme ich mir auch noch Miriams Büro vor und tupfe lustige Marienkäferpünktchen in den Raum und auf die Einrichtung. Eigentlich sollten es Treuepunkte werden, aber gut. Aufgrund mangelnder Farbe lasse ich das Büro des Pferdes aus. Lediglich für ein »Hüüüüü« an der Wand reicht es noch.

Zufrieden betrachte ich mein Werk. Hätte Gandhi gewusst, wie viel Spaß es macht, destruktiv zu sein, hätte er sich die Sache mit dem gewaltfreien Widerstand bestimmt noch einmal überlegt. Es ist interessant zu sehen, was man alles schaffen kann, wenn man es wirklich will. Als Letztes gehe ich an den erstbesten Rechner, logge mich unter meinem Namen ein und notiere mir die Adresse von Bertrahm-Schlakowski. Schließlich möchte ich auch ihr noch meine Aufwartung machen.

Fünf Minuten später stehe ich wieder vor der Tür und lasse die milde Nachtluft durch meine Haare wehen. Hätte ich diesen Enthusiasmus jeden Tag bei Herbauer an den Tag gelegt, würde ich nun in Denglers schwarz gestrichenem Büro sitzen.

Der Weg vom Gewerbegebiet zur nächsten Straßenbahnhaltestelle lässt mich keuchen. Ich muss mir erst einmal am nächsten Kiosk Nervennahrung in Form von flüssigem Glück kaufen. Zwei Dosen Bier dürften ausreichen.

Als die Bahn gemächlich durch die Düsseldorfer Nacht tuckert, setze ich die erste Dose an meine Lippen und blicke zum wiederholten Mal auf die Adresse. Sie ist mir und wahrscheinlich jedem Düsseldorfer wohlbekannt. Diese alte Schachtel kann anscheinend unglaublich gut oder gar nicht mit Geld umgehen. Nach wenigen Minuten erreiche ich die Königsallee. Der Inbegriff von Dekadenz und Verschwendung. In all ihrer Pracht, in all ihrer selbstverliebten Herrlichkeit. Hier heißen die Kleiderhersteller Designer und die Geschäfte, in denen sie ihre überteuerte Ware feilbieten, Dependancen. Wo auch immer der Unterschied sein mag. Der kleine Stadtgraben wird von dem Wasser der Düssel, dem Namensgeber der Stadt, gespeist. Ich beobachte die speiende Fontäne des mir persönlich zu martialisch aussehenden, kämpfenden Triton. Sein Dreizack schwebt drohend über dem ruhigen Wassergraben, als würde er ein Unheil ankündigen wollen. Früher bin ich mit Laura immer gern hier langgegangen. Porsches und Penner zählen, eigentlich hätten wir den Begriff »Obdachlose« verwenden müssen, so heißt es im korrekten Amtsdeutsch, aber das hört sich einfach nicht an. Zuerst zählten wir also die Porsches auf der Königsallee, dann die Penner auf der anliegenden Oststraße. Beide Zahlen waren jedes Mal erschreckend hoch.

Von der Haltestelle brauche ich nicht lange, bis ich die Adresse gefunden habe. Ungläubig blicke ich mich um. Ich stehe vor einer der feinsten Adressen in Düsseldorf. Das mehrstöckige Gebäude ragt wie ein Pfeiler in den sternenklaren

Nachthimmel. Ich gehe ein paar Schritte auf die Glasfassade zu und schärfe meinen Blick. Ein Namensschild kündet von der Richtigkeit der Daten.

»Anwaltsbüro Bertrahm-Schlakowski«

Treffer! Einige weitere Firmen sind an der Marmortafel zu finden, sie alle sagen mir nichts, können aber ohne Ausnahme mindestens einen Doppelnamen oder einen Doktortitel ihr Eigen nennen. Noch ein Schluck aus der Bierdose und schon fliegt sie im hohen Bogen in den Stadtgraben. Die Welt scheint sich schneller zu drehen und ich bräuchte dringend jemanden, der ein wenig auf die Bremse tritt, als ich so laut rülpse, dass sich selbst die Katzen genötigt fühlen, ihren Unmut über diese Ruhestörung kundzutun.

»Ja, lauft doch weg!«, rufe ich den Vierbeinern nach und schiebe ein zweites Aufstoßen hinterher. Dann drücke ich mit aller Macht gegen die Tür und versuche, sie zu öffnen.

Natürlich. Was habe ich mir auch dabei gedacht. Dass hier alles offen steht und ich einfach so reinmarschieren kann? Nicht alle Firmen sind so knapp bei Kasse wie Herbauer und können sich keine Sicherheitssysteme leisten.

Erschöpft lehne ich mich gegen die Tür und sinke hinab. Es ist Zeit für meine zweite Dose. Mein Schlummertrunk sozusagen. Dann warte ich eben. Ich wollte sowieso ein ernstes Wörtchen mit der alten Dame wechseln, am besten noch mit ihrer Enkelin, deren Stimme mir lange nicht aus dem Kopf gegangen ist. Schließlich habe ich Zeit, ich muss ja morgen nicht aufstehen und die Probleme von wildfremden Menschen lösen. Erst einmal sollte ich bei mir anfangen. Wird zwar eine lange Liste, aber hey, Rom ist ja auch nicht an einem Tag erbaut worden. Bereits bei Punkt zwei spüre ich, wie die Anstrengung und der Alkohol sich verbünden und sich mit aller Macht auf meine Lider legen. Ich kuschele mich an die kühle Oberfläche der Bierdose und denke an schwarze Marienkäferpunkte.

KAPITEL 20

KALTE DUSCHE

TOCK!

Tock! Tock! Das Universum muss mich hassen. Alle Kater, die ich gestern verscheucht habe, flitzen unter meiner Schädeldecke hin und her und verursachen einen Lärm, der meine aushaltbare Dezibelgrenze um ein Vielfaches sprengt. Durch den Schleier des Suffs spüre ich es schon wieder.

Tock! Tock! Tock!

»Junger Mann, sind Sie in Ordnung? Soll ich einen Notarzt rufen?«

Ha, schon wieder ein Arzt? Nein, danke. Dann schon lieber die Polizei, da ist man schneller wieder raus.

Erst langsam kann ich die verklebten Augen öffnen. Eine ältere Dame mustert mich halb interessiert, halb mit wahrer Sorge und stupst mich ein weiteres Mal mit ihrem Gehstock an, sodass mein Kopf gegen die Scheibe gedrückt wird.

Tock! Tock!

»Junger Mann, sind Sie wach?«

»Berda-Schadosi Marienkäferbunkte.«

Anscheinend schwimmt mein Sprachzentrum noch im Alkohol.

»Wie bitte?«, will die Dame wissen und lächelt mich aus wasserblauen Augen an. »Sie meinen Bertrahm-Schlakowski? Das bin ich.«

Ich versuche zu sprechen, jedoch scheinen meine Zunge und mein Mund eine nicht zu trennende Symbiose eingegangen zu sein. »Anwaldbüro, Marienkäferbunkte.«

»Ich habe zwar nur Anwaltsbüro verstanden, aber Sie sehen so aus, als könnten Sie einen gebrauchen.« Sie mustert mich erneut. »Oder erst einmal einen doppelten Espresso.«

Da hat sie wohl recht. Einen Hakan-Spezial könnte ich jetzt vertragen, damit mein Kreislauf merkt, dass er kein stehendes Gewässer ist. Mehrmals muss ich meine Augen befeuchten und visiere mit meinem Blick die Dame an, die in ihre Handtasche greift und einen Schlüssel hervorholt. Die weißen Haare sind zu einer anmutigen Hochsteckfrisur geformt, sie stupst mich ein weiteres Mal mit ihrem mächtigen Stock an.

Tock.

»Ich habe nicht die geringste Ahnung, was Ihnen widerfahren ist, aber Sie sollten jetzt aufstehen. Auf dem kalten Boden holen Sie sich noch den Tod.«

Auch keine schlechte Idee. Aber das Letzte, worauf ich Lust habe, ist ein Armdrücken mit Gevatter Sensenmann. Zumindest nicht in meiner derzeitigen Verfassung.

Nur mit Mühe schafft es der kleine Mann in meinem Kopf, die verschiedenen Hebel und Knöpfe in Bewegung zu bringen, die meinem Körper signalisieren, dass er sich doch bitte jetzt zu bewegen hat. Schwer atmend lehne ich mich gegen die Klinkermauer, wobei ich meine Wange formschön und überaus sexy an der Fensterscheibe anlehne. Ich blinzele, als sich die ersten Strahlen der Sonne in meine Augen legen und einen brennenden Schmerz verursachen. »Wasser« ist das einzige Wort, das ich gerade noch so über die Lippen bekomme.

»Ja«, seufzt die alte Dame. »Und davon gleich einen ganzen Kasten. Kommen Sie rein und wärmen sich ein paar Minuten auf, dann sprechen wir über alles.«

Sie geht vor, führt mich zum Aufzug und drückt auf den Knopf für die dritte Etage. Im Spiegel beobachte ich die Frau und erst jetzt schlagen die Erinnerungen der letzten Nacht mit voller Wucht zu. Neben mir steht sie – die Anwältin Bertrahm-Schlakowski. Eigentlich der rühmliche Höhepunkt des gestrigen Tages. Dutzende Sätze hatte ich mir dafür zurechtgelegt, wenn ich sie treffe, und jetzt fahren wir beide gemächlich in ihr kleines Büro – und ich bin unfähig, auch nur einen menschlichen Laut von mir zu geben.

Als ich mein eigenes Spiegelbild erblicke, sehe ich in die Augen eines kaputten jungen Mannes. Und das auf so vielen verschiedenen Ebenen. Die Augen sind tief in den Höhlen versunken, Augenringe so groß wie Wagenräder zieren mein Antlitz. Meine Haare stehen in alle Richtungen ab und haben auf eine groteske Art und Weise denselben Stil, den all die Stars gerade versuchen. Es scheint viel Mühe zu machen, dass man aussieht, als wäre es einem total egal, wie man aussieht.

Als sich die Tür öffnet und wir ein paar Schritte nach vorne machen, stehen wir bereits mitten in der Großraumetage. Etliche Schreibtische breiten sich vor meinen Augen aus, das Mobiliar ist schick und gleichzeitig gemütlich. Auch die Technik ist vom Feinsten. Sofort erkenne ich die Rechner von Herbauer und die flachen Monitore, die mit Wartungsvertrag ein Vermögen kosten. Die Trennwände sind verglast, an den Seiten gibt es noch Türen, die in andere Büros führen. Interessant – so kann also ein Büro aussehen, wenn man Geld hat.

»Wo ist Ihr Büro?«, will ich wissen und male mir im Geiste aus, dass ich viel Farbe brauchen werde, um es schwarz zu streichen.

»Sie stehen direkt drin, mein Lieber.«

Bertrahm-Schlakowski wirft mir einen vielsagenden Seitenblick zu und geht mit schnellem Schritt in die Teeküche. Ich folge ihr wie ein Hündchen.

»Dieses Büro und die oberen zwei Etagen«, erklärt sie weiter. »Wenn ich einen Arbeitsplatz brauche, dann setze ich mich meist in den Konferenzraum.«

Aha. Großartig. Dafür brauche ich sehr, sehr viel schwarze Farbe. Nicht das erste Mal in den letzten Tagen, dass ich bei etwas falsch liege. Bertrahm-Schlakowski ist keine kleine Anwältin mit überaltem Kundenstamm – nein, sie muss natürlich gleich ein ganzes Bataillon von Anwälten ihr Eigen nennen.

»Wie ist Ihr Name, junger Mann?«

»Seif…«, ich muss innehalten, da mein Magen gerade wach geworden und nicht gerade begeistert von den Mengen an Alkohol ist, die ich mir eingeflößt habe. »Andreas Seifeld.«

Sie stoppt, blinzelt mich an und ein Lächeln ist auf ihren Lippen zu vernehmen. »Der, der gestern bei Herbauer die Fassung verloren hat?«

Die Fassung verloren. Was für eine eigentümliche Zusammenfassung der Ereignisse. Da blitzt die alte Schule auf.

»Ich bin ziemlich ausgetickt«, bestätige ich und muss lauter reden, da die hochmoderne Kaffeemaschine rattert. »Aber woher wissen *Sie* das?«

Die Dame übergibt mir den Kaffee und grinst noch breiter. »Wenn Sie wüssten, wen wir alles vertreten … Sagen wir einfach, dass ich tatsächlich eine ganze Menge Kontakte mein Eigen nennen darf. Jetzt kann ich verstehen, dass Sie einen Anwalt brauchen.«

Der Kaffee tut gut. Etwas ganz anderes als das Gebräu auf den fossilen Herbauer-Maschinen. Mehrmals räuspere ich mich und nehme auch noch eine Flasche Wasser von Bertrahm-Schlakowski an. Noch einmal sehe ich mich um.

»Ich glaube nicht, dass ich mir Sie leisten kann. Ich habe den Arsch voll Schulden, einen Prozess wegen Trunkenheit am Steuer, Stress mit der Versicherung und, wie Sie wissen, seit gestern nicht einmal mehr einen Job. Ist eine scheißlange Geschichte.«

Die Dame rümpft die Nase. »Achten Sie auf Ihre Ausdrucksweise, junger Mann. Und die Geschichte würde ich gern hören.

Besonders den Teil, wo Sie bei Herbauer den Kopierer zerschlagen haben. Ich hoffe, ein Splitter hat Herrn Dengler getroffen?«

Sie ist tatsächlich gut informiert, das muss man ihr lassen.

»Wollen Sie das wirklich hören? Müssen Sie nicht die Düsseldorfer Schickeria vertreten oder so? Und woher kennen Sie Herrn Dengler?«

Sie macht sich einen Tee, lässt nachdenklich den Beutel in die Tasse gleiten und ihr Blick schweift ab.

»Sehen Sie, Herr Seifeld, mein Leben ist geprägt von Aktenzeichen und Paragrafen. Tatsächlich ist der Beruf des Anwalts um einiges trockener, als man denkt.« Sie nippt, wieder huscht ein Lächeln über ihr Gesicht. »Einer guten Geschichte bin ich deswegen nie abgeneigt. Und was Herrn Dengler angeht: Er war es, der unserem damaligen IT-Profi diesen völlig unzulänglichen und horrenden Komplettvertrag aufgeschwatzt hat.« Sie nippt erneut, diesmal blitzen ihren Augen. »Entschuldigen Sie die Wortwahl, doch ich kann es einfach nicht anders ausdrücken.«

Ich ziehe die Flasche halb leer und zucke mit den Schultern.
»Kein Problem.«

»Leider stellte sich heraus, dass dieser IT-Profi anschließend eine Stelle bei Herbauer angenommen hat. Und wider die Tatsache, dass hier etliche Anwälte exzellent in Firmen- und Arbeitsrecht ausgebildet sind, konnten wir diesen unlauteren Wettbewerb nie beweisen. Leider muss auch ich mir eine Teilschuld auf die Schultern laden, da ich den Vertrag nicht kontrolliert habe und dieser Persona non grata freie Hand ließ.«

»Tja, verarscht, würde ich sagen.«

Im nächsten Moment schon will ich mir auf die Lippen beißen. Auch ihr fällt dies auf.

»Ihr Ausdruck, Herr Seifeld. Ihr Ausdruck.«

»Entschuldigung«, sage ich und nippe erneut am Kaffee.

»Aber es stimmt schon, dieser Hochverfügbarkeitswartungsvertrag ist für Sie nicht zweckgemäß. Ich habe die Netzwerk-topologie zwar nur überflogen, aber bei den Kosten würden Sie besser fahren, wenn Sie die Systeme von ihrer IT-Abteilung selbst kaufen und warten ließen.«

»Das stimmt mit meinen Berechnungen überein«, sagt sie und runzelt die Stirn. »Und Sie haben fundierte Kenntnisse über diese Art von Systemen?«

Ich seufze laut auf. »Natürlich. Es nützt mir nur nichts mehr.«

»Interessant.« Bertrahm-Schlakowski greift sich ans Kinn und sieht so aus, als müsste sie einen Gedankengang beenden. Dann breitet sie ihren Arm in Richtung Konferenzsaal aus. »Sie schulden mir noch eine gute Geschichte.«

»Eigentlich bin ich hier, um Ihr Büro schwarz zu streichen.«

Im Gehen zuckt eine Augenbraue nach oben. »Ich bewundere Ihre Ehrlichkeit, aber dafür benötigen Sie Pinsel und Farbe. Und wie gedachten Sie, in das Büro zu kommen? Sie scheinen schlecht vorbereitet. Auch Durchdrehen will gelernt sein.«

»Scheint so«, stimme ich ihr zu.

»Ich bin mir sicher, es ist Teil der Geschichte?«

»Absolut«, stöhne ich und lasse mich auf die ledernen Sessel fallen.

Sie setzt sich gegenüber. »Nun gut, Herr Seifeld. Dann lenken Sie mich von meinem Alltag ab.«

Nicht nur Callcenteragenten scheint es im Job langweilig zu werden. Ich trinke noch einen Schluck, dann beginne ich zu reden.

*

Zwei Stunden sitzen wir im Konferenzsaal und reden. Bertrahm-Schlakowski lacht, hört an den passenden Stellen andächtig zu und interessiert sich besonders für die internen

Abläufe des Callcenters. Auch ich fühle mich immer wohler, trinke drei Kaffee und erzähle jedes Detail, ohne etwas zu beschönigen. Anwälte, Gehilfen und Assistenten kommen nach und nach in das Büro und grüßen freundlich, wobei mir ihr fragender Blick nicht entgeht. Als Bertrahm-Schlakowski auch noch einen ihrer Assistenten schickt, um ein komplettes Frühstück aufzufahren, habe ich die alte Dame ins Herz geschlossen. Jegliche Rachegedanken sind verflogen.

»Sie hätten sich viel Ärger erspart, wenn Sie nur ein wenig mehr kommuniziert hätten«, stellt sie schließlich fest, während sie ein Croissant bestreicht. »Es ist immer schade, wie mancherorts mit den Mitarbeitern umgegangen wird.«

»Wem sagen Sie das«, bestätige ich und schiebe mir ein Brötchen in den Mund.

Plötzlich steht die Dame auf. »Da kommt eine Person, die Sie unbedingt kennenlernen müssen«, entfährt es ihr freudestrahlend. »Immerhin wollten Sie auch ihr Büro umdekorieren.«

Im nächsten Moment schon stürmt eine junge Frau in den Raum. Das Blond ihrer Haare hat im einfallenden Sonnenlicht einen rötlichen Ton. Sie grüßt freundlich und geht schließlich auf die Dame zu und gibt ihr einen Kuss auf die Wange.

»Marie, wenn ich dir Andreas Seifeld vorstellen dürfte«, sagt Hilde Bertrahm-Schlakowski und deutet auf mich.

Ich muss mich beeilen, meinen Mund zu leeren, und stehe sogar auf, als ich ihr meine Hand reiche. Nachdem sie meinen Namen gehört hat, kräuselt sich ihre Stirn.

»Der, der bei Herbauer durchgedreht ist«, eröffnet sie und lächelt. »Hallo, ich bin Marie, schön, dich kennenzulernen. Hast es in der Tretmühle des Callcenters nicht mehr ausgehalten, oder? Ich hoffe, dass du dem Dengler eine reingewürgt hast.«

»Das kann man so sagen«, erklärt Bertrahm-Schlakowski amüsiert. Dann wird ihr Blick fest und sie mustert mich. »Herr

Seifeld und ich wollten gerade darüber sprechen, ob er nicht eine Festanstellung in unserem Haus in Erwägung ziehen würde. Immerhin ist er nun nicht mehr gebunden.«

Marie fährt herum. »Bist du dir da sicher?«

Auch ich falle aus allen Wolken.

»Absolut«, bestätigt die Dame. »Herr Seifeld kann fundierte Kenntnisse über die internen Abläufe eines Callcenters vorweisen. Zusätzlich haben wir keine IT-Abteilung und dieser unsägliche Wartungsvertrag läuft in nicht allzu langer Zeit aus. Es ist nur logisch, jemanden von Herbauer hier anzustellen, der die Systeme auch ohne Zutun des Callcenters warten kann. Bei der Größe unserer Kanzlei macht das Sinn. Des Weiteren habe ich bei Herrn Seifeld ein gutes Gefühl und ich bin mir sicher, dass wir ein gutes Team zusammenstellen können.«

Wieder ist mein Mund staubtrocken und ich warte eigentlich, dass Bertrahm-Schlakowski jede Sekunde anfängt, laut loszuprusten.

Verarscht! Du doch nicht! Und jetzt raus hier.

Obwohl, sie würde es wahrscheinlich nicht so sagen, sondern:

Reingefallen! Mitnichten gebe ich dir einen Vertrag! Und nun von dannen.

Aber beides tritt nicht ein. Sie meint das völlig ernst. Nur Marie scheint meinen Gedankengang zu teilen und rümpft ihre hübsche, kleine Stupsnase.

»In Ordnung, deine Argumente sind wie immer gut, aber sind wir uns bei Herrn Seifeld wirklich sicher? Immerhin hat er eine gewisse … Vergangenheit.«

Sie reden über mich, als wäre ich gar nicht da. Was mir nicht ungelegen kommt, da meinem Mund wieder der Speichel abhanden gekommen ist. Schnell trinke ich Wasser.

»Gerade deshalb ist er der Richtige«, antwortet Hilde Bertrahm-Schlakowski. »Er war zu mir hundertprozentig ehrlich und hat sich durchaus eine Chance verdient.« Sie nippt an ihrem Tee und blickt mich an. »Außerdem möchte ich die Gelegenheit nicht verstreichen lassen, Herrn Dengler – wie würdest du sagen? – ordentlich eine reinzuwürgen.«

»Oma!«, schreitet Marie mit gespielter Empörung ein.

»Ja, ist doch wahr.« Die Dame lehnt sich kopfschüttelnd zurück. »Herr Seifeld, Sie finden doch sicherlich noch jemanden, der bereit ist, dieses Wagnis mit Ihnen einzugehen, oder?«

Mein Blick wechselt zwischen den beiden Damen hin und her. Die meinen das tatsächlich ernst! »Natürlich.«

»Hervorragend«, entfährt es Bertrahm-Schlakowski, während sie sich erhebt. »Auch Ihr Fall reizt mich. Es wäre mir eine Freude, Sie persönlich zu vertreten, falls die Herbauer GmbH eine Klage gegen Sie anstrebt. Meine Enkelin wird Ihnen ein Angebot unterbreiten. Morgen werden wir dann alles Weitere klären. Marie, wenn du so nett wärst.«

Auch ich erhebe mich, gebe ihr zum Abschied die Hand. Noch ein kurzes Lächeln, dann ist sie verschwunden.

»Na, das kann ja was geben«, seufzt Marie. »Dafür, dass es hier wie in einer viktorianischen Schnapsbrennerei riecht, siehst du aber noch ganz gut aus. Dir ist klar, dass ich die Geschichte auch hören muss?«

»Natürlich. Aber erst, nachdem ich ein paar Stunden geschlafen habe, und es wäre schön, wenn ich dabei nicht eine Bierdose als Kopfkissen benutzen müsste.«

»Das kriegen wir hin.« Marie lächelt. »So sieht also der Mann aus, der mir keinen Support geben wollte.«

»Dann hättest du nicht an den RAM-Bänken rumfummeln sollen.«

»Dafür habe ich ja jetzt dich. Ich fahre kurz den Rechner hoch, dann lass ich dich rufen.«

Sie ist süß, sogar verdammt süß. Und wenn ich nicht in so schlechter körperlicher Verfassung wäre, dann würde ich …

Nein, selbst unter anderen Umständen würde ich nichts machen. Wenn man mal so ein Glück hat, sollte man das nicht infrage stellen. Die haben wirklich vor, mich einzustellen. Sind die verrückt? Ich würde mir nicht einmal selbst einen Job geben und immerhin habe ich Hunger. Als Marie den Raum verlässt, blicke ich ihr hinterher. Anschließend fummle ich mein Handy aus der Tasche und schalte es wieder an. Sofort wähle ich die Nummer von Hakan. Nach dem vierten Klingeln geht er endlich ran.

»Alter«, flüstert er leise. An seiner gedämpften Stimme erkenne ich, dass er auf dem Weg nach draußen ist. »Nett, dass du dich auch mal meldest.«

»Bist du nachtragend?«, will ich ohne Umschweife wissen.

Hakan seufzt amüsiert auf. »Ich habe dir ja schon gesagt, dass du wie ein Mädchen schlägst. Eigentlich hab ich kaum etwas gespürt.«

»Tut mir leid, Mann. Ehrlich.«

»Schon vergessen. Du warst die letzte Nacht nicht zu erreichen und plötzlich haben die Büros hier eine andere Farbe. Der Dengler und die Marolt toben. Damit hast du aber nichts zu tun oder war es wieder eine deiner Harakiri-Aktionen?«

»Äh, das erkläre ich dir wann anders. Hast du Lust auf einen neuen Job?«

Hakan macht eine kleine Pause. »Andy, mach keinen Scheiß.«

»Mache ich nicht, aber vielleicht solltest du dir für morgen einen Gelben holen.«

»Junge, was hast du in der Nacht gemacht?«

»Erzähle ich dir alles heute Abend. Ich brauche erst einmal eine Mütze voll Schlaf.«

»Alles klar«, lacht er. »Das hört sich ja echt gut an. Übrigens, ich habe mit Miriam geredet. Vielleicht solltest du dich bei ihr entschuldigen. Obwohl sie meinte, dass sie es schon versteht. Nach deiner Rede ist sie am nächsten Tag zum Dengler gegangen und wollte die Stelle als Outboundteamleiterin haben. Du scheinst sie wohl sehr motiviert zu haben.«

»Aha, okay«, grummel ich so gleichgültig wie möglich.

»Du verstehst es nicht, oder? Sie war es nicht. Sie hat dir deine Idee nicht geklaut. Aber dreimal darfst du raten, wer gestern mit einer tollen Präsentation, die ziemlich genau wie deine aussah, geglänzt hat?«

Ich lege meine Hand über die Augen und fühle mich, als würde mich eine Abrissbirne zärtlich am Kopf streicheln. Ich muss dringend mit Miriam reden – gut, dass ich, was das Entschuldigen angeht, mittlerweile Übung habe.

»Töscher …«

»Genau der. Er muss irgendwie an deine Präsi gekommen sein.«

Fuck! Als ich Miriam zum Essen eingeladen habe, hatte ich vergessen, den Rechner zu sperren. Und als ich wieder zurückkam, lagen die DVDs auf dem Tisch. Er war da, muss die Präsentation gesehen haben und da er wusste, dass er auf der Abschussliste steht, wollte er einen letzten Versuch wagen, das Steuer doch noch rumzureißen. Und zwar mit meiner Idee!

»Bist du noch dran, Andy?«

»Ja, anscheinend muss ich noch mehr Rachepläne schmieden.«

»Was musst du?«

»Ach nichts, ich rufe dich heute Abend mal an. Es waren anstrengende Tage und vielleicht gibt es doch noch ein Happy End.«

Nach einer herzlichen Verabschiedung klickt die Leitung. Ich kann selbst nicht glauben, dass ich die letzten Tage wirklich erlebt habe. Und nun stehe ich hier in der dritten Etage einer noblen Düsseldorfer Anwaltskanzlei und blicke hinaus auf den Stadtgraben. Bei Miriam werde ich mich heute Abend in aller Form entschuldigen. Ich habe so viele Fehler gemacht, dass es für drei Leben reicht, und vielleicht ist es einmal an der Zeit, das Richtige zu tun. Mit den Händen in den Taschen drehe ich mich um. Ich sehe Menschen in gut sitzenden Anzügen und modischen Zweiteilern, die Telefone klingeln und es herrscht eine emsige Geschäftigkeit. Vielleicht telefonieren sie gerade mit irgendeiner Hotline und am anderen Ende der Warteschleife erreichen sie dann einen armen Tropf, der viel zu wenig verdient, von den Chefs genervt ist und eigentlich nur seine Brötchen bezahlen möchte. Falls ich wieder einmal mit einem Callcenter sprechen muss, werde ich nett zu ihnen sein. Versprochen. Denn ich weiß, wie es ist, dort zu arbeiten.

Ich zucke zusammen, als Marie an die Scheibe klopft. Sie lächelt mich an und bedeutet mir mit einer Hand, dass ich zu ihr kommen soll. Hin und wieder muss man auf dem schwierigen Weg feststellen, dass das Leben immer eine Tür öffnet. Selbst für frustrierte Callcenteragenten. Als wir zu ihrem Büro gehen, klingelt das Telefon auf einem unbesetzten Schreibtisch. Aus Reflex nehme ich den Hörer ab.

»Willkommen im Benutzer-Service-Center, mein Name ist Andreas Seifeld. Wie kann ich Ihnen helfen?«

SCHWARZKOPF & SCHWARZKOPF

SCHAUEN SIE SICH MAL DIESE SAUEREI AN

LUSTIGE, DRAMATISCHE UND SKURRILE GESCHICHTEN AUS DEM ALLTAG EINES LEBENSRETTERS!

**SCHAUEN SIE SICH MAL
DIESE SAUEREI AN**
20 WAHRE GESCHICHTEN VOM LEBENRETTEN
Von Jörg Nießen
224 Seiten, Taschenbuch
ISBN 978-3-89602-991-1 | Preis 9,95 €

»Jörg Nießen ist Feuerwehrmann und arbeitet seit 15 Jahren als Rettungsassistent. In seinem Buch erzählt er von seinen spannendsten Fällen – wahre Geschichten, die uns die Facetten des täglichen Lebens (und Sterbens) näherbringen.« Bild.de

»Seit zwölf Jahren fährt Jörg Nießen Einsätze im Rettungswagen – bei aller Dramatik gibt es dabei auch viel zu lachen. 20 dieser Geschichten hat er zusammengetragen und veröffentlicht.« Westdeutsche Zeitung

»Man muss dem Totengräber ja nix schenken! Ein Sanitäter erzählt, was er im Einsatz so alles zu hören und zu sehen bekommt.« Berliner Kurier

»In dem Buch schildert der 36-Jährige seine skurrilsten Fälle.« Express Köln

WWW.SCHWARZKOPF-SCHWARZKOPF.DE

SCHWARZKOPF & SCHWARZKOPF

DAS KLAVIER IN DEN FÜNFTEN STOCK, BITTE!

GESCHICHTEN, DIE SICH HINTER FENSTERN UND TÜREN, IN KARTONS UND SCHRÄNKEN SCHEINBAR GANZ NORMALER MENSCHEN VERBERGEN

**DAS KLAVIER
IN DEN FÜNFTEN STOCK, BITTE!**
MEIN LEBEN ALS MÖBELPACKER
Von Karsten Wollny
368 Seiten, Taschenbuch
ISBN 978-3-86265-112-2 | Preis 9,95 €

Als Profi-Möbelpacker weiß Karsten Wollny: Die wirkliche Herausforderung seines Jobs liegt nicht in der Muskelkraft, sondern im Fingerspitzengefühl.

Ein betuchter Kunde verlangt, dass die Möbelpacker ohne Schuhe arbeiten – damit das Parkett nicht zerkratzt. Skrupellose Hausbewohner legen den Fahrstuhl lahm (»Das ist kein Lastenaufzug!«). Im Umgang mit den kleinen Schikanen ihrer lieben Kunden sind Wollny und Kollegen geübt. Doch was soll man von der Oma im Rollstuhl halten, die allein im dunklen Bad abgestellt wurde? Und wie wird man einen hysterischen Gatten los, der sich mit aller Kraft an das Sofa klammert, mit dem sich seine Frau gerade aus dem Staub machen will?

»Das Klavier in den fünften Stock, bitte!« ist ein Buch voller witziger und kurioser Geschichten.

WWW.SCHWARZKOPF-SCHWARZKOPF.DE

DER AUTOR

Sebastian Thiel wurde 1983 am Niederrhein geboren und arbeitet als freier Autor. Nach mehreren historischen und Kriminal-Romanen legt er mit »Callcenter« nun einen autobiografischen Roman vor. Durch die mehrjährige Arbeit in einem Callcenter kennt der Autor die internen Abläufe ganz genau und hat mehr als eine skurrile Begebenheit zu erzählen.

Sebastian Thiel
CALLCENTER
Wer dranbleibt, hat verloren

ISBN 978-3-86265-165-8
© Schwarzkopf & Schwarzkopf Verlag GmbH, Berlin 2012
Alle Rechte vorbehalten. Dieses Werk ist urheberrechtlich geschützt. Jede Verwendung, die über den Rahmen des Zitatrechtes bei korrekter und vollständiger Quellenangabe hinausgeht, ist honorarpflichtig und bedarf der schriftlichen Genehmigung des Verlages.
Coverillustration: © katerinamk (www.shutterstock.com)
Lektorat: Cathrin Kreich

KATALOG
Wir senden Ihnen gern kostenlos unseren Katalog.
Schwarzkopf & Schwarzkopf Verlag GmbH
Kastanienallee 32, 10435 Berlin
Telefon: 030 – 44 33 63 00
Fax: 030 – 44 33 63 044

INTERNET | E-MAIL
www.schwarzkopf-schwarzkopf.de
info@schwarzkopf-schwarzkopf.de